JN050844

欲望の見つけ方

お金・恋愛・キャリア

ルーク・バージス
川添節子訳

WANTING
The Power of Mimetic Desire in Everyday Life
Luke Burgis

早川書房

欲望の見つけ方

——お金・恋愛・キャリア

日本語版翻訳権独占
早　川　書　房

© 2023 Hayakawa Publishing, Inc.

WANTING
The Power of Mimetic Desire in Everyday Life
by
Luke Burgis
Copyright © 2021 by
Luke Burgis
Translated by
Setsuko Kawazoe
First published 2023 in Japan by
Hayakawa Publishing, Inc.
This book is published in Japan by
arrangement with
Levine Greenberg Rostan Literary Agency
through The English Agency (Japan) Ltd.

装幀／早川書房デザイン室

クレアとホープへ

真似ることは人間が幼少期から自然に行なっていることで、この点において人間はほかの下等動物より優れている。人間はこの世でもっとも真似ることに長けた生き物なのである。

アリストテレス

私たちは誰かが欲しがっているからという理由でそれを欲しがる。描いた眉から、果てはブラジリアン・バット・リフトの手術後すぐに死んでしまう最新の地獄まで、飽きることなく欲しつづける。

デイナ・トートリッチ

目次

第4章　罪の発明——過小評価された社会的発見　167

パート2　欲望の変容

※訳者による注は小さめの〔 〕で示した。

読者の皆さんへ

この本は人がなぜそれを欲するのかについて書いたものだ。あなたが欲しいと思うものを、あなたはなぜ欲しいのか。

誰もが生まれてから死ぬまで、あらゆる瞬間において何かを欲しながら生きている。寝ているあいだもしかり。それなのに、そもそもなぜそれが欲しいと思うようになったのかを考える人はめったにいない。

物事を明快に考える能力と同じで、上手に欲する能力は生まれつき備わっているものではない。それは手に入れなければならない自由である。人間の欲望には、力がありながらほとんど知られていない特性があるため、この自由を手にするのは至難の業《わざ》だ。

二十代を通して、私はいくつかの会社を興し、シリコンヴァレーに植えつけられた起業家の夢を追いかけた。自分は金銭的な自由とそれに伴う名声と敬意を求めていると思った。

その後、奇妙なことが起きた。自分が設立した会社から去るとき、解放感を味わったのだ。

そのとき自分は何もわかっていなかったことに気づいた。それまでの成功は失敗だったように感じ、失敗のほうが成功であるように感じた。飽くことも満足することもない奮闘の裏には、どんな力が働いていたのだろうか。

この意義の問題に気づいてから、図書館やバーで過ごす時間が増えた。ときには本を抱えてバーに行った（嘘ではない。バックパックに本を詰めて、ワールドシリーズをやっているスポーツバーに行って、フィラデルフィア・フィリーズのファンが歓喜するなかで、読もうとしたこともある）。タイやタヒチに旅した。私は取りつかれたように答えを探し求めた。

しかし、私がしたことはすべて、根底にある原因を見ずに一時しのぎに終始した治療のようなものだった。自分の選択について真剣に考える機会にはなったが、自分をそうした選択に追いたてた欲望――野心の裏にあるナビゲーション・システム――を理解する役には立たなかった。

ある日、メンターから一つの思想を勧められた。自分が欲しいものをなぜ欲しいと思うようになったのか、欲望によってどのように情熱と失望の循環に閉じこめられたのかがわかるだろうという。

この思想の提唱者はあまり知られていないが、その影響は多大だ。二〇一五年一一月四日に九一歳で亡くなるまで、ルネ・ジラールはアカデミー・フランセーズの不滅の人と呼ばれる終身会員で、「社会科学の新しいダーウィン」と呼ばれていた。一九八〇年代から一九九〇年代半ばまでスタンフォード大学の教授をつとめ、少数の信奉者たちに教えを説いた。そのなかには、ジラールの思想は二一世紀を理解する鍵になり、もし二一〇〇年ごろに二〇世紀の歴史を書くとすれば、ジラールはその世代のなかでも重要な思想家とされるだろうと言う者もいた。[1]

皆さんにとっては、おそらくはじめて聞いた名前ではないだろうか。

ルネ・ジラールの知性は、あらゆる方面の人をひきつける。まず彼には、人間の不可思議な行動を説明する道理をかぎつける超人的な能力がある。歴史と文学の世界のシャーロック・ホームズであり、みんながお決まりの容疑者を追っているときに、見過ごされた答えを見つけだす。

ジラールはほかの学者とは違うゲームをしていた。ポーカーのテーブルでただ一人、誰が勝つかわかっているかのようだった。ほかのプレーヤーが自分の手で勝てる確率を必死に計算しているときに、彼はまわりの顔をじっと見る。ライバルたちが何回まばたきするか、左手の人さし指の甘皮をいじっているか観察する。

ジラールは、つながっているようには思えないものをつなげている欲望について、根本的な真理を見つけた。たとえば、聖書の物語と株式市場の浮き沈み、古代文明の崩壊と職場の機能不全、キャリアパスと流行《はや》りの食事をつなげてみせる。それらが世に出るずっと以前に、フェイスブックやインスタグラムやそれに続くしくみが、人々にモノや夢を売るのにいかに好まれ、かつ効果的であるかを解きあかしていた。

ジラールは、私たちが欲しがるもののほとんどは、模倣《ミメーシス》によるものであって、内在するものではないとした。人間は——真似ることを通して——ほかの人が欲しがるものと同じものを欲しがることを学ぶ。同じ言語を話し、同じ文化的規範によって行動することを学ぶのと同じである。真似は、社会において人々が公《おおやけ》に認める以上に大きな役割を果たしている。

人間が持つ真似る力は、ほかの動物を凌駕《りょうが》している。その力があるからこそ、人間は洗練された文化や技術をつくることができる。同時に暗い面もある。真似る力によって私たちは、欲しいと思っても最終的には手に入らないものを追い求めてしまう。真似は私たちを欲望と競争の循環に閉じこめる。そこから逃れるのは難しく、実質的には不可能だ。

だが、ジラールは教え子たちに希望を与えた。ままならない欲望の循環を超越することは可能だった。自分が望む人生を築くにあたって、主体性を発揮することは可能だったのである。

ジラールの理論にはじめて触れたとき、私の感想は「なるほど」から「これは大変だ」へと変化した。模倣理論によって、私は人々の行動や現在起きていることのパターンを理解した。それはやさしい部分だった。そうして自分の人生を除くあらゆる場所で模倣の欲望を目にしたあと、私は自分のなかにもそれを見た。「これは大変だ」と思った瞬間だった。最終的には模倣理論は、自分のなかにある乱雑な欲望の世界をあらわにして、それを片づけるのに役立った。それは大変な作業だった。

今では模倣の欲望を理解することは、人間の深いところで、ビジネス、政治、経済、スポーツ、芸術、そして愛までをも理解する鍵だと確信している。もしお金を稼ぐことがあなたにとっての最大の原動力であるならば、それに役立てることもできる。あるいは、お金や名声や快適な生活はいちばん欲しいものではないと気づくのに、年を重ねる必要はなくなるかもしれない。

模倣理論は、経済的、政治的、個人的な緊張状態を起こすものを明らかにするとともに、そこから抜け出す道も示してくれる。創造的な精神を持つ人であれば、その創造力を単なる富の移転ではなく、人間や経済の本物の価値を生み出すプロジェクトに向けさせることができるだろう。

私は模倣の欲望に打ち勝てると主張するつもりはないし、そうしたほうがいいとも思わない。本書は、その存在に気づいて理解を深めることで、うまく操縦できるようになることを主に目指すものである。模倣の欲望は重力のようなもので、ただ存在する。重力は常に作用している。それは人によっては絶え間ない痛みの原因となる。体幹や背骨まわりの筋肉が発達していない人は、まっすぐに立てず、重力に抵抗するのは難しくなる。同じ重力を経験して、月に行く方法を発見する人もいる。

模倣の欲望はそれに似ている。こちらが意識しなければ、私たちは望まない場所に連れていかれてしまう。しかし、それに対する社会や感情の正しい筋肉を鍛えれば、模倣の欲望は前向きな変化をもたらす。

変化が起きるかどうかはあなた次第だ。少なくとも本書を読み終えるころにはそうなるだろう。

模倣理論に興味を持つ人は増えている。左派も右派も関係なく、主義主張の枠を超え、多くの国に広まっている。相違の形はさまざまだが、理論の威力は同じだ。考え方の違いは、おそらくその根底に人間性に関する深い真実があることを示唆している。

ジラールの研究に興味を持った学者たちは、シェイクスピア作品に見る模倣の解釈から、戦地における女性への性的暴行、ルワンダの大虐殺での責任転嫁の過程にいたるまで、さまざまな論点に対して貢献してきた。ここでは、ジラールの教え子だったピーター・ティール一人を通して模倣理論を知り、リバタリアニズム（自由至上主義）つまりティールの哲学に結びつけた人は、不完全な理解をしていると言うにとどめておこう。私がこの本を書いたのは、ジラールの思想の解説者としての彼の独占的な地位を壊したいと思ったこともある。彼ならそれは良いことだと言うだろう。イデオロギーの独占は最悪の独占だから。

模倣の欲望は政治を超越する。ある意味、政治以前の問題で、どちらかと言えばコメディのようなものだ。何かがおかしいときには、おかしいのだ。しかし、ユーモアでさえ汚染され、計略や対立と結びつくこともある。本書を読み終えた人が、このなかに書かれていた考え方を利用して、敵を攻撃したとしたら、正しく理解しなかったことになる。

アメリカや世界のあちこちで緊張が高まる時代――少なくとも私がこの本を書いている今の時代――に、私が届けたかったのは、熟考と抑制を促すもの、対立の認識、そして自分とは異なるものを求める隣人とうまくやっていけるという希望である。

最近、私は野心に燃える起業家のメンターもしている。彼らのより良い世界をつくり、精一杯生きようとする姿勢からは刺激を受けることが多い。しかし、彼らが欲望のしくみを理解しなければ、最終的には失望することになるのでないかと心配している。

現代において起業家になるという考えは、模倣価値が高い。私が知っている新進の起業家はほぼ全員が、何らかの形の自由を達成しようとしている。しかし、自分で会社を経営すれば、自動的に自由が手に入るわけではない。ときには逆の事態をもたらす。私たちは起業家といえば、九時五時のデスクワークには無縁で、硬直した組織の歯車として中間管理職の仕事をすることもない究極の無法者と考える。そのうえ昔ながらの上司を持たずにすむと考えるなら、それは模倣の欲望に支配されているにほかならない。私はもっと深く考えるように言う。

ビジネスの成功を保証することはできないが、私のクラスから去るときには、無邪気に欲しがらなくなることは保証できる。自分の内側で何が起きているか意識しながら専攻を選んだり、起業したり、パートナーを見つけたり、ニュースを読んだりすることができるようになるだろう。意識することは変化にあたっての前提条件だ。

いったん気づいてしまえば、日々の生活における経験に広がっていく洞察力というものがある。模倣の欲望の理解はその一つだ。しくみを理解すれば、それでまわりの世界が説明される場面を目にするようになるだろう。それは自分だったら選ばない変わったライフスタイルを選んだ家族、職場の政治、ソーシャルメディアに取りつかれている友人、ハーヴァード大学に入った子供を自慢する同僚にかぎらない。自分もその対象となる。あなたは自分自身のなかにそれを見つけることになる。

プロローグ——予想外の安堵

二〇〇八年の夏、私は多くの起業家が持つ目標を達成した。自分の会社が成功して売却できることになったのだ。数カ月におよぶ濃密な求愛期間を経て、私はザッポス（Zappos）のCEOトニー・シェイと祝杯をあげるために出かけた。私が設立した健康関連商品を扱うeコマース企業フィットフューエル・ドットコム（FitFuel.com）は、ザッポスに買収されることになったのだった。

一時間ほど前、トニーからツイッターでダイレクトメッセージをもらい（当時、彼が気に入っていた連絡手段だった）、ラスベガスのマンダレイ・ベイ・ホテルの六三階にあるバー「ファウンデーション・ルーム」で会おうと言われた。この日、彼が取締役会に出ているのは知っていた。議題の一つがこの買収だった。もし悪い知らせなら、ストリップ〔ホテルやカジノが建ち並ぶ大通り〕に私を呼んだりはしないだろう。

私は一日中家のなかをうろうろと歩きまわった。何としても取引は成立させなければならなかった。フィットフューエルは現金を必要としていた。過去二年間、急成長をしていたが、この先の資金繰りは厳しくなると予想された。連邦準備制度は、大手投資銀行ベアー・スターンズの倒産を避けるため、救済措置を検討し、緊急会合を開いていた。住宅市場は落ちこんでいた。私は資金を集めければならなかったが、投資家はおよび腰だった。みな一年後に来てくれと言った。だが、私に一年後はなかった。

当時、トニーも私も二〇〇八年がどうなるかわかっていなかった。その年のはじめ、ザッポスは目標利益を超えたので従業員全員にボーナスを支給すると決めた。同年の終わり――ボーナス支給からわずか八カ月後――には、ザッポスは従業員の八％を解雇した。夏にはすでにザッポスの取締役も、セコイア・キャピタルを筆頭とした老練な投資家たちも、財布のひもを締めていた。[1]

トニーからメッセージをもらい、私はネヴァダ州ヘンダーソンにある自宅から、ストリップに急行した。道中、昔のヒップホップを流しながら、時おりサンルーフから安堵と歓喜の声をあげていたので、ホテルに着いたときには落ちついて見えたかもしれない。

このときのザッポスは、設立から九年で売上一〇億ドルを達成したところだった。トニーは異色の社会的実験を行なっていた。たとえば、新しく雇った社員に対してオリエンテーション終了後、今辞めれば二〇〇〇ドル出すと申し出たりした（それで熱心に仕事に取り組む者とそうでない者を振りわけられると考えたのだ）。同社はその独特の文化で知られていた。

文化は、トニーがフィットフューエル・ドットコムを気に入った理由だった。彼がザッポスのほかの幹部といっしょに私たちのオフィスと倉庫を訪ねてきたとき、皆がその様子を見て気に入ったと言った。私たちはチームではなく各人が自由に仕事をしており（スタッフが足りなかったから）、楽しそうで（みな変わり者だったから）、適量のユニークさ（水タバコやビーズクッションソファといったスタートアップにありがちな道具を飾っていたから）を持ちあわせていたらしい。

トニーは私にザッポスの新しい一部門として経営を任せたいと言った。私はザッポスの次の一〇億ドル事業を打ちたてることになったのだ。最初は靴事業。次いで健康事業。

人生を変える金とザッポスという株主に加えて、私はすばらしいリーダーシップを発揮するチームの一員となり、いい給与をもらうことになる（自分の会社からまともな給与をもらったことがなかったため、安定性を渇望していた）。

私はザッポスの〝文化に〟ぴったり合う人間ではなかった。しかし、いっしょにやっていこうという話をしているのだから、私はザッポスの文化に自分を合わせようとした。

どうしても会社を売却したかったため、私はトニーに、おそらく聞きたいだろうと思うことをすべて話した。私はザッポスに対してメディアが描く絵とは異なる見方をしていたが、それは捨てることにした。椅子にすわって批評するのは簡単だ。行動するのは難しい。すでに確立した物語に疑問を投げる、自分に正直になる、つらい結果（会社を売却するチャンスを失い、負債の雪崩に埋まる）になるのがわかっていても真実を言う――いずれも実行は困難だ。

私はいつも「身銭を切る」ことを心掛けている。このときは身銭を切りすぎていた。[2]

ここにいたる数カ月のあいだ、私はトニーと交流を深めていた。私が一本の事務的なメールを送り、それで私たちは会うようになった。彼はラスベガス郊外のヘンダーソンにあるザッポス本社近くのレストラン「クレーム・ジャンパー」でランチをしようと言った。顔合わせの気軽なランチだと思って行ったところ、そこには六人もの幹部がテーブルを囲んで私を待っていた。面接だった。クラムチャウダーに手をつける時間はまったくなかった。

ランチのあと、私はトニーといっしょにオフィスに戻った。途中、彼は立ちどまり、小銭を探すかのようにポケットに手を入れた。「自分の仕事をしなきゃな。仲間に加わる気はあるかな？」私はイエスと答え、その後の数カ月は、盛りだくさんの婚約期間のようだった。ザッポスのハッピーアワーに行き、トニーの自宅で開かれたパーティーに出て、朝早くにいっしょにブラック・マウンテンに登った。

トニーは財を成した男には見えなかった。共同で設立した最初の会社リンクエクスチェンジを、一九九八年、二四歳のときにマイクロソフトに二億六五〇〇万ドルで売却していた。それなのにごく普通のジーンズをはき、ザッポスのTシャツを着て、汚れたマツダ6に乗っている。トニーとつきあって数週間で、私はトゥルー・レリジョンのジーンズを捨て（わかってる。あなたが言いたいことは）、ギャップで服を買うようになった。もっと旧式の汚い車に買い替えたほうがいいだろうか、と考えた。

フィットフューエルはトニーと会う三年前の二〇〇五年に、共同で創業した。掲げたのは、世界中の人が健康的な食品をもっと気軽に入手できるようにする、という壮大なミッションだった。私は日々仕事をこなして、事業を順調に拡大させ、成長する会社を率いることを学んだ。しかし、どれだけ売上が増えても、どれだけ称賛されても、仕事をしに行きたいという気持ちが減っていくのを感じていた。

私が悩んでいたころ、ティモシー・フェリスの『「週四時間」だけ働く。』が話題になった。「週に四時間以上働いているとしたら、私は間違ったことをしているに違いない」と思った。私は必死になって優れた起業家のモデルを探しはじめたが、誰の言っていることが本当なのかわからなかった。

トニーと会って失望は深まった。私が目指した売上は一〇〇〇万ドル。ザッポスは一〇億を売り上げていた。私から見れば、トニーは別世界に生きていた――ユニコーン企業をつくる人々が生きる世界だ。私には入りこめそうになかった。

感じていたのは、ある意味、実存のめまいで、超高層ビルの屋上から巨大なトランポリンに飛び降り、跳ね返されて、また落ちるというのを繰りかえしているかのようだった。欲しいものは日々変わるように感じた――もっと地位と名誉が欲しい、責任を減らしたい、資本を増やしたい、投資家の数を減らしたい、もっと人前で話したい、プライバシーが欲しい。金への強烈な欲望を感じたかと思えば、「ソーシャル」という言葉を伴う美徳の発作に襲われることもあった。巨大化したいという気持ちと、そぎ落としたいという気持ちのあいだで揺れ動いていた。

もっとも悩ましかったのは、会社を興して成長させたいという欲望が消えたことだった。いったいどこへ行ってしまったのか。そもそもそれはどこから来たのか。私の欲望はまるでラブコメのようだった――自分で選んだのではなく、いつのまにか落ちたものだ（ところで、ほとんどの言語で「恋に落ちる」と表現するのを知っていただろうか。「恋に立ちあがる」人はいない）[3]。

そのうちに共同創業者との対立が深刻化し、別々の道を歩むことになった。私は会社を率いるという欲望が消えたときに、一人でトップに立つことになったのである。

自分が何を欲するか、そしてそれをどれくらい欲するかに影響する不思議な力が、自分の外に存在するのは明らかだった。そのことについて理解を深めるまで、私は大きな決断はできないと思った。別の会社をつくることはできない。今ある何か（あるいは誰か）を欲する気持ちが次の瞬間には消えてなくなるかもしれないと知ったとき、いつか誰かと結婚するという考えすら怪しむようになった。

この力を解明するのは責務だと思った。

トニーとラスベガスのストリップで祝杯をあげた翌日、私は友人を連れてザッポスの本社を訪れ、自分の未来の本拠地を案内した。ザッポスで役員の部屋が並ぶ通称モンキーロウを通りすぎたとき、役員たちが幽霊でも見たかのような顔をしているのに気づいた。交わした挨拶はぎこちなかった。

悪い予感がした。破局のまえに感じるような。

私はその夜、友人と食事をした。パスタを食べているときに、アルフレッド・リンから電話があった。二〇〇五年から二〇一〇年まで、ザッポスのCFO、COO、会長をつとめた人物だ。

声が暗かった。アルフレッドはその理由を告げた。

正式な取締役会のあと、ザッポスの取締役たちはサンフランシスコに戻る飛行機のなかでふたたび会議を開き、当面の計画をすべて保留にする決断をくだしたという。買収は取りやめになった。「考えが変わったんだ」

「考えが変わった？」

「そうなんだ。ほかに言いようがない。残念だよ」

「考えが変わった？」私は同じ質問を繰りかえし、アルフレッドは同じ答えを返した。私は電話を切ったあともしゃべっていたが、今度は質問ではなく、断定文になっていた。「考えが……変わった」。何度も言いながら、私は席に戻ってすわり、まずいパスタを見つめ、つついて巻きつけて一口サイズにして、ほどいてまた巻きつけるのを延々と繰りかえした。

それまでとは違う新たな人生も、棚ぼたの金も、シチリア島の別荘も手に入ることはない。それどころか、私の会社は倒産の危機にある。ザッポスとの取引がなければ、私は半年以内に破産するだろう。これから自分の人生がどうなるのか実感し、キャンティを流しこんだとき、変化が起きた。

私はほっとしていた。

序章——社会的重力

奥の壁には写真が飾ってある。モノクロの目が一つこちらを見ている。コースターくらいの大きさにトリミングされて五〇センチ四方の額に収まっている。

私がいるのは、サンセット・ストリップにあるピーター・ティールの自宅だ。ティールは多様なプロフィールで知られている。ペイパルを共同で設立して億万長者になった。フェイスブックで初の外部投資家になった。ビジネスに対して常識とは逆を行く見方をしている。ゴーカーの息の根をとめ、グーグルへの挑戦を口にしてはばからない。しかし、私が話をしたいテーマはそのどれでもない。

数分後、部屋に案内してくれたアシスタントが戻ってきた。「ピーターはもう少しで来ます。何かお持ちしましょうか？　コーヒーのお代わりはどうですか？」

「あ、いや、結構です」。私は飲み干していたことに気恥ずかしさを感じた。アシスタントは微笑んで出ていった。

吹き抜けのリビングルームは、ミッドセンチュリーデザインを特集する《アーキテクチャル・ダイジェスト》で見開きページを飾れるだろう。床から天井まで広がる窓の向こうには、サンセット大通りをのぞむインフィニティプールがある。居心地のいい空間だが、それでもやはり非現実感がある。広々とした部屋で目を引くのはホームバーで、オーク材でしつらえた壁にはアート作品が飾られている。モノクロの写真、深い藍色のプリント、灰色のエッチング。なかには、ロールシャッハだろうか、カニの形をしたインクの染みもある。大きなプリントには抽象的な円と棒が描かれている。分子構造かもしれない。三枚続きの作品には、凍てついた山に囲まれた湖に腰までつかった男が描かれている。

ビロードのソファと肘掛け椅子のやわらかさが、部屋のほかの部分の硬質さを際立たせている。私の目の前にある厚さ一五センチほどの天板のコーヒーテーブルの中央には、銀の涙型の彫刻が挑むようにバランスを取って立っている。高さ六メートルほどの両開きのドアは、大聖堂でしか見たことがないような代物で、隣の部屋に続いている。ドアの近くにはチェスが置かれていて、対戦相手を待っている（私ではないだろう）。ギリシャ彫刻の胸像があり、その横の窓に向かって望遠鏡が設置されている。すべてが調和している。映画「殺人ゲームへの招待」をレイ・イームスが撮ったら、きっとピーター・ティールの自宅のような映像になるだろう。

男が一人、吹き抜けの上階の遠くから姿を見せる。「すぐ行くから」。ピーター・ティールが言う。笑顔で手を振ってから、ドアの向こうに消える。水が流れる音がする。一〇分後、ティールは野球チームのTシャツ、ショートパンツ、ランニングシューズというでたちでふたたびあらわれる。螺《ら》旋《せん》階段を下りてくる。

「やあ、ピーターだ」。そう言いながら手を出す。「で、君はジラールの思想について話をしに来たんだよな」

危険な思想

ルネ・ジラールは、アメリカで文学と歴史学の教授をしていたフランス人で、欲望の本質についてはじめて考察したのは一九五〇年代の終わりごろだった。それは本人の人生を変えた。三〇年後、ピーター・ティールがスタンフォード大学の学部で哲学を専攻していたころ、ジラールは彼の人生も変えた。

一九五〇年代にジラールの人生を、そして一九八〇年代にティールの人生（それから二〇〇〇年代に私の人生）を変えた発見は、模倣の欲望だった。それで私はティールの自宅まで来た。私は模倣理論にはまった。端的に言えば、私が模倣しているからだ。誰もがそうだ。

模倣理論は、距離を置いて学べる人間味のない物理学の法則とは違う。それは自分の過去について新たな学びを得ることを意味する。それにより、自分のアイデンティティがどのように形成されたのか、なぜある人やモノから特に強い影響を受けたのかが説明される。それは人間関係――今この瞬間にあなたもかかわっている関係――に行きわたる力と向きあうことを意味する。人は模倣の欲望に対して傍観者ではいられない。

ティールも私も、人生にこの力が働いていることを知ったときには当惑した。それは本に書くのをためらうほど個人的なものだった。模倣の欲望について書くのは、自分自身の一部をさらすことにほかならない。

私はティールに訊く。人気を博した著書の『ゼロ・トゥ・ワン――君はゼロから何を生み出せるか』にはメンターからの教えが詰まっているにもかかわらず、なぜそのなかでジラールの名前に触れていないのか。[1]「ジラールの思想には危険なところがある。この種のものに対して、人は自己防衛機能を持っていると思う」。ジラールの考えには重要な真実が含まれており、それによってまわりの世界で何が起きているか説明できることを知ってもらいたいとは思ったが、読者に鏡を通して受けとめてほしくなかったという。

一般的な前提に反する思想は脅威に感じられる可能性がある。だからこそ、もっとよく見なければならない。その理由を理解するために。

信じがたい真実は偽りよりも危険であることが多い。この場合の偽りとは、私は物事を誰の影響も受けずに自力で欲している、私が何を望み、何を望まないかは私が決めていると思うことだ。真実はこうだ。私の欲望は他者の媒介によって誘導されたもので、欲望の生態系は自分が理解できる規模を超えており、自分はその一部である。

独立した欲望という偽りを受けいれれば、自分だけをだますことになる。しかし、真実から目を背ければ、自分の欲望がほかの人に影響し、ほかの人の欲望が自分に影響するという事実を否定することになる。

私たちが欲しいものは、思っているよりはるかに重要だとわかる。

食肉処理工場の作業ラインを見たヘンリー・フォードや、行動経済学という新しい分野を打ちたてたダニエル・カーネマンのように、ジラールの画期的な思想は専門としていた歴史学の外で生まれた。

それは自分の思想を古典文学にあてはめようしたときに起きた。

アメリカでの学者生活の初期に、ジラールは読んだことのない書物を扱う文学の講義を担当してほしいと頼まれた。仕事は断りたくなかったので引き受けた。シラバスに書かれた小説をぎりぎり間に合うように読んで、講義にのぞむこともしょっちゅうだった。セルバンテス、スタンダール、フローベール、ドストエフスキー、プルーストなどを読んでは教えた。

正式な教育を受けたことがなく、早く読む必要があったことから、ジラールは文章のなかにパターンを探しながら読むようになった。そのうちあることに気づいて当惑した。それは読者をひきつけてやまない不朽の小説のほぼすべてに存在しているように思えた。こうした小説のなかの登場人物は、ほかの登場人物が欲望に値するものを示してくれるのをあてにしているのである。自発的に何かを望むことはない。誰かの欲望は、その人の目的や行動――とりわけ欲望――を様変わりさせるほかの登場人物との交流によって形成される。

ジラールの発見は物理学におけるニュートン革命のようなものだった。物体の運動を支配する力は、関係の文脈のなかでしか理解できない。欲望は重力のように、ただ一つ、あるいはただ一人のなかに独立して存在しない。それは両者のあいだの空間に存在する。[2]

ジラールが教えた小説は、プロットやキャラクターで動かされていない。原動力になっているのは欲望だ。登場人物の行動はその欲望のあらわれであり、その欲望は他者の欲望との関係のなかで形づくられている。物語は、誰と誰が模倣の関係にあるか、その人たちの欲望がどのような相互作用を起こし、行動に移されるかによって展開する。

この関係を発生させるために二人が直接会う必要はない。ドン・キホーテは自分の部屋で一人、有名な騎士アマディス・デ・ガウラの冒険物語を読む。彼のように遍歴の騎士になりたいという欲望をふくらませ、騎士道精神を発揮する機会を求めて地方を渡りあるく。

ジラールが教えたどの小説のなかでも、欲望には真似る者とモデルがつきものだった。彼のほかに気づいた読者はいなかった。というより、物語にそうしたテーマが浸透している可能性を考えなかったので見えなかったのである。

ジラールは、主題との距離と洞察力に富んだ知性によって、このパターンに気づくことができた。偉大な小説の登場人物は私たちと同じように欲するため、現実味がある。欲望は自発的に生まれるものでも、本物の内なる欲望から生まれるものでも、無作為に生まれるものでもない。誰かの真似を通して、すなわち秘密のモデルを通して生まれるのである。

マズローを壊す

ジラールは、私たちが多くのものを欲するとき、それは生物学的な誘因や純粋な理性によるものでもなければ、幻想に惑わされた自分自身の命令によるものでもなく、真似によるものであることを発見した。

この考えをはじめて聞いたときは、受けいれがたかった。私たちはみな真似る機械なのだろうか？　そうではない。模倣の欲望は、人間生態学の全体像の一片にすぎない。そこには自由と人間性への合理的な理解もある。欲望の真似は、他人の内なる生き方に対する深い寛容性と関係がある――それは私たちを人間として際立たせている。

マズローの欲求階層

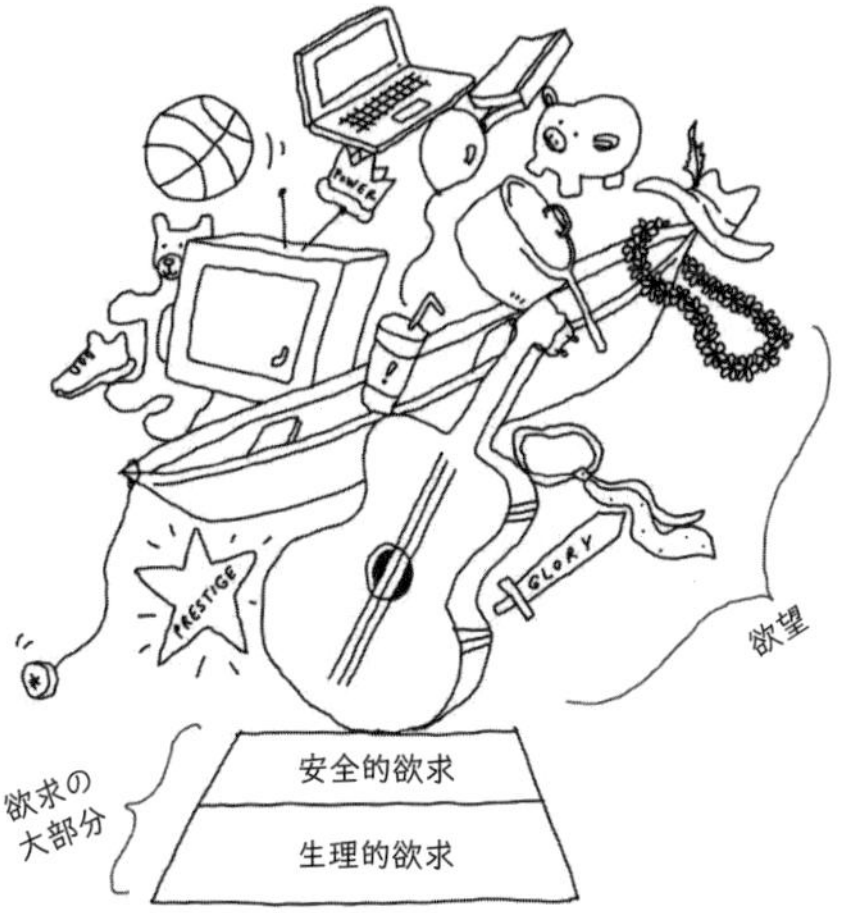

現実

アブラハム・マズローの欲求階層ははっきりしすぎている。基本的な欲求が満たされたあと、人は明確な階層のない欲望の世界に進む。

ジラールが「欲望（desire）」という言葉を使うとき、それは食欲や性欲、身の安全を求める気持ちではない。それらは「欲求（needs）」と呼んだほうがいいだろう。生物学的な欲求に真似は関係ない。砂漠で喉が渇いて死にそうなとき、誰かに水が欲しいところを見せてもらう必要はない。

しかし、生き物として基本的な欲求が満たされたあと、私たちは人類の欲望の世界に足を踏みいれる。そして、欲しいものを知ることは、必要なものを知ることよりもずっと難しい。

ジラールは、本能による明確な欲求がないときに何かを欲するとき、どのようにしてそうなるのか興味を持った。[3] 友人からキャリア、ライフスタイルまで、世界に数えきれないほどある欲望の対象のなかから、人々はどのようにしてそれを選んだのか。さらに、その対象と欲望の強さはなぜ絶えず変化して定まらないのだろうか。

欲望の世界には明確な階層はない。人々は冬に着るコートを選ぶようには欲望の対象を選ばない。内にある生物学的シグナルの代わりに、私たちには選択を動機づける別のシグナルが外にある。モデルだ。モデルは欲望に値するものを示してくれる人やモノである。私たちの欲望を形づくるのは、「客観的な」分析でも中枢神経系でもなく、モデルなのだ。こうしたモデルをもとに、人々はこっそり精巧に真似る。ジラールはこれを、ギリシャ語で真似るという意味の *mimesthai* を語源とする *mimesis*（ミメーシス）という言葉で表現した。

モデルは重力の中心であり、それを軸に社会生活は回っている。今これを理解することの重要性が、かつてないほどに高まっている。

人類が進化するにつれて、生存に関心を持つ時間が減り、ものを求める時間が増えた。つまり、欲求の世界で過ごす時間が減り、欲望の世界で過ごす時間が増えたのである。

水一つとってみても、欲求から欲望の世界に移行している。想像してみてほしい。あなたは、進化の過程でまだ瓶詰めにした水がない段階（臨界段階）にある惑星から来たとしよう。私はあなたにアクアフィーナ、ヴォス、サンペレグリノのうちどれが飲みたいか訊く。あなたはどれを選ぶだろうか。もちろん、それぞれの成分の内訳やpH数値を教えることはできるが、それであなたが選べるとは思わない。私は、自分はサンペレグリノを飲んでいると伝える。あなたが私のように真似る生き物であれば、あるいは私が自分より進化した生き物だと思えば――なにせサンペレグリノ誕生前の世界から来たのだから――あなたはサンペレグリノを選ぶだろう。

真剣に探せば、ほぼすべてのもの――個人のスタイル、話し方、自宅のインテリアや雰囲気――についてモデル（一つにかぎらず、たくさんのモデル）は見つかる。だが、ほとんどの人が見逃しているのが欲望のモデルだ。なぜそれを買ったのかを理解するのは、想像に反して難しい。なぜその成果を求めたのかを理解するのはきわめて難しい。あまりに難しいために、問いかける人はほとんどいない。

模倣の欲望は人々を物事に向かわせる。[4]「この引き寄せ……この動きが……模倣である。心理学における物理学にとっての重力である」とジラールを研究するジェームズ・アリソンは述べる。[5]

重力は人間を物理的に地面まで引き寄せる。模倣の欲望は、人間を愛、借金、友情、共同事業といったものに引き寄せたり、そこから離したりする。あるいは、単なる環境の産物という奴隷におとしめているのかもしれない。

欲望の進化

ピーター・ティールの自宅に戻ろう。ティールは、自分はほかの人よりも模倣的な行動をする傾向にあると言う。一般には常識とは逆を行く考え方をする人として知られているが、いつもそうしてきたわけではなかった。

多くの高校生と同じように、なぜそこに行きたいのかを考えることもなく、ティールは有名大学（彼の場合はスタンフォード大学）を目指した。それは単に同じような環境にいる人間がしてきたことだった。

大学に入っても成績、インターンシップ、そのほか成功のしるしを求めつづけた。大学に入ったときには、キャリアとして目指す道にはそれなりの選択肢があると思った。しかし、その後、目標は収《しゅう》斂《れん》していくように見えた。金融、法律、医学、コンサルティングである。ティールは何かが違うという思いにとらわれた。

ティールはその思想に魅せられた学生のグループを通してジラール教授を知り、自分が持つ問題について洞察を得ることになる。大学三年になり、彼は教授が出席するランチや集まりに出るようになった。

ジラールは学生に、今起きていることの裏にある流れと理由を問いかけた。人類の歴史のなかを体系的に進みながら、何層にも重なる意味を明らかにし、ときには説明のためにシェイクスピアの一節をそらで引用した。

古代の文章や古典文学について鋭い洞察を示され、学生たちはまるで新しい世界に足を踏みいれたかのように、アドレナリンが駆けめぐるのを感じた。初期の生徒で現在はパデュー大学の教授をつとめるサンダー・グットハートは、「文学・神話・預言」の初回の講義をジラールが次のような言葉で始めたのを覚えている。「人間はお互いが違うから戦うのではなく、同じだから戦うのだ。互いを区別しようとするから、敵同士の双子となり、互いに暴力を振るう分身同士となる」[6]。「じゃあ、始めようか。まずシラバスを開いて」といった普通の講義とはあまりにもかけ離れていた。

ジラールは第二次世界大戦中、ドイツ占領下のフランスで暮らしたあと、一九四七年九月にアメリカに渡り、フランス語を教え、インディアナ大学で歴史学の博士号を目指した。ブルーミントンのキャンパスでは目立った。大きな頭と大きな考えを持ち、初学者を圧倒する雰囲気を醸していたのかもしれない。

ジラールはそこで未来の妻に出会った。インディアナ州出身のアメリカ人でマーサ・マカロウという名前だった。出席をとるとき、ジラールはその姓を正しく発音できなかった。一年後二人は再会し、マーサは彼の教え子ではなくなった。二人は結婚した。[7]

ジラールは論文の発表数が足りず、インディアナ大学で終身在職権を得られなかった。大学からは去ることになった。その後、デューク大学、ブリンマー大学、ジョンズ・ホプキンス大学、ニューヨーク州立大学バッファロー校と教え歩いた。最終的には一九八一年、スタンフォード大学のフランス語・フランス文学・文明・アンドルー・B・ハモンド講座教授となり、一九九五年に引退するまでそこで過ごした。[8]

スタンフォード大学の学生や教員から見て、ジラールからは旧世界のカリスマ性がにじみ出ていた。シンシア・ヘイヴンは作家で学者であり、スタンフォード大学に長くかかわっている。当時、名前を知るまえから、「トーテム像」のような頭の目立つ男がキャンパスを歩いているのを目にしていた。ジラールとは友人になり、『*Evolution of Desire: A Life of René Girard*（欲望の進化——ルネ・ジラールの人生）』という彼の伝記を書いた。「彼は歴史上もっとも偉大な思想家、たとえばプラトンやコペルニクスの映画で、映画監督がキャスティングしたくなるような顔をしていた」と述べている。[9]

ジラールは幅広い分野を独学で学んだ。人類学、哲学、神学、文学を学び、それらを統合して、一つの独特で精巧な世界観をつくりあげた。模倣の欲望は、暴力、特に犠牲という考えに密接に関係することを発見した。聖書に登場するカインとアベルは、カインが自分の捧げものが弟アベルのものほど神を喜ばせなかったと知って、弟を殺す物語だ。二人とも神の歓心という同じものを求め、それが直接的な対立をもたらした。ジラールから見て、暴力の根はたいてい模倣の欲望にある。

一九七〇年代のフランスのテレビ番組で、ジラールはインタビュー団に向かって、タバコをくゆらせながら模倣理論を説明した。「長年私をひきつけてきたのは犠牲だ。ほとんどの社会で人間は宗教的理由により動物を殺し、しばしば人間をいけにえにしているという事実がある」[10]。ジラールは人間の文化のほぼ全般におよぶ、暴力の問題と、宗教と犠牲の密接な関係を理解したいと思っていた。（さらに言うなら、彼の主張で特に議論を呼んだもののなかに、犬と猫は最初からペットにするために飼われたわけではないという見方がある。人間は元来、今のように犬や猫を家族として、その一生をともにしようとはしていなかった。ペットになるまでには、長い時間をかけてさまざまな奮闘があったことだろう。彼の主張によれば、動物を飼いならしたのはもっと実用的な理由からだったという。共同体が自分たちの暮らしに動物を組みこんだのは、いけにえにするためだった。いけにえは共同体から供されると、つまり、いけにえと供する側のあいだに何かしらの共通点があるとき、効果は高まる。理由については第4章で検討する）[11]。

模倣の欲望がもたらしたものは分野を超えて展開する。ドラマのほとんどは舞台裏で起きている。


ピーター・ティールはジラールを知って、すぐに進む道を変えることはなかった。それで金融の仕事に就き、ロースクールに行った。しかし、むなしさを感じた。「自分が追い求めた異様に競争の激しい世界は、こういう悪しき社会的理由によるものだったと気づいて、人生の核心が崩れていくような危機を感じた」

スタンフォード大学でジラールに出会ってティールは模倣という考え方を知ったが、知識としての

ルネ・ジラール、ニューヨーク州立大学バッファロー校の人文科学系学部の教授会にて。1971 年 7 月（写真の提供はすべてブルース・ジャクソン）。

1971 年春、セミナーの冒頭で話すジラール。のちにこのセミナーの内容が著書『暴力と聖なるもの』の土台となった。

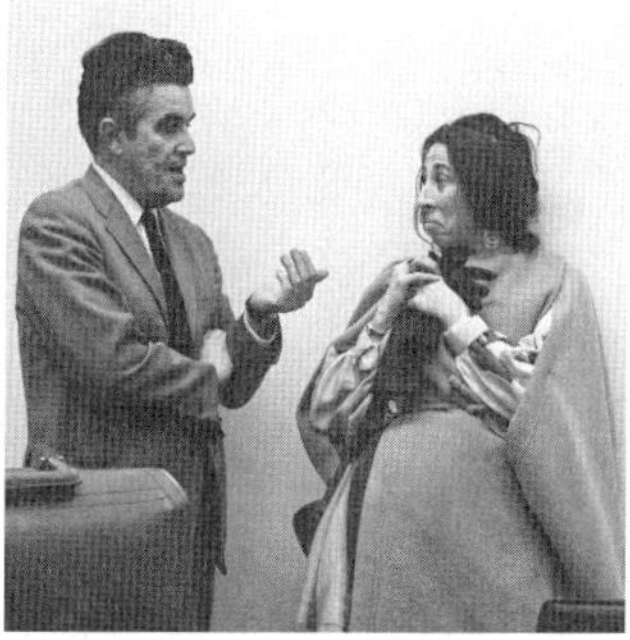

ダイアン・クリスチャンと会話するジラール。クリスチャンはバッファロー校で長年英文科の特別教授をつとめている。

1971 年春、フランス文学の理論家ジェラール・ブシェとジラール。

理解がすぐに行動を変えることはなかった。「こうした悪い模倣のサイクルにとらわれていた。それに自分のなかに大きな抵抗があった。リバタリアニズムを信奉する者として。模倣理論は、私たちはみな独立した個人であるという考えに反する」。自分は正しいと思う心地よさは非常に力強い。「克服するのに時間がかかった」

ティールは知識と経験の両方の移行について語る。模倣の欲望を知ったあと、彼はほかの人のなかにそれを見たときはすぐに気づくようになった。ただし、自分のなかには見えなかった。「知識の移行は簡単だった。自分が求めていたものだったから」。しかし卒業後も格闘は続いた。ジラールが話していたもののなかに自分がどの程度つかっているのかわからなかったからだ。「経験の面については、浸透させるまでに時間がかかった」

ティールは会社を辞め、一九九八年、マックス・レヴチンといっしょにコンフィニィを設立した。そして、模倣理論の知識をビジネスと人生の両方に活用するようになった。社内に対立が起きたときには、同じ目標をめぐって互いに競争しなくていいように、従業員の一人一人に明確で独立したタスクを与えた。これは役割が流動的なスタートアップ企業では重要なことだ。ほかの従業員の成果との比較ではなく、明確な成果目標と比較して評価される企業では、模倣の競争を抑えることができる。

ライバル企業だったイーロン・マスクのXコムと全面戦争の危機にあったとき、ティールはマスクを取りこんでペイパルをつくった。二人（もしくは二社）が相手を模倣のモデルとしているときには対立が生じ、その対立を乗りこえる方法を見つけないかぎり、最終的には破滅につながるということをジラールから学んでいたのである。[12]

ティールは模倣を投資判断にも活かした。リード・ホフマン（リンクトインの創業者）からマーク

・ザッカーバーグを紹介されたとき、ティールには、フェイスブックがマイスペースやソーシャルネット（ホフマンがはじめて起業した会社）の二番煎じではないことがはっきりと見て取れた。フェイスブックはアイデンティティ、つまり欲望を中心に構築されていた。ほかの人が何を持っていて、何を欲しているか把握できる。モデルを見つけ、追いかけ、自分との違いを認識するプラットフォームである。

欲望のモデルによって、フェイスブックは強力なドラッグとなっている。フェイスブックが生まれるまえ、人々のモデルは小さな集団のなかにいた。友人、家族、職場、雑誌、そしておそらくはテレビのなかに。フェイスブックができた今、世界中の誰もがモデルになる可能性がある。

フェイスブックにはあらゆる種類のモデルがいるわけではない（フォローするのは映画スターでもプロスポーツ選手でも有名人でもない人のほうが多いだろう）。そこにあふれているのは、社会的に見て自分の世界の側にいるモデルである。彼らとは距離が近いので自分と比較できる。彼らはもっとも影響力のあるモデルで、数えきれないほど存在する。

ティールはすぐにフェイスブックの可能性に気づき、外部からはじめて投資することになった。「私は模倣に賭けた」。ティールは私にそう語る。五〇万ドルの投資は最終的に一〇億ドルとなった。

何が問題なのか

模倣の欲望は社会的なものなので、文化を通じて人から人へと広まる。それは欲望の二つの異なる動き——二つのサイクル——となる。一つ目のサイクルは、緊張、摩擦、変動につながり、競争する欲望が激しくぶつかり合い、人間関係を壊し、不安定と混乱をもたらす。これが人類の歴史に広く見られる基本のサイクルだ。今はこれが加速している。

だが、このサイクルを乗りこえることは可能だ。共通の利益を目指して、エネルギーを創造的で生産的な追求に向ける別のサイクルをつくることはできる。

本書は、これら二つのサイクルを探究する。二つとも人間の行動の基盤である。どちらも私たちのあまりにも近くにあるので――私たちの内側で起きていることだから――つい見逃してしまう。それでも二つのサイクルは常に回っている。

欲望の動きは世界を定義する。経済学者はそれを測定し、政治家はそれを集め、ビジネスはそれを提供する。歴史は人類の欲望の物語である。それなのにその起源も進化もよくわかっていない。ジラールは一九七八年の大作に『世の初めから隠されていること』というタイトルをつけた。人間が欲望の本質とその帰結をいつから隠してきたのかつきつめた結果だった。本書は、この隠されたものについて、そしてそれが今の世の中でどのように展開しているかについて記したものである。目をそらすことはできない。その理由は以下のとおりだ。

1 模倣は崇高な野心を乗っとる可能性がある。

私たちは人真似があふれた世界に生きている。何が流行っているか絶えず気にするのは、私たちが悩ましい状況にいることを示している。政治の二極化も同様である。その原因の一部である模倣の行動は微妙な差異をなくし、崇高な目標――友情を育む、大義のために戦う、健全なコミュニティをつくる――まで台無しにする。模倣に支配されると、私たちは他者を征服することに取りつかれ、他者を基準に自分を判定するようになる。アイデンティティが模倣のモデルにとらわれてしまえば、逃れることはできなくなる。離れることは自身の存在理由の崩壊を意味するからだ。[13]

2　均質化する力は欲望を危機にさらす。

平等なのは良いことだ。いつも同じであることはそうではない（自動車の組みたて工場における作業や、お気に入りのブランドのコーヒーの味は別として）。人は同じであるように圧力を受ければ受けるほど——同じように考え、同じように感じ、同じものを欲しがるように強いられるほど——自分たちを区別するために戦うようになる。これは危険だ。兄弟が互いに暴力に訴える神話は多くの文化で見られる。創世記には兄弟が対立する話が少なくとも五つはある——カインとアベル、イシュマエルとイサク、エサウとヤコブ、レアとラケル、ヨセフとその兄弟。兄弟で争う話が普遍的なのは、それが真実だからだ。人は似れば似るほど、相手を脅威に感じる。技術の発展により世界が近くなったとき（フェイスブックが使命に掲げている）、欲望も近くなり、摩擦も大きくなる。抵抗する自由もあるが、模倣の力は急速に増大しているので、逃れるのは難しくなっている。

3　持続可能性は欲望の対象になるかどうかにかかっている。

長年の消費者文化は環境にやさしくない欲望を形成した。たとえば、地球にやさしい選択肢を選んだほうがいいのは多くの人が理解している。しかし、普通の消費者にとって環境への負荷が少ない食事をしたり、燃料効率のいい車を運転することが、ほかの選択肢よりもはるかに魅力的にならないかぎり、環境にやさしい選択肢が広まることはないだろう。正しくて良いことだと知っているだけは不十分なのである。正しくて良いことは魅力的でなければならない。言いかえるなら、欲望の対象にならなければならないということだ。

4　欲望について前向きな出口を見つけなければ、破滅的な出口を見つけてしまう。

二〇〇一年九月一一日にテロ事件を起こすまえ、実行犯のモハメド・アタとその仲間たちは、南フロリダのバーをはしごして飲み歩き、ビデオゲームで遊んだ。「この男たちの魂を誰が問うのか」とジラールは最後の著書『*Battling to the End*（最後まで戦う）』のなかで述べている。[14] 世界を「悪」と「それ以外」に分ける二元論に彼は納得しない。ジラールはテロや階級闘争では模倣の競争が機能しているとする。人々は異なるものが欲しいから戦うのではない。模倣の欲望によって同じものが欲しくなるから戦うのである。心の奥底で同じものを求めていなかったなら、テロリストが西側の富と文化の象徴を破壊することはなかっただろう。だからフロリダのバーやビデオゲームはパズルの重要なピースなのである。悪の神秘（mysterium inquitatis）が不可解であることには変わりない。しかし、模倣理論はそれについて重要なことを明らかにしている。人間は戦えば戦うほどお互いに似てくる。敵は賢く選ぶべきだ。その敵に似るのだから。

だが、もっと大きな問題がある。私たちは一人一人が、他者の欲望を形づくる責任を負っている。同じように、相手はこちらの欲望を形づくる。出会いの一つ一つが、双方の欲望を強めたり、弱めたり、もしくは欲望を別のものに向けさせたりするのである。

つまるところ、二つの問いが重要となる。「あなたは何が欲しいのか」「あなたは他者の欲望の形成にどのような役割を果たしたか」。どちらの問いも、もう一方の問いに答える助けとなる。

今日出した答えに満足できなかったとしても、問題ない。もっとも重要な問いは、私たちが明日、何を欲しいと思うかだ。

明日、何が欲しいか

本書を読み終わるころには、欲望について理解を改めているだろう。自分は何が欲しいのか。ほかの人は何が欲しいのか。欲望が愛の表現であるモデルからどのように学び、どう生きるのか。こうしたところにたどりつくために、本書は二つの旅から構成されている。

パート1「模倣の欲望の力」では、人が欲しいものを欲しがる理由を左右する隠れた力について見ていく。模倣理論の基礎編である。第1章は、幼少期に見られる模倣の欲望の起源を解説するところから始め、大人の洗練された真似までどのように進化するか示す。第2章では、モデルとの関係によって模倣の欲望が異なる形で機能することを見ていく。第3章では、まず模倣の欲望が集団内でどのように働くか説明し、それがなくならない社会の摩擦を理解する鍵となることを示す。第4章で、模倣の衝突の頂点に達する。スケープゴート・メカニズムである。本書の前半は破滅的な、つまりもともと備わった欲望のサイクルであるサイクル1に焦点をあてる。

パート2「欲望の変容」では、欲望を健全な形で機能させるために、サイクル1から逃れる方法を見ていく。後半で示すのは、私たちには創造的な欲望のサイクルであるサイクル2を始動させる自由があるということだ。第5章では、生まれ持った欲望のシステムを捨て、創造する自由を取りもどしたミシュランの三つ星シェフを紹介する。第6章では、良い人生をつくる「濃い欲望」に私たちが近づくのを妨げる足かせを、破壊的な共感《エンパシー》がどのように断ち切るか見ていく。第7章は欲望の法則をリーダーシップにあてはめる。最終章の第8章では未来の欲望について述べる。

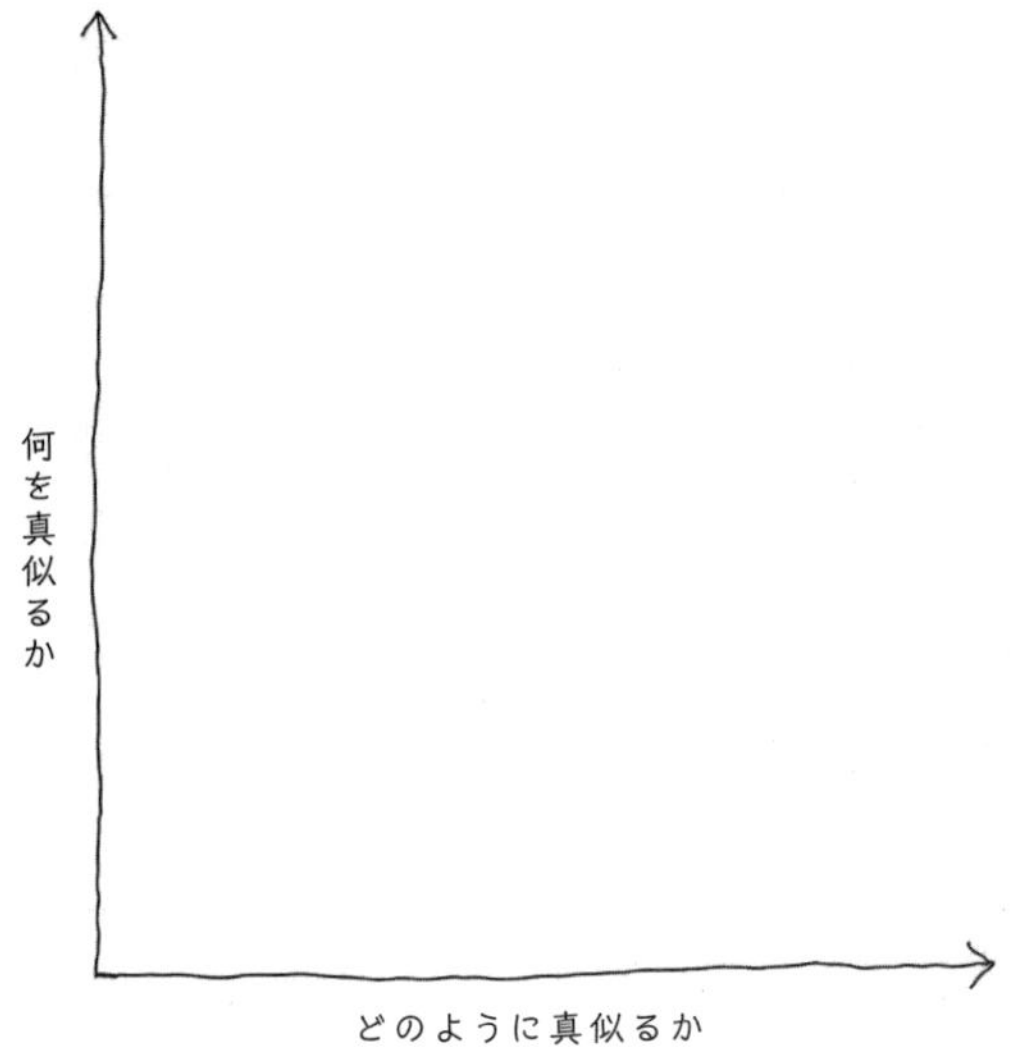

パート1は、下り坂のように感じるだろう。そこにとどまることがないように、私たちは一度地獄を訪ねてみる必要がある。パート2は出口だ。

本書には、模倣の欲望に前向きに取り組むために私が考えた一五のコツを載せた。読者の皆さんが具体的に考えるきっかけとなり、最終的には自分なりの方法（私の方法とは違うものになるかもしれない）をつくりあげることができればいいと思っている。

模倣の欲望は人間性の一部である。表からは見えないように潜み、影のリーダーのように動いている。しかし、それを認識して向きあい、もっと満足できる人生を送るために意識して選択することはできる。何も知らずに模倣の欲望に消費される人生よりずっと豊かな人生が送れるだろう。

本書を最後まで読めば、自分の人生や文化

のなかで欲望がどのように機能しているか、基本的なところを理解できるようになるだろう。自分が何を真似ているか、そしてどのように真似ているか、よくわかるようになるはずだ。与えられた状況や特定の関係のなかで、自分が多少なりとも模倣的に反応しているかどうかを認識するのは、自制に向けた重要なステップである。

世界のしくみがもろくて、相互に絡み合っていることは次第に明らかになってきている。かつては盤石に見えた政治経済システムは揺さぶられている。公衆衛生は難しい事態に直面している。いちばん良い政策も、別のものを求める人々の集団と戦わなければならないからだ。巨大な富の傍らで貧困が決してなくならないのは恥ずべきことである。こうしたことすべての基礎に、私が説明しようとしている欲望の基本的なシステムがある。この欲望のシステムと世界は、循環系と体のような関係にある。循環系がうまく働かなければ、各器官はダメージを受け、最終的には動かなくなる。欲望も同じ位置づけにある。

他者や生態系全体との壊れた関係は、私たちがそれぞれ、あるいは集団で求めるものには結果が伴うことを明らかにしている。だが、欲望が持つ模倣の性質を理解すれば、私たちはより良い世界をつくるのに貢献できる。歴史上の大きな発展は、誰かがそのときには存在しない何かを求めた結果であり、人々が思う以上に何かを求めるように仕向けた結果なのである。

模倣の欲望を深く知れば、その新たな認識はあなたの世界の見方を変えるだろう。私のように、あらゆるところに――自分自身の人生のなかにも――それが見えるようになるかもしれない。それに対してどうするかはあなた次第だ。

パート１

模倣の欲望の力

第１章　隠れたモデル――ロマンチックな虚偽、赤ちゃんの真実

カエサルの自己欺瞞　他人の目で選んだ愛　ＰＲの発明　つれない態度が効果的である理由

人間というものは、ただ一度の人生を送るもので、それ以前のいくつもの人生と比べることもできなければ、それ以後の人生を訂正するわけにもいかないから、何を望んだらいいのか決して知りえないのである。

――ミラン・クンデラ
（『存在の耐えられない軽さ』千野栄一訳、集英社）

人々が欲しいものを語るとき、「ロマンチックな虚偽」を言っている。たとえば、こういうものだ。

マラソンをしたいと思うようになった（三五歳になった友達は皆そう言う）。

虎を見て、わかったんだ……（ヴィンス・ジョンソンがタイガー・キングことジョー・エキゾチックに書いた曲「I Saw a Tiger」から。エキゾチックは虎を見るのは神秘的な体験だと感じ、大型のネコ科動物の動物園を始めた）。

わたしはクリスチャンを求めている。激しく求めている。それが単純な現実だった。
（『フィフティ・シェイズ・オブ・グレイ（上）』E・L・ジェイムズ、池田真紀子訳、早川書房）

ユリウス・カエサルはロマンチックな虚偽の第一人者だ。ゼラの戦いで勝利したあと、彼は「Veni, vidi, vici（来た、見た、勝った）」と宣言した。この句を引用する大勢の人はこの言葉を額面どおりに受けとっている。すなわち、その場所を見て、征服すると決断した、と。奇術師のジェームズ・ウォーレンは、この句を欲望の言葉で言いかえ、カエサルが真に言いたかったことを示している。「来た、見た、欲した」。だから彼は征服したのである。[1] カエサルはそれが欲しいかどうか自分の目で見ればわかると皆に思わせたがっている。だが、それはうぬぼれというものだ。

実際はもっと複雑である。まずカエサルはアレクサンドロス大王を崇拝していた。紀元前三世紀の既知の世界をほぼ制服したマケドニアのいわば軍神である。次に、ゼラの戦いでは、カエサルのライバルであるファルナケス二世から先制攻撃を受けている。カエサルはただ「来て、見た」わけではなかった。以前からモデルとしていたアレクサンドロス大王のように征服したいと思っていて、ライバ

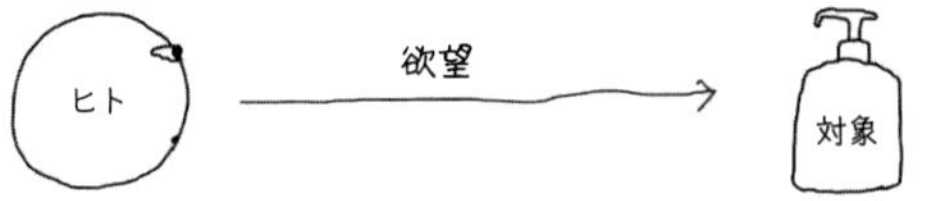

虚偽

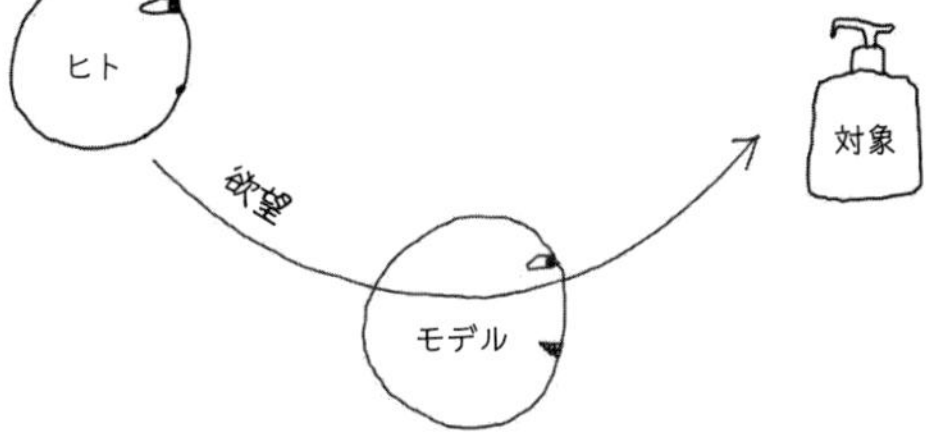

真実

ルのファルナケスの攻撃に応えたのである。

ロマンチックな虚偽は、なぜ特定のものを選択するのかという自己欺瞞的な物語である。たとえば、個人の趣味にあったから、その確かな品質がわかったから、あるいは見ただけで欲しいと思ったから。

私たちは欲しいものとのあいだにはまっすぐな線が引かれていると信じている。それはまやかしだ。実際には、線は必ず曲がっている。

私たちの心の奥底には、何かを欲しいと思わせる人やモノがある。欲望にはモデルが欠かせない。その人が欲していると言うだけの理由で、そのモノに価値を与える人である。

モデルは目の前にある物体を理

想のものに変える。委託販売の店に友人と行ったとしよう。そこにはたくさんのシャツが並んでいる。特に目を引く商品はない。しかし、友人がある一枚を気に入ったとき、そのシャツはただのシャツではなくなる。友人のモリーが選んだ一枚になる。ちなみにモリーは、大手映画会社の衣装デザイナーのアシスタントをしている。その彼女がそのシャツをじっくり見て取りおく。それはモリーが欲しがるまえのシャツとは別物だ。もはや五秒前のシャツではない。

「冗談じゃない！　他人の目で恋人を選ぶなんて！」シェイクスピアの『夏の夜の夢』でハーミアは言う。他人の目で何かを選んだなんて思いたくはない。しかし、私たちはいつもそうしている。ブランドも学校もレストランのメニューも、人の目を通して選んでいる。

欲望のモデルは必ずいる。自分のモデルを知らなければ、モデルはおそらくあなたの人生を台なしにしている。

もしそれが本当なら、こう思うかもしれない。欲望がモデルによって生まれ、つくられるとしたら、そのモデルの欲望はどこから生まれるのか。答えは「ほかのモデルから」である。

あなたの欲望のもとをただせば、友人、両親、祖父母、曾《そう》祖父母を経て、果てはローマ人にたどりつく。そのローマ人もギリシャ人をモデルにしているわけで、モデルは際限なくさかのぼることができる。

聖書には人類誕生時のロマンチックな虚偽の話がある。イヴは禁断の果実を食べたいとは思っていなかった――ヘビがモデルを示すまでは。ヘビは欲望をほのめかした。それがモデルの役割である。別段欲しくもなかった果実は、とつぜんこの世でいちばん欲しいものとなった。一瞬にして。果実は抵抗できないほど魅力的に見えた。禁じられたものとしてモデル化されたからであり、そうなってはじめて魅力的に見えたのである。[2]

モデルは私たちが持っていないもの、特に手が届かないように見えるものに対する欲望をほのめかし、じらす。障害が大きければ大きいほど、魅力は増す。

興味深い話ではないだろうか。私たちはすぐに手に入るものや手の届きそうなものを欲しいとは思わない。欲望は今いる場所から遠く離れた場所に導く。モデルはたとえて言うなら、一〇〇ヤード先に立って、こちらからは見えない曲がり角の向こうにあるものが見えている人だ。だから、モデルがそのものをどのように伝えるか、つまりどのようにほのめかすかによって、大きく違ってくる。欲しいものは直接見えない。屈折した光のように、曲がって見える。申し分のないモデルによって魅力的に見せられたとき、私たちはひきつけられる。欲望の世界はモデルによって大きくも小さくもなる。

モデルに依存するのは必ずしも悪いことではない。モデルがなければ、私たちは同じ言語で話せないだろうし、現状を超えた何かを求めることもないだろう。コメディアンのジョージ・カーリンは、一九六二年にレニー・ブルースの公演を見なければ、五〇年間天気のジョークを言いつづけていたかもしれない。ブルースは新しい笑いのモデルとなり、カーリンはそれを利用して人気者となった。

危険なのは、モデルの存在を認識しないことだ。その場合、私たちは簡単にモデルと不健全な関係に陥ってしまう。モデルは巨大な影響力を発揮しはじめる。私たちは無意識のうちにモデルに執着しがちだ。モデルというのは、多くの場合、秘密の偶像なのである。

「ルネは、それが敬意を表する行為であるかのように、人の目の前にある偶像を取りのぞくことができた」。ジラールの友人ギル・ベイリーは私にそう語ってくれた。模倣理論はモデルを暴き、モデルとの関係をつくりなおす。モデルを明らかにすることが第一歩となる。

この章では、二一世紀初頭に「広報の父」として活躍したエドワード・バーネイズが、ひそかに置かれたモデルをどのように利用して、消費者を操ったのか見ていく。一九五〇年代から六〇年代には、彼の教えを受けついだ者たちは、マディソン・アベニューの「マッドメン」となった。今では、彼らは巨大なテクノロジー企業や政府、ニュースの編集室にいるようだ。

また、模倣が金融市場に与える影響や、隠れたモデルを特定することが株の動きやバブルの人間性を理解するのに役立つことも検証する。

しかし、まずはモデルがわかりやすく機能しているところから見ていこう。赤ちゃんの日常である。

赤ちゃんの秘密

赤ちゃんは真似るのがとてもうまい。生まれてほんの数秒で、ほかの人間の真似を始める。生まれた時点で、高い知能を持つ大人の霊長類をしのぐ真似る力を持っている。[3]

研究によれば、赤ちゃんの真似る力は生まれるまえから育まれることがわかっている。「生まれたあと、赤ちゃんはさまざまな音を真似る。だが、子宮にいるときに聞いた音に大きく影響される」とソフィ・ハーダックは二〇一九年の《ニューヨーク・タイムズ》に、ドイツ人科学者カトリーン・ヴェルムケの新しい研究について書いている。出産が近くなるころには、おなかのなかの赤ちゃんは母親の声のトーンを聞き分けることができる。たとえば中国語（高い音からなる言語）を話す母親の赤ちゃんの産声《うぶごえ》は、ドイツやスウェーデンの赤ちゃんよりも音調が複雑だ。[4]

こうした最近の発見は、赤ちゃんの非社会性を唱える理論に異議を唱える。フロイトやスキナー、ピアジェの見解では、生まれたばかりの赤ちゃんは卵からかえっていないひよこのようなもので、大人が社会生活を教えるまでは外の世界から隔離されているとする。フロイトにいたっては、身体の誕生と、精神の誕生すなわち対人関係の誕生を区別し、社会とのかかわりができてはじめて人間になると示唆している。[5] しかし、新生児を腕に抱いたことのある母親なら誰でもそれは間違いだと知っている。子供は社会性を持って生まれてくる。

赤ちゃんの非社会性の神話を壊した科学者としては、アンドルー・メルツォフをおいてほかにいない。過去数十年にわたる幼児期の発達、心理学、神経科学についての研究は、ジラールの発見を後押ししている。メルツォフの研究は、私たちは真似ることを学ぶのではなく、真似る能力を持って生まれてくることを示している。真似る能力は人間であることの一部なのである。

一九七七年に行なわれた有名な実験で、彼は共同研究者のM・キース・ムーアといっしょにシアトルの病院を訪れ、新生児に向かって舌を出した。実験を行なった新生児は平均で生後三二時間だったが、生後四二分という赤ちゃんでも、メルツォフの表情を驚くほど正確に真似た。実験を行なった赤ちゃんたちは、舌を出したり、おかしな表情をしたりする人間をはじめて見たにもかかわらず、自分が目の前の生き物と同じ生き物で、顔があり、それを使って同じことができると理解しているようだった。[6]

私はメルツォフに会いに、ワシントン大学の学習・脳科学研究所を訪ねた。メルツォフは、妻で発

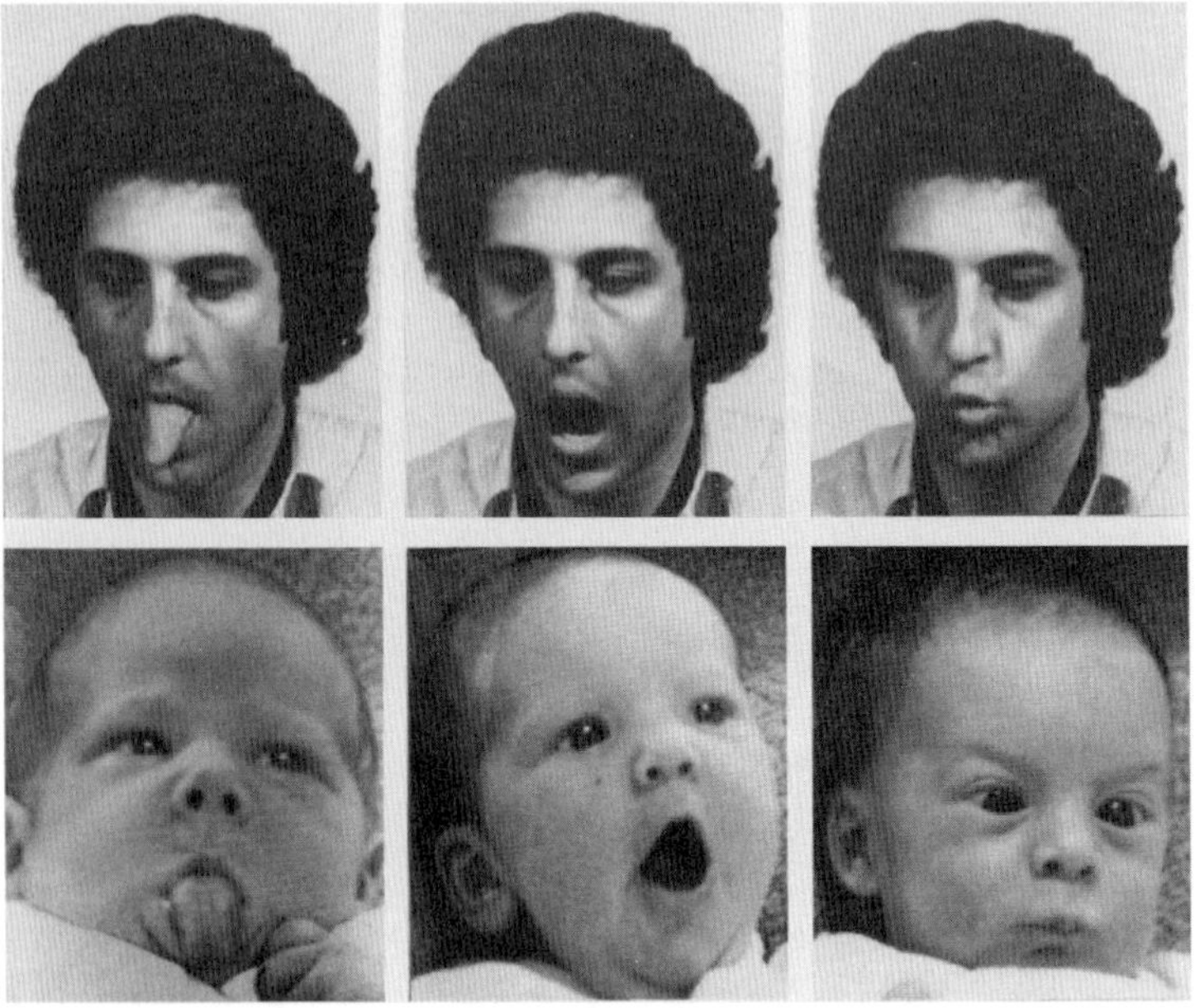

A・N・メルツォフとM・K・ムーア（1977年）。《サイエンス》198巻、75-78ページ（写真提供：アンドルー・メルツォフ）

話と聴覚の研究で第一人者であるパトリシア・K・クールとともに同研究所を率いている。「赤ちゃんはどうやら真似る能力を持って子宮から出てくるようだ」と語ってくれた。

赤ちゃんを師として見れば、人間が持つ模倣の性質が理解できる。「赤ちゃんは何千年も隠されてきた人間の精神の秘密を握っている」とメルツォフは書いた。「赤ちゃんは私たちの生き写しである。赤ちゃんには、まわりにいる人間を理解したいという根源的な欲求があり、それが成長を促している。私たちは、社会科学と哲学を前進させるために赤ちゃんを理解したい。子供の知性と心を調べることによって、自分たちに光をあてているのである」[7]

二〇〇七年から二〇〇九年のあいだに、メルツォフとルネ・ジラールはスタンフォード大学で数回、パロアルトのジラールの自宅で一度会っている。二人は人生と文化の発展について互いの考えを語りあった。

「ルネは科学に興味を持ったようだった。赤ちゃんが視線を追い、それで大人が目指すもの、意思、欲望にたどりつくという流れに」。メルツォフは言う。ジラールは科学者メルツォフの研究成果は、異なる分野にある自分の理論の裏づけになると考えた。

「それから、読んだほうがいいという小説を教えてくれた」

「小説ですか？」

「そう、たとえばプルースト」

「なぜプルーストを？」

「彼は私の研究のなかの『視覚的共同注意』と呼ばれる考えに強い関心を示していた。これは二人の人間が同じ物体に視覚的に集中している状態を指すものだ。赤ちゃんは母親の視線を追う。ジラールはプルーストの小説のなかで、登場人物が他人の視線に注目し、その人の意図や欲望を読んでいる場面をいくつか教えてくれた」

プルーストの大作『失われた時を求めて』の登場人物は、ごく小さなシグナルに注目して、ほかの人の欲しいものを知ろうとする。第五巻でプルーストは次のように書いている。「アルベルチーヌのような目は（たとえ平凡な人の場合でも）、その日に行きたいと思っている――しかもそれを隠しておきたい——あらゆる場所のせいで多数の断片からできているように見える、そんな種類の目だと、どうしてもっと前から気づかなかったのか？」[8]プルーストの小説に出てくる人たちは、ほかの人が求めるものの手がかりを、ときには一瞬の視線から得る。

私たちは同じことをしている。メルツォフは説明する。「母親が何かを見る。赤ちゃんは母親がその物体を欲している、あるいは少なくともそれが重要だから見ていると受けとめる。赤ちゃんは母親の顔を見て、それからその物体を見る。母親とその物体との関係を理解しようとしているのだ」。母親の視線を追うだけではなく、その行動の裏にある意図も理解できるようになるまで時間はかからない。

この考えを検証するために、メルツォフは生後一八カ月の赤ちゃんを前にして実験を行なった。中央が筒状で両脇に木製の立方体がついたダンベルのような形をしたおもちゃを持ち、それを引きちぎろうとして見せた。力を入れて引っ張るが、最後は片手をおもちゃから離す。もう一度挑戦するが、今度は反対側の手を離す。意図は明確だ。このおもちゃを引き裂きたい。だが、うまくいかない。

何度か試したあと、実験者はそのおもちゃを赤ちゃんに渡して、何をするか観察した。赤ちゃんはおもちゃを受けとるとすぐに引き裂いた。五〇回実験したところ、四〇回は引き裂かれた。赤ちゃんは大人がしたことを模倣したのではなく、大人がしたいだろうと思ったことを真似た。行動の裏にある意図を読んだのである。[9]

この実験の赤ちゃんたちはまだしゃべれなかった。他者の欲望を理解し、言葉で表現できるようになるまえに、その欲望を追いかけたことになる。他者がなぜ欲しがるのかはわからないし、気にしてもいない。ただ単にその人が欲しがっていることに気づいたのである。

欲望は人間にもともと備わっている。なぜそれを欲しいのか説明ができるようになるずっとまえに、それを欲しがりはじめる。動機づけについて語るサイモン・シネックは、組織も人も「ＷＨＹから始めよ」と言っている（著書のタイトルにもなっている）。何よりもまず先に理由を特定し、伝えるべきだというのだ。しかし、欲しいものが何であれ、ほとんど場合、それはあとづけにすぎない。欲望からはじめるほうがいい。

子供は驚くほど利他的だ。二〇二〇年、メルツォフは研究仲間とともに、大人が手の届かないところにある果物をとるのを、一九カ月の赤ちゃんが手伝うところを観察した。実験に参加した赤ちゃんたちは、喜んですぐに何回でも大人の欲望を満たす手伝いをして、実験時間の半分以上を過ごした。本人のお腹が空いているときに大人に食べ物を渡すことになってもそうした。[10]

他者が何を欲しがっているかを気遣う子供の自然で健全な関心は、大人になると他者が欲しがるものに対する不健全な関心になる。模倣《ミメーシス》となるのである。大人は子供がぎこちなくやっていることを巧妙に行なう。要するに、私たちは高度に発達した赤ちゃんなのだ。他者が欲しいものを知って助けてあげようというのではなく、それを手にしようとひそかに競争する。

私はメルツォフに欲望を真似ることの根深さについて訊いた。すると、椅子から立ちあがり、特別な部屋に案内してくれた。そこには脳磁図を記録する二〇〇万ドルの機器（ＭＥＧ）があった。ＭＥＧはきわめて感度の高い磁気探知器で、脳内の磁場源を特定する。脳が活動しているときには頭の内外に磁場が発生する。機器は、人がまわりのものについて認識したり、欲したり、感じたり、考えたりすることで自然に発生する磁場の変化を探知する。

ＭＥＧの初期のものは一九七〇年代あたりにつくられたが、メルツォフのＭＥＧは特別なソフトウエアが組みこまれ、そのなかには乳児の学習と脳の活動を分析する目的のものある。機器は巨人のためのヘアドライヤーといった形をしている。カラフルな水生動物の脚が突きでているように見える。

二〇一八年にメルツォフのチームは、子供の脳は目に入ったまわりの行動をマッピングしていることを発見した。「ＭＥＧに入った子供に、物体に触れられている大人を見せたとき、子供の脳のなかでは、自分自身が触られたときに活性化するのと同じ場所が反応していた」[11]。自己と他者の区分の仮想性――ロマンチックな虚偽の基盤となる――が暴露されていた。

ミラーニューロンは、一九九〇年代にイタリアのパルマで、有名な神経科学者ジャコモ・リゾラッティが率いるイタリア人科学者チームによって偶然発見された。マカクザルに人がピーナッツをつまみあげるのを見せたとき、マカクザルの脳の特定の場所が反応した。サルが自分でピーナッツをつまみあげたときに反応するのと同じ場所だった。「そのためミラーニューロンと呼ばれている」と、カリフォルニア大学ロサンゼルス校の神経科学者マルコ・イアコボーニは記している。「まるでサルが鏡に映った自分の行動を見ているかのようだ[12]」

メルツォフによれば、ミラーニューロンは真似ることとの神経学的な要因の一部かもしれないが、それだけではすべてを説明できないという。「赤ちゃんがしていることはミラーニューロンよりも複雑だ」。ジラールが模倣の欲望と呼んだものは、ミラーニューロンにより神経学的な説明ができるかもしれないが、それだけでは説明できない不思議な現象だ。

動物は、音、表情、ジェスチャー、攻撃などの行動を真似る。人間はそれ以上にさまざまな行動を真似る——引退計画、恋愛の理想、性的な想像、食事の支度、社会規範、崇拝、プレゼントの慣習、同業者間の礼儀、ミーム。

私たちは真似ることに敏感なので、許容できる真似から少しでも逸脱すると気づく。もらったメールやメッセージの語調がおかしければ、私たちはちょっとした危機に陥る（彼女は私のことが嫌いなの？　あいつ自分のほうが偉いと思ってるのか？　私何か悪いことした？）。コミュニケーションは事実上、模倣を土台に進んでいく。《ジャーナル・オブ・エクスペリメンタル・ソーシャル・サイコロジー》に二〇〇八年に発表された論文で、六二人の学生にほかの学生と交渉してもらうという実験を行なったものがある。相手の姿勢や話し方を真似た学生は六七％交渉に成功し、真似しなかった者は一二・五％しか成功しなかったという。[13]

表面的に真似るのは日々の生活のなかでよくあることで、普通は心配する必要はない。ただし、それがほかの世界への入り口になっていれば話は別だ。欲望の宇宙のブラックホールに吸いこまれたら二度と出てこられないかもしれない。

マティーニはドラッグの入り口

メルツォフの実験で母親の視線を追った赤ちゃんは、大人になるとまわりの人に注目し、欲するに値するもののわずかな手がかりを追う。

私はバーでビールを注文しようと思っている。友人はマティーニを注文する。するととつぜん、私は自分がマティーニが飲みたいのだと気づく。

正直に言えば、店に入ったとき、マティーニを飲みたいとは思っていなかった。心は冷えたビールにあった。なぜ変わったのか。実は心の底ではマティーニが飲みたいと思っていて、友人がその潜在意識に働きかけたというわけではない。友人が私に新しい欲望をくれたのだ。友人がまずそれを欲したから、私は欲しいと思っている。

マティーニなら問題ない（普通は）。だが、たとえば友人とバーに行って、その友人が昇進が近いという話をする。給料は二万ドルアップ、新しい肩書きがつく。マネージング・ディレクターとか何とか、偉そうな響きだ。有給休暇も増えるらしい。

私は笑顔でそれはすごいと言うが、もやもやとしたものを感じる。私の給料も二万ドル上がってしかるべきじゃないか。向こうの有給休暇が私の倍になったら、いっしょに遊びに行けるだろうか。それに、そもそもどういうことだ？　二人とも同じ大学を出て、学生時代も卒業してからも、私は友人の二倍は働いてきた。私は遅れをとっているのだろうか。自分が選んだ道は正しかったのか。友人の職種には絶対につきたくないと言ってきたが、私は今考えなおしている。

友人は私にとって欲望のモデルになったのだ。口に出すことはない。しかし、内なる力が私のなかで働きはじめた今、そのまま放っておけば、問題を起こすことになる。私は友人が欲しいものを基準に決断しはじめる。向こうがある地域に引っ越せば、私も住んでいる場所を見直す。彼がデルタ航空のマイレージプログラムでプラチナ会員に達すれば、私はゴールド会員では満足できなくなる。

ときには鏡のように彼を真似るだろう。つまり、彼のすることと逆のことをする。向こうがテスラを買えば、絶対にテスラは買わない。いつも遅れをとっていると言われているような気がするものはいらない。私は違う。私は歴史あるフォード・マスタングを買い、路上でテスラを見かけるたびに目を細めて「流行を追うだけのその他大勢のやつら」と思う。自分の行動がモデルによって決められていることにはまったく気づいていない。

友人が失業すれば、ひそかにうれしく思う。再就職すれば、うらやましく思う。自分の感情まで、モデルとの関係が反映されるようになる。そして、私たちはマティーニを飲み干す。彼のグラスに入っていたオリーブが、自分のより多かったことに私は気づく。

子供から大人になる過程で、公にしていた真似《イミテーション》は隠れた模倣《ミメーシス》になる。私たちはひそかにモデルの一挙手一投足に目を光らせながら、同時にモデルの必要性を否定する。

模倣の欲望は暗闇のなかで作動する。暗闇のなかで見通しが利く人は、事を有利に運べる。

自由の松明《たいまつ》

一九一七年四月六日、アメリカがドイツに宣戦布告をした日、二五歳のエドワード・バーネイズは、アメリカ軍に志願した。ラリー・タイによる伝記によれば、身長一六三センチ、オーストリア生まれのユダヤ人でジークムント・フロイトの甥であるバーネイズは、愛国心を示して、自分を受けいれてくれた国を守りたいと思ったという。しかし、偏平足と視力の問題で、軍には不適格と判定された。[14]

拒絶は、別の道での成功に向けて、彼をやる気にさせただけだった。彼には人間の本質を鋭く見抜き、人々を目標に駆りたてる天性の才能があった。バーネイズはこの才能をどう生かすべきか思案しはじめた。

さかのぼること四年、小さな医学雑誌の編集をしていた二一歳のとき、ほかの人が厳しいと思う状況のなかで、バーネイズはチャンスを見つけた。雑誌が扱う内容と、購読者を増やす必要性から、バーネイズは劇作家ウジェーヌ・ブリューによる問題作『傷んだもの』を宣伝することにした。この劇は、妻に梅毒を移し、妻が梅毒に感染した子供を産むという男の話だった。この時代、性感染症を話題にするのはタブーだったため、ほとんどの劇場で上演は禁止された。バーネイズは専門家や世の中のロールモデルとされる人たち――ジョン・D・ロックフェラー、アン・ハリマン・ヴァンダービルト、エレノア・ルーズベルト――に協力を求め、この劇を過剰な反応を正す闘いとして位置づけることで上演を後押しした。反応は賛否両論だったが、キャンペーンのおかげでこの劇は大成功を収め、バーネイズはやり手の戦略家として名を知られるようになった。

バーネイズは広告宣伝の腕を磨きつづけた。その手法は、人の主義主張と商品や娯楽を深いところで結びつけ、大きなチャンスを待つというものだった。軍隊に落ちたあとは、卓越した手腕をもって、アメリカを第一次世界大戦に向かわせる動きに加担した。

参戦すべきかどうかをめぐって国は真っ二つに分かれていた。一九一七年一月、ウッドロウ・ウィルソン大統領は連邦議会で、アメリカは中立を保つべきだと演説した。それは開戦当初から主張していた考えだった。一月下旬から二月になって、ドイツの潜水艦が攻撃を始め、アメリカの船も何隻か沈められた。ウィルソンは議会に戻り、宣戦を要求した。それでも多くのアメリカ人は立場を決めかねていた。

バーネイズは新たに設立された広報委員会に言葉巧みに入りこんだ。それは世論を参戦になびかせるために連邦政府がつくった独立機関だった。バーネイズはすぐに得意の方法で仕事に取り組んだ。

ポーランド、チェコスロヴァキアなどの国から自由のための戦士を集めてカーネギーホールで集会を開いた。フォード・モーター・カンパニーなどのアメリカ企業で戦争を支持する人を募り、海外の事務所で参戦を促すパンフレットを配った。さらに国内外の有力紙でプロパガンダを計画した。

戦争の勝利が決まるころには、ウィルソン大統領はバーネイズのあげた成果を実感していた。そこで一九一九年一月のパリ講和会議にこの二六歳の若者を誘った。パリに到着したバーネイズは、ウィルソン大統領に群がる人々を目撃した。大統領はバーネイズによって、偉大な解放者であり、民主主義的自由の擁護者として位置づけられていた。「私たちは〝民主主義にとって安全な世界をつくる〟ために働いた」。バーネイズはのちにそう言っている。「それは大きなスローガンだった」[15]

バーネイズは新しい認識を持ってアメリカに帰国した。「プロパガンダが戦争に使えるなら、平和のためにも使えるに決まっている」[16]。その後四〇年間、バーネイズは広報活動でたくさんの成功を収めた。

豚肉の販売会社に雇われたときには、ベーコン・エッグをアメリカ人の定番の朝食にした。友人の医者に五〇〇〇人の医者にあてて手紙を書いてもらい、朝はしっかりした食事（〝ベーコン・エッグ〟）をとるほうが健康にいいというメッセージに賛同してもらったのである。

公立学校では石鹼《せっけん》彫刻コンテストを企画して、子供たちがお風呂を好きになるように促した。これはクライアントのプロクター・アンド・ギャンブルが、アイボリーというブランド名の水に浮く石鹼を開発したことによる。

一九四〇年代の終わりごろ、バーネイズはマック・トラックスの仕事の一環として、ルート66を建設するよう連邦政府を説得した。高速道路が延びれば、トラックが増える。バーネイズはモデルが欲望を刺激することを理解していたようだ。医者は「専門家」モデルで、ベーコンと卵を推奨した。教師は石鹸彫刻の見本を示した。マック・トラックスに鉄道の攻勢から会社を守るよう依頼されたときには、ドライブ愛好会のメンバー（男女問わず）から牛乳配達員やタイヤ作業員にいたるまで、車の運転の愛好家を募って高速道路の延長を支持させた。

しかし、こうした実績もこの数十年前に成しとげたことに比べれば足元にもおよばない。バーネイズは二〇世紀においてもっとも強力なモデルの一つをつくったのである。

一九二九年、アメリカン・タバコ・カンパニーの社長ジョージ・ヒルは、大きな報酬をちらつかせながらエディ・バーネイズに近づいた。女性は公共の場でタバコを吸うべきではないというタブーを壊せば、会社の売上は年間数千万ドル増えることになる。ヒルはまずバーネイズに依頼料として二万五〇〇〇ドルを払った。今の金額で言えば三七万九〇〇〇ドル、大金である。キャンペーンによって女性の喫煙者が増えれば、おそらく増収分の一部がバーネイズの懐に入ることになっていたのだろう。

会社を代表するブランドのラッキーストライクは、売上を爆発的に伸ばしていた。戦争中、兵士への配給品にはタバコが含まれていた。戦後、喫煙人口は急激に増えた。戦火の恐怖に直面して心を落ちつけるためにタバコに火をつけた若者が、やめられなくなっていたのである。

女性はその流れに入っていなかった。女性が公共の場で喫煙することは社会的にタブーだったし、男性は人目につかないところであっても喫煙する女性を軽蔑した。以下は、一九一九年の《ニューヨーク・タイムズ》の記事のなかのホテルの男性支配人の言葉だが、当時の見方を代表している。

女性がタバコを吸っているのを目にするのが嫌いです。道義的な理由もありますが、女性はタバコの吸い方をわかっていないというのが大きいです。ディナーの席につく女性一人の一本のタバコで、そのテーブルの男性全員の葉巻の煙より多くの煙がたつんです。煙の扱いをわかっていないのでしょう。それにタバコの持ち方もなってません。何から何までめちゃくちゃなんです。

ジョージ・ヒルはこのタブーが自社の利益の妨げになっていることを理解していた。バーネイズにはこう語った。「この市場に食いこめたら、シェアをさらに増やすことができる。自宅の庭で新しい金鉱を掘りあてるようなものだ」[17]。そのためには、アメリカ文化に大きな変化を起こし、性差別主義のタブーを打開する必要があった。

バーネイズはまず、伯父ジークムント・フロイトの弟子で、アメリカの精神分析学の第一人者であるA・A・ブリルに会いに行った。ブリルによればタバコは男性器の象徴で、男性の精力をあらわしているという。タバコを、女性が手にするために戦うほど重要なものに変えるためには、喫煙は女性が男性の力に挑む手段であるように見せる必要があるだろう。タバコは、ブリルが言うところの「自由の松明《たいまつ》」になった。

これを実行に移すために、バーネイズは女性にモデルを示さなければならなかった。

女性解放運動は、一九二〇年代に最高潮に達していた。一九二〇年八月に可決された憲法修正第一九条によって、女性の参政権が認められた。戦中に門戸が開かれた職はかつてなかった高賃金を女性にもたらした。フラッパーと呼ばれた娘たちが新しい自由を祝い、コットンクラブでデューク・エリントンを聴きながら、フレンチ75を飲んだ。[18]

バーネイズは策を練った。一九二九年三月、彼はニューヨーク市のイースターパレードはタバコを「自由の松明」に変える絶好のチャンスだと思いついた。パレードには流行のファッションに身を包んだ人々とメディアが集まり、裕福なニューヨーカーが五番街を闊歩しながら、見たり見られたりする。

五番街で行なわれるこのパレードのはじまりは一八七〇年代にさかのぼる。当時、イースターは今日のクリスマスのように小売りにとって重要な行事だった。そのうちに儀式化され、パレードが行なわれるようになり、女性はおしゃれな帽子をかぶって色とりどりのイースタードレスを着るようになった。彼女たちは五番街にある教会から通りに出て、同じく着飾った上流階級の仲間と連れだってランウェイさながらに歩きだす。下層階級の人々が通りの両脇に並んで羨望のまなざしで見つめるなか、花でいっぱいの教会に立ちよりながら進んでいくのだった。

バーネイズの計画は、慎重に選んだ女性グループに、世界最大のステージとなるパレードの途中で、ラッキーストライクに火をつけてもらうというものだった。これは現代のインフルエンサーを使ったキャンペーンに匹敵するだろう。想像してもらいたい。ビヨンセがスーパーボウルのハーフタイムショーの途中でパフォーマンスを中断し、電子タバコのジュールを取りだして一口吸い、そこにカメラがよって、ブランドとフレーバーをアップで映すところを。

ラリー・タイの伝記によれば、バーネイズは《ヴォーグ》の友人に頼んで、ニューヨークの上流階級の娘で影響力のある三〇人を選んでもらった。それから、有名なフェミニストである友人ルース・ヘイルを通じて、ニューヨーク市の新聞で上流階級の女性に向けて発信した。

バーネイズの事務所が用意した文書には詳細が書かれていた。「タバコを吸う女性とその仲間は、一一時半から一時のあいだに五番街の四八丁目通りから五四丁目通りを歩く」。バーネイズは一〇人の女性を雇って、その人たちにパレードに交じって目立つようにタバコを吸ってもらう計画を立てた。求める女性像は明確だった。「容姿がよくなければならないが、あくまでも一般人に見えなければならない」と書いている。

文書は次のように続いた。

たとえて言うなら、劇場のディレクターが手がけたかのように進めなければならない。一人の女性が、ほかの人がタバコを吸っているのを目にして、自分のハンドバッグを開けてタバコを取りだすが、マッチが見つからず、まわりに火を求める。女性たちのなかには男性連れの者もまぜておく必要がある。

決められた時間になると、女性たちはバーネイズの指示どおりラッキーストライクを取りだし、火をつけた。流行りの帽子をかぶり、ファーがついたコートを着た女性たちは、煙をくゆらせながらこれ見よがしに通りを歩いた。

バーネイズに抜かりはなかった。事前に手配して、プロのカメラマンと記者がその場面をとらえられるようにした。しかも、記事にするときには「自由の松明」という言葉を使うように指示までして

イースターパレードでタバコを吸うエディス・リー。1929年、ニューヨーク（提供：米国議会図書館）

いた。論争を巻き起こすことはわかっていたが、戦争が終わった世界で「自由」の側にいたくないという人がいるだろうか。

　タイによれば、「自由の松明」をくゆらす女性の写真は、翌日、アメリカの主要な新聞――《ニューヨーク・タイムズ》からニューメキシコ州アルバカーキの日刊紙まで――の一面を飾った。ＵＰＩ通信は、「女性の自由のために戦った」一人としてバーサ・ハントという名の女性を取りあげた。セント・パトリック大聖堂の正面にいた群衆を押しのけ、先頭に立った女性だった。「私たちの行動が何かの始まりになることを期待しています」。ハントは記者に語った。「そして、特定の銘柄にこだわらないこの自由の松明が、女性のタバコはタブーという差別を砕き、私たち女性があらゆる差別を乗りこえていくことを期待します」[19]。インタビューを受けたハントが触れなかったのは、自分がバーネイズの秘書で、周到に用意された文章を暗唱しているということだった。

　バーネイズはこの日に起きた一連の動きを、人々の目には、女性たちが自発的にタバコを吸いはじめ、ハントが大聖堂前の群衆を自発的にかき分けて出てきたと映るようにした。ロマンチックな虚偽を使ったのである。

　バーネイズは自発的だと錯覚させた――欲望とはそういうものだと人々が思っているからだ。モデルは隠されているときにもっとも威力を発揮する。もし誰かに夢中になってもらいたいものがあれば、その欲望は自分自身のものだと信じさせる必要がある。

　数日のうちに、アメリカ中の女性が通りで自分の「自由の松明」に火をつけるようになった。イースターのあと、ラッキーストライクの売上は三倍になった。

模倣のゲーム

人々は模倣のゲームを行なう。模倣の欲望がどのように展開するか、意識はしていなくてもわかっているからだ。子供は学校で習うずっとまえから、重力の法則に従っている。同様に、大人は人の弱いところを利用した欲望のゲームをよく行なっている。

このゲームが恋愛、ビジネス、広告の分野でどのように展開するか、簡単に見てみよう。

恋愛

ルネ・ジラールはフランスの大学で学んでいた二十代のはじめに、思いがけない形で模倣の欲望の一端を体験した。それは恋人に対する欲望の急激な変化だった。ジラールは、二〇〇五年にスタンフォード大学のラジオ番組「エンタイトルド・オピニオンズ」で、ロバート・ハリソンにこの話をした。[20] 二人の関係は、彼女が結婚をほのめかしたときに転機を迎えた。ジラールは欲望が減るのを感じ、一気に気持ちがさめた。二人は別々の道を行くことになった。

模倣の欲望に対処するコツ1
モデルをはっきりさせる

感情であれ、問題であれ、才能であれ、それが何なのかはっきりすれば、制御できるようになる。モデルも同じだ。

職場でのモデルは誰か？　家では？　何かを買うとき、キャリアの道を決めるとき、政治信条を持つとき、あなたに影響を与えるのは誰か？

簡単にわかるモデルもいる。いわゆるロールモデルというものだ。手本にすべき人やグループ、積極的に見習いたいと思う人。それを認めることは恥ずかしいことではない。

モデルだとわからないものもある。たとえば、スポーツジムを考えてみよう。パーソナル・トレーナーは単なるコーチではない。欲望のモデルでもある。トレーナーは、あなたがしなければならないのにまだ実行するほど欲していないものを、あなたのために欲している。重要なのは、その人の職業上の役割だけではなく、欲望のインフルエンサーとしての役割にも目を向けることだ。これは子供の担任や同僚、友人にもあてはまる。

はっきりさせるのが難しいのは、私たちの世界の内側にいる人と、対立や不健全な行動のモデルとなるかもしれない人だ。私たちはそうとは気づかずにその人とつきあい、欲しいものについて影響を受けている。このあまり認識されないタイプのモデルは、私たちの世界を支配するようになったので、第２章で見ていく。特定する方法を一つ示そう。成功するところを見たくない人について考えてみるといい。


ところが、ジラールが別れを告げ、彼女がそれを受けいれたとたん――どうやらほかの男とつきあい始めたらしい――、ジラールはまた彼女に引き寄せられた。そこでもう一度彼女を追いかけたが、断られた。彼女に拒絶されればされるほど、想いは募った。「彼女は拒絶することで、私の欲望に影響を与えた」とジラールは言った。[21]

　彼女のジラールに対する欲望の欠如が、ジラールの彼女に対する欲望の強さに変化をもたらしたかのようだった。さらに、ほかの男が彼女に関心を示したことも影響した。彼女とその男は、彼女は欲するに値することをジラールに示したのである。彼女自身も身をひいたことで、その一端を担った。「私はとつぜん気づいた。彼女は私にとって欲望の対象と媒介者の両方で、ある種のモデルであることに」。ジラールは過去を振りかえって言った。

　人は第三者や相手への欲望をモデル化するだけではなく、自分自身への欲望もモデル化できる。つれない態度をとるのは、人を夢中にさせる確実な方法だが、なぜそうなのかと問う者はほとんどいない。模倣の欲望がヒントになるだろう。私たちがモデルにひきつけられるのは、手の届かないところにあるそれ——愛情を含む——が欲するに値するものだと示してくれるからだ。

　フョードル・ドストエフスキーの『永遠の夫』は模倣の恋愛の喜劇と悲劇を映しだしている。ある男やもめは死んだ妻の恋人——不倫関係にあった男——を探しだす。恋愛においても性的にも、自分よりも相手のほうが上だと心のどこかで思っているからだ。主人公は結婚したいと思う女性に出会う。しかし、ライバルである亡き妻の恋人もその女性を求めることを確認しなければ、結婚に踏み切れない。彼はほかの男、〝永遠の恋人〟の手によって自分を辱めようとする一方で、自分は〝永遠の夫〟であり続ける。自分の恋愛の主導権を握っているのが誰なのかを理解しないかぎり、彼はいつまでもライバルに苦しめられるだろう。彼はライバルとの比較で自分を評価しつづける。

『永遠の夫』は模倣が関係を乗っとった極端な例である。ほとんどの場合、ここまでわかりやすくはない。ある女性に数回会って魅力を感じているが、確信が持てない男のことを考えてみよう。二人とも真剣なつきあいに進みたいとは思っている。男が最初にするのは友人全員に彼女を紹介することだ。必要なのは友人の承認である。彼女に気のあるそぶりを見せる者が一人でもいないか注意して見る。誰も彼女に興味を示さなければ、自分の選択を疑いはじめる。彼は〝永遠の夫〟のように、モデルから自分の選択の妥当性を引き出したいのである。

インスタグラムに自撮りを載せる高校二年生の場合はこうだ。写真のなかの彼女は、寿司レストランにいて、新しい恋人の隣で笑顔をはじけさせている。数週間前に自分から彼女に別れを告げ、それ以来連絡を絶っていた元カレは、その写真を見てすぐに彼女にメッセージを送り、好きだと伝える。「あなたは自分の欲しいものがわかっていない」と彼女は彼に言う。「現実をちゃんと見て！」彼女は正しい。彼は彼女が別の男——自分の兄と同じ三年生で、野球の奨学金でノースカロライナ大学に進学する予定——といっしょにいるところを見るまで、自分が求めるものをわかっていなかった。ふたたび彼女を求めるようになったのは、インスタグラムで見た彼女の見た目にひかれたからではなく、彼女がほかの男に求められているという事実に動かされたからだ。しかも単なる男ではない。相手は自分が求める要素をすべて兼ね備えている。

ジラールの友人で研究仲間の精神分析医ジャン゠ミシェル・ウグルリヤンは、配偶者が自分に関心を示さなくなったといって訪れる患者に、びっくりするような対策を伝える。患者の時間と関心をめぐって配偶者と競う誰かを見つけるように勧めるのである。そういう誰かがいるかもしれないと疑いを持たせるだけでも、欲望をふくらませる効果はあるかもしれない（意図的に配偶者に嫉妬させようとする行為は、誰でもやっていると言うつもりはないが、多くの人がごく自然にやっているように見える)。

恋愛をしているときにはジェットコースターに乗っているように感じることがある。模倣の欲望はそういうふうに動くからだ。

リスクのあるビジネス

著書『GIVE&TAKE――「与える人」こそ成功する時代』のなかで、ペンシルベニア大学ウォートン校の教授アダム・グラントは、経験豊富な起業家ダニー・シェーダーを取りあげている。シェーダーは二つの企業を成功させ、さらに有望な次の起業に向けて資金提供者を探していた。シリコンヴァレーで行なわれた娘のサッカーの試合会場で、シェーダーは有名なベンチャーキャピタリスト(VC)であるデヴィッド・ホーニックと偶然会い、新しいことに挑戦しているという話をした。二人は改めて会うことにした。数日後、シェーダーはホーニックの事務所を訪れ、計画を説明した。ホーニックはすぐに会社の将来性を理解した。一週間もしないうちに、投資条件の概要書を渡した。

しかし、ほかのVCと違って、ホーニックはシェーダーに即断を求めなかった。普通は一定の期間がすぎると申し出は無効になる。そうすることで創業者に最大限の圧力をかけ、早く取引をまとめようとするのである。一方、創業者側はできるだけ多くのVCを回って、投資額を競わせ、つりあげたいと考える。

だが、ホーニックはそういうVCではなかった。申し出に期限は設けなかった。彼はシェーダーにほかのVCとも話をするよう勧めた。そして、自分の投資家としての評判を証言してくれる四〇の照会先リストを渡した。ホーニックは投資だけの問題ではなく、自分が最適なパートナーであると納得してから選んでもらいたいと思っていた。それでシェーダーはほかのVCも回って話をした。

数週間後、ホーニックに電話をして、別の投資家の申し出を受けることにしたと伝えた。シェーダーは、ホーニックが圧力をかけずに終始友好的で、気持ちよく話をしてくれたことや、実は役員室で詰めよられたらどうしようかと思っていたことについて語った。「僕の心は君を選べといったんだが、頭のほうは別の投資家を選べというんだ」とシェーダーは言った。[22]

シェーダーは模倣の価値をめぐるゲームにつかまったのである。選択眼があり、要求水準が高いと見せかけ、欲するに値する投資家というモデルをつくった者は、そうしなかった投資家よりも、シェーダーの目には高い価値があるように映った。一流大学はそうするのが義務だから合格率を低くしているのではない。ブランド価値を守るためにそうしている。

ホーニックはほかのVCが好んでやっているゲームには参加しなかった。こちらが本当に提供しなければならないものの価値を理解している起業家と働きたいと思っていた。VCの美人コンテストさながらの茶番を通じて身につけた価値ではなく。

シェーダーとホーニックの話は、模倣の評価に気をつけろという警告だ。重要性のパラドックスである。ときに人生でもっとも大切なものが、まるでプレゼントのように目の前に差しだされる一方で、ほかのどうでもいいものが一生懸命に取り組んでようやく手に入ることがある。

広告の皮肉《アイロニー》

今日、欲望を操る者はエディ・バーネイズほど露骨にはやらない。彼らはわきまえている。ある程度までは私たちもそうしている。

広告の専門家は、しつこく売りこまれると、人々は鼻にしわを寄せて嫌がることをわかっている。美しい人が特定のブランドの炭酸飲料をうれしそうに飲んでいるところを見せるだけでは、人々の心はつかめないとわかっている。少なくともここ三〇年から四〇年のあいだ、広告主は鼻にしわを寄せさせない別の戦術を使わなければならなかった。皮肉《アイロニー》である。自分を笑い者にして、相手のガードを下げさせる。

一九八五年のペプシのコマーシャルでは、一人の男がビーチの近くで小型トラックを停め、屋根につけたスピーカーから、自分が冷たいペプシをおいしそうに飲む音を流す。すると、ビーチにいた人たちは次々にやってきて、男はペプシを全部売りつくす。コマーシャルは最後にこう言って終わる。「ペプシ、新世代の選択」。「選択」という言葉を使ったのは皮肉だ。ビーチで汗だくになっている人々に選択の余地はまったくないのだから。

目指す効果は、テレビを見た人に「こいつらまるでレミングじゃないか、ばかだなあ」と思わせることだ。自分はまわりの人とは違うと思った瞬間、その人はもっとも弱くなる。デヴィッド・フォスター・ウォレスが述べたように、「ジョー・ブリーフケース」〔エッセイのなかでウォレスは平均的なアメリカ人で孤独な男をこう呼んだ〕は、ソファにすわって一人でペプシのコマーシャルを見て、このコマーシャルがターゲットとしている大衆よりも自分は上だと思う。そして、ペプシをたくさん買いに行く。なぜなら自分は違うと思っているから。[23]

もしペプシを買いに走らなければ、彼は自分とその他大勢を区別するのにふさわしいと考える飲み物を手にするだろう。たとえば、コンブチャとか。消費するのはソフトドリンク以外のものでもいい。

飲み物とはまったく別物でも構わない。友人より自分は賢いと感じさせてくれる、ネットフリックス最新のオリジナル・ドキュメンタリーとかポッドキャストとか。偏見や弱さ、模倣には自分は影響されない、無縁だと信じる気持ちは、自分がゲームに巻きこまれている事実を見えなくする。

報道機関が番組は中立的立場でつくられていると視聴者に信じさせることができたら、人々の防衛機構は無力化できる。大手テクノロジー企業は似たようなことをしている。自分たちの技術は特定の主張を持たない単なる「プラットフォーム」だという。ビットとバイトという物質的基準で評価するなら、それは正しい。だが、人間的な基準で見るなら、ソーシャルメディア企業がつくりあげたのは欲望のエンジンだ。

模倣のモデルは携帯電話をちらりと見るたびにそこにある。昔からの友人は、毎日クリスマスカードに載せるような家族写真をアップする。インスタグラムのなかの真っ白い歯のモデルは、栄養たっぷりの朝食を披露する。欲望の宇宙には、よく見えないときにもっとも光り輝く無数の星がある。

市場を動かすモデル

二〇二〇年二月三日と四日で、電気自動車メーカー、テスラの株価は五〇％以上上昇した。それまでの四カ月間ですでに倍になっていた株価に、さらに上乗せされた形となった。二月四日の終値は四カ月前の四倍近くになっていた。

上場したのは一〇年近く前だった。最近上場したばかりの会社だったら、こうした株価の変動はそれほどめずらしいものではないが、テスラは違う。どんなニュースが株価を動かしたのだろうか。

特別なニュースはなかった。第3四半期と第4四半期は最高益を見込んでいた。中国の工場に関するいいニュースがあった。しかし、これほどの動きを誘発するような材料は見当たらなかった。

二〇一九年一〇月以前は、もしかしたらテスラは危ないのかもしれないと思わせる状況だった。CEOのイーロン・マスクは常軌を逸した行動で市場をかき乱し、投資家は一二カ月で約三五億ドルの現金を使い切ってどうやって会社を維持するのだろうと不信感を抱いた。テスラは、二〇一九年の上半期の損益は一〇億ドルを超える損失が見込まれると発表した。そのあとでこの株価の急上昇が起きたのである。

アナリストは当惑した。「ゴールドマン・サックスの人と話をした。普段なら株価を説明させたら世界一という人たちだ。そういうプロが私に訊くんだ。テスラの株に何が起きているのかって」。自動車業界の重鎮、ボブ・ラッツがBBCのポッドキャスト「ビジネス・デイリー」にそう語った。株価の動きが「現実」に反応していると考える人はいなかった。[24]

だが、実は現実に反応していた。ただし、ほとんどのアナリストが認めない現実だった。シェイクスピアの言葉を借りれば、天と地のあいだには、彼らの投資哲学では思いもよらぬ出来事があるものだ、ということだろう。

ファイナンスの世界のロマンチックな虚偽の一つに「効率的市場仮説」がある（「合理的期待」という別の仮説に近いものだ）。資産の価格は入手可能なすべての情報と相関関係にあるとする理論である。この考え方によれば、株価には企業情報、投資家の期待、現在起きていること、政治ニュースなど、企業評価に影響するものすべてが一〇〇％反映される。新しい情報が出てくるので、株価は時間とともに変化することになる。

しかし、情報よりも、市場と人間についてもっと理解しなければならないことがある。[25]

テスラ株の投資家はいくつかの事実から、情報以外のものが株価を動かしていると気づくべきだった。二月四日、株価が上昇した二日目、五五〇億ドル以上のテスラ株が動いた。当時の史上最高だった。この日、グーグルで「Should I（すべきだろうか）」という出だしで検索した人は、自動で示される候補として次の質問文を目にすることになった。「Should I buy Tesla stock?（テスラ株を買うべきだろうか？）」

大勢の人がグーグルでテスラ株を買うべきかどうか検索していた。ほかの人が買いたいと思っているかどうかを基準にして。私から見れば、これは単なる情報ではない。模倣の欲望である。欲望はデータと相関しない。相関するのは他人の欲望だ。株式市場のアナリストは「集団精神病《マス・サイコーシス》」と呼んだが、それは精神病とは関係ない。ジラールが五〇年以上も前に発見した模倣の欲望という現象だ。

バブルのときもバブルがはじけるときも、モデルの勢いは加速する。欲望があっという間に広がるので、合理的に考える脳では追いつかない。それで私たちは別の、もっと人間的な視点を検討するのかもしれない。

「服従は強い力を持っており、懐疑論者が思う以上に長く重力に逆らうことができる」と、《ウォール・ストリート・ジャーナル》の金融コラムニスト、ジェイソン・ツバイクは述べる。「バブルは合理的でも非合理的でもない。それはきわめて人間的なものであり、常に私たちとともにある」[26]

模倣の欲望はきわめて人間的なものであり、常に私たちとともにある。手の届くところにあって操

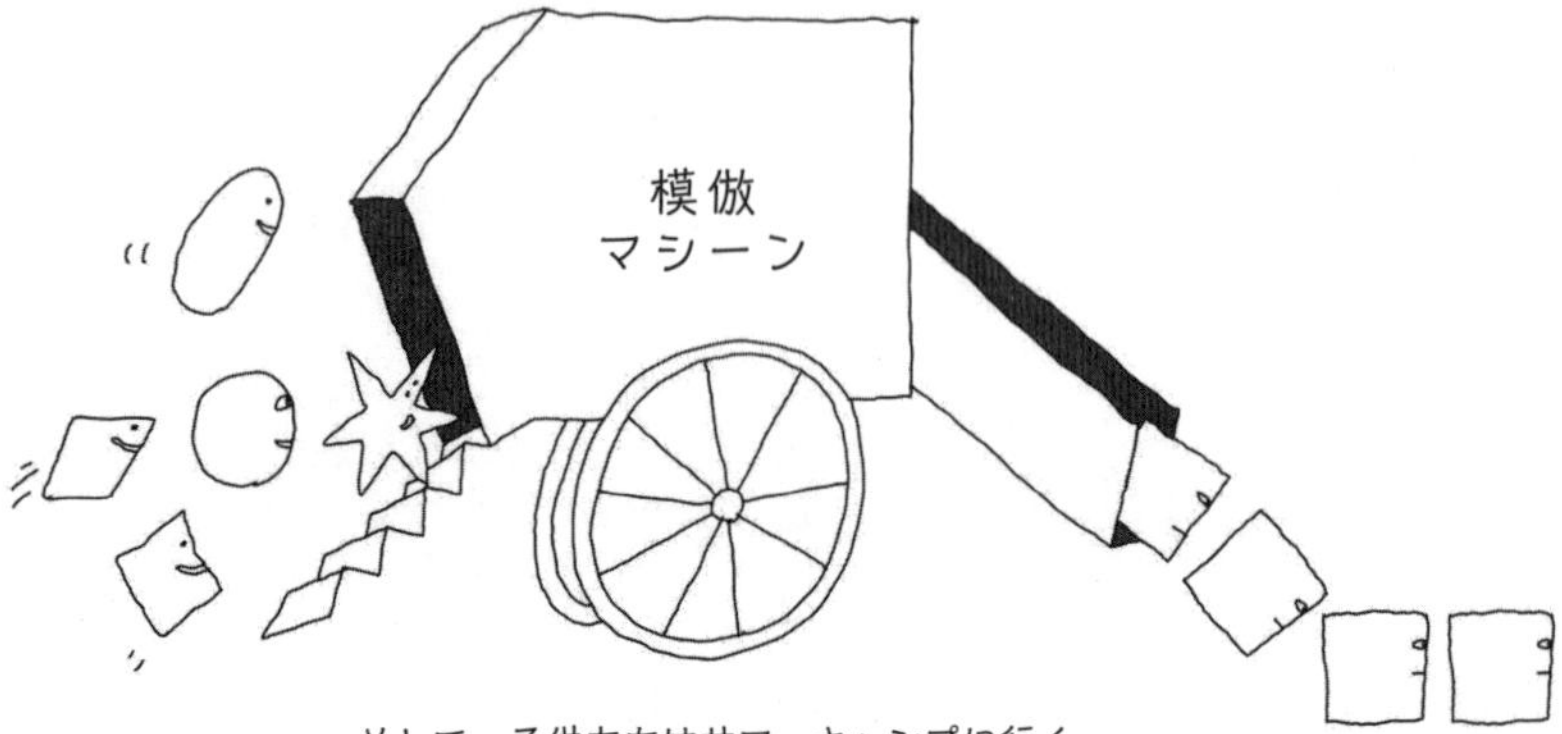

そして、子供たちはサマーキャンプに行く
そして、それから大学に
そこで箱のなかに入っていって
そして、みんな同じになって出てくる
——マルヴィナ・レイノルズ

作できるものでも、ライフハックでどうにかなるものでもない。それは私たちのなかで騒いでいるが、近すぎて自分の目では見えないものだ。

第2章　ゆがめられた現実——一年生をやり直す

セレブの国　偽名　猫を崇拝する　罵りあうラッパーたち　鏡に映った真似

またか。認識がふたたび現実を打ち負かすのか。

——ディック・フルド、リーマン・ブラザーズの元CEO。
会社が倒産の危機にあるという速報ニュースを見て。[1]

一九七二年から一九七三年にかけての学年時、パーソナル・コンピューターが誕生する三年前に、オレゴン州のリード大学に通うある一年生は、金をつくろうとしていた。そして、のちに世界を魅了する男になるための教訓を得た。

スティーブ・ジョブズは、古いIBMのセレクトリック・タイプライターを同級生のロバート・フリードランドに売ることになっていた。フリードランドはジョブズと同じように学部生だったが、四歳年上だった。メイン州のボウディン大学を退学になり、一二万五〇〇〇ドル相当のLSDを所持していたとして、二年の実刑判決を受けていた。仮釈放されたあと、リード大学に入学し、いろいろな計画を立てた。学生自治会の会長に立候補し、ヒンドゥー教の導師《グル》に会いにインドに行く。だが、まずはタイプライターが必要だった。

スティーブ・ジョブズは、買い手のことは何も知らなかった。品物を渡して金をもらうつもりでフリードランドの部屋に行ったが、ノックをしても返事がなかった。ドアノブを回してみた。鍵はかかっていない。せっかく来たのだから、タイプライターを置いていって、金はあとから回収しようと考えた。それでドアを開けた。

部屋に入ると、衝撃の光景が目に飛びこんできた。フリードランドがベッドでガールフレンドとセックスの真っ最中だったのだ。ジョブズは去ろうとしたが、フリードランドは終わるまでそこですわって待っててくれと言った。「なんていうか、これってすごくないか」とジョブズは思った。[2] こいつはいったい何者なのか。タブーという感覚を持たず、自分の行動が普通の人に受けいれられるかどうかなんて考えたこともないように見える。自分がしたいことをして、それが当然だと思っているように見える。

同級生のダニエル・コトケ――のちにアップルの創業メンバーの一人となる――は、フリードランドがジョブズに与えた影響について語っている。ウォルター・アイザックソンのジョブズの伝記によれば、コトケはフリードランドについて「気まぐれで自信に満ちており、独断専行なところもありました」と述べている。「スティーブはそんなところを尊敬していましたし、ロバートと付き合うようになってそういう傾向が強くなりました」

アップルを創業するころには、ジョブズはおかしな行動で知られるようになっていた。オフィスのなかを裸足で歩きまわり、ほとんどシャワーを浴びず、便器に足を浸して楽しんでいた。

コトケは言う。「私が出会ったころのスティーブは、恥ずかしがり屋でおとなしく、引っ込み思案な男でした。売り込みの技術や、自分の殻を破り、積極的に行動して状況をコントロールする方法などは、ロバートが教えたのだと思います」

ジョブズは気づいていなかったが、同級生の部屋に足を踏みいれたとき、フリードランドは彼にとってのモデルになったのである。のちにフリードランドの本質を見抜くようになるものの、若き日のジョブズがこのとき体験した衝撃は、その後の彼に影響を与えつづけた。フリードランドは、おかしな行動や衝撃を与える行動は人を魅了すると教えた。人は異なるルールで動いているように見える人にひかれるものだ（リアリティ番組はこれを利用している）[3]。

ジョブズはこうした行動を完全に自分のものにし、まわりからは「現実歪曲フィールド」にいると評されるようになった。自分の意向に応じて、つまり自分が望むとおりに、他人を自分の軌道に引きこむことができるように見えた。この現実歪曲フィールドは近くにいる人なら誰でもとらえた。なぜ人々に影響をおよぼすことができたのだろうか。

ジョブズは才気あふれる人物だったが、彼の魅力はそこではない。啓蒙思想の哲学者イマヌエル・カントも同じように優れた才能を持っていたが、その人生は退屈で、町の人々は彼の散歩する姿を見て時計の針を合わせたという。ジョブズが人を魅了したのは、彼が人とは違う形で欲したからだ。

私たちは人の魅力は客観的な性質——話し方、知性、粘り強さ、機知、自信など——がもたらすと考えがちだ。確かにこれらも影響するが、それ以上に大きなものがある。

私たちは一般的に、欲望とのあいだに異なる関係（現実の関係あるいは認識された関係）を築いている人にひかれる。他人が欲しがっているものは気にしないように見える人、あるいは同じものを欲しがらない人は、別世界の人間のように感じるものだ。模倣に影響されず、反模倣的にさえ見える。だから魅力的なのである。ほとんどの人はそうではないから。

二種類のモデル

自分が誰かの真似をしていると思いたい人はいない。みな独創性やほかにはない新しさには価値を置いている。反逆者にはひかれる。しかし、誰にでも隠れたモデルはいる。スティーブ・ジョブズも例外ではない。

この章では、私たちに異なる影響を与える二種類のモデルを見ていく。自分の世界の外にいるモデルと内にいるモデルだ。模倣はそれぞれで異なる結果を生む。ロバート・フリードランドがいたのはどちらの世界だろうか。章の終わりまで読めば、答えはそんなに簡単じゃないことがわかるだろう。

私たちと真似ることのあいだには不思議な関係がある。アリストテレスは二五〇〇年近く前に、人間には高度な真似る力があり、そのおかげで新しいものを生み出すことができると理解した。複雑なものも真似ることができるから、私たちには言語があり、レシピがあり、音楽がある。[4]

ならば、真似ることに眉をひそめるのはおかしいのではないだろうか。人間が持つ最強の能力の一つが、恥ずかしい思いをする原因にも、弱さのあらわれにもなり、ときにはトラブルまで招いてしまうなんて。

誰かの真似をしていると思われたい人はいないが、例外はある。私たちは子供にはお手本となる人を真似るように言うし、芸術家はふつう巨匠を真似るのは大切なことだと思っている。しかし、状況が変われば、真似は完全なタブーとなる。友人同士の集まりに、そのなかの二人がいつも同じ服を着てくるようになったらどうだろう。プレゼントをもらった人が、お返しに同じものを贈ったら？　ある同僚の口調や身振りをいつも真似る人がいたら？　こうした行動は激怒まではされないとしても、異様で失礼だと見なされるだろう。

友達が自分とまったく同じ髪型にしてきたら、どこかもやもやとするものがある。

さらにややこしいことを言うと、なぜほとんどの組織は真似ることを推奨すると同時に否定するように見えるのだろう？　自分が目指す地位の人のように装うのはいいが、真似をしすぎるのはよくない。文化的規範には寄りそうべきだが、目立つことも忘れてはいけない。組織のリーダーを見習うのはいいが、ご機嫌取りをしているように見えてはいけない。

エリザベス・ホームズは、すでに消滅したバイオテクノロジー企業セラノスの元ＣＥＯで、スティーブ・ジョブズの真似を公言していた。黒のタートルネックを着て、探しだせるかぎりアップルのデザイナーを雇った。だが、セラノスの新入社員がホームズを真似しはじめたらどうなるか想像してみてほしい。黒のタートルネックを着て、ブルーのコンタクトレンズをして、じっと見つめる表情を真似し、ホームズのように低い声でそっけなく話をしたら。何が起こるだろうか。きっと職を失うだろう。

まるで皆がこう言っているかのようだ。「私を真似して。でも、真似しすぎてはだめ」。真似されるのはうれしいが、完全に同じにされると恐怖を感じるからだ。

この章を読めば、その理由がわかるだろう。

この章は、本書のなかでもっとも専門的な章となる。模倣理論が示唆するもっとも重要なものを理解するための土台をつくりたい。

まず、社会的に遠いところにいる人たち（セレブ、架空の人物、歴史上の人物、あるいは上司）が欲望に与える影響と、近くにいる人たち（同僚、友人、ソーシャルメディアで交流のある人、近所の人、パーティーで会った人）が与える影響では、どのように違いがあるか見ていこう。

前者のケースでは、地位に大きな違いがある。モデルは、ここでは「セレブの国（Celebristan）」と呼ぶことにした場所に住んでいる。私から見れば、その国の住人はブラッド・ピット、レブロン・ジェームズ、キム・カーダシアン、ユニコーン企業（評価額が一〇億ドル以上のベンチャー企業）の創業者といったところだ。彼らはいわば異なる欲望の宇宙に住んでいる。彼らの欲望が私の欲望と交わることはない。両者のあいだには社会的、あるいは実存的な壁がある。

そこまではっきりした距離はないこともある。投資銀行の役員は、一介のアナリストにとってはセレブの国の住人に見えるだろう。信者にとっての聖職者。バックアップシンガーにとってのロックスター。セミナー参加者にとってのトニー・ロビンズ。弟にとっての兄ということも結構ある。セレブの国とは、私たちが住む社会層の外から欲望を媒介し、つまり、私たちの欲望に変化をもたらし、私たちが面と向かって競争することは絶対にない人たちが住む場所である。

私たちは自分と同じものを欲しがる人により強い脅威を感じる。自分自身に正直なところを訊いてみてほしい。あなたがいちばんうらやましいと思うのは誰か。世界一の金持ち、ジェフ・ベゾスか？

それとも同じ世界にいる、たとえば同じ会社に勤める誰かだろうか。自分と同程度の能力で、働く時間数も変わらないのに、自分より早く出世して年収で一万ドルの差がついてしまった同僚はどうだろう。うらやましいのは、おそらく後者のほうだろう。

なぜなら競争意識は近さに比例するからだ。時間、空間、金銭、地位において十分に距離がある場合には、同じ機会をめぐって真剣に競争することはない。私たちはセレブの国のモデルを脅威とは見なさない。私たちが彼らの欲望を自分のものにしようと、向こうはおそらく気にしないだろうから。

だが、もう一つ別の世界がある。私たちの大多数が人生のほとんどを過ごす場所だ。それを「一年生の国（Freshmanistan）」と呼ぼう。人々は密接に関係し、言葉にしない競争意識があふれているところだ。わずかな違いは大きくなる。一年生の国に住むモデルは、真似る人と同じ社会空間にいる。

一年生の国では、ほかの人の言葉や行動や欲望にいとも簡単に影響される。高校に入って、自分の立ち位置を明確にして、同じ状況にいる大勢と自分を差別化しようと躍起になっているときに似ている。競争は起こりうるのではなく、あって当然なのだ。そして、競争する人々の類似性は、競争を独特なものにする。

この章では、真似が発生する場所によって、その種類や質が変わってくる理由について述べる。人は特定のモデルの影響をどのように受けるのか、モデルはどのように現実をゆがめるのか、一年生の国ではなぜ模倣の欲望が危険なのか、といったことを理解するためのツールを提供したいと考えている。

セレブの国

ルネ・ジラールはセレブの国のモデルを「欲望の外的媒介者」と呼ぶ。彼らは、ある人が直に接する世界の外から欲望に影響をおよぼす。真似る側から見れば、モデルにはその存在に特別な価値がある。

デートを夢見る相手が、一度も会ったことがない、あるいは、手の届かない社会圏に住んでいる人であれば、その人はセレブの国に住んでいることになる。高校のプロムに出席してくれるような有名人はやさしい人だが、高校生がまともに相手にしてもらえないことは皆わかっている。「圏外」という言葉は、この未知で手の届かない世界を言いあらわしている。

セレブの国には、必ずモデルと真似る者を隔てる壁がある。それは時間（故人）かもしれないし、空間（国外に住んでいたり、ソーシャルメディアでつながっていない）かもしれない。あるいは、社会的地位（大金持ち、ロックスター、特権階級）かもしれない。

ジュリア・チャイルドは家庭料理の腕をあげたいという大勢にとってのモデルであり、エイブラハム・リンカーンは多くの政治家にとってのモデルである。二人とも亡くなっているので、セレブの国では永久の地位を占めている。私たちの世界に入ってきて、競争相手になることはない。

このことはセレブの国のモデルについて重要なことを教えてくれる。対立するおそれがないので、私たちはたいてい自由に公然と彼らを真似るということだ。

一二〇六年、裕福な商人の家に生まれ育った二四歳のフランシスコ・ベルナルドーネは、イタリア中央の町の中心部にある広場で裸になり、高価な服を父に手渡し、相続の権利を放棄すると告げた。それから八〇〇年のあいだ、数十万人がアッシジの聖フランシスコのあとに続いた。彼らは清貧の誓いを立て、フランシスコの献身を真似、シンプルな茶色のローブを身につけた。これを書いている現

セレブの国

在、フランシスコ修道会の会員は世界中に三万人ほどいるという。二〇一三年、ブエノスアイレスの元枢機卿ホルヘ・マリオ・ベルゴリオが第二六六代教皇となり、フランシスコを名乗ることを宣言した。これは、アッシジの聖フランシスコの貧しい生き方を真似ることを示唆している。

聖人は死んではじめてセレブの国のモデル――真似る価値のある存在――になる。生きているあいだに公に聖人を名乗ることはできない。同様の慣習はプロスポーツの殿堂にもあてはまる。引退するか亡くなって、異なる実存空間に身を置いてはじめて伝説《レジェンド》となる。

なかにはセレブの国の市民権を得るために、ある手を使う者もいる。あえて素性を隠し、人々の興味をひくのである。バンクシー、J・D・サリンジャー、スタンリー・キューブリック、エレナ・フェッランテ、テレンス・マリック、ダフト・パンクはみな世間から身を隠している。それが彼らを別世界の住人に見せている。

サトシ・ナカモトは、ビットコインを発明したとされている偽名のプログラマーだが、秘密にすることで、自分の模倣価値をセレブの国の上部成層圏に押しあげた。誰からも競争相手にされないようにしたのである。「いくらカリスマ性があっても、サトシにはなれない。彼に会ったと確信が持てる者はいないからだ」とトビアス・フーバーとバーン・ホバートは書いている。「どれだけ偏執的であっても、サトシにはなれない。彼の素性は確認されていないからだ。どれだけ進歩的であったとしても、今すぐ何かにとりかかり、一〇年後にビットコインを上回るものを、捕まることなくつくりあげないかぎり、サトシにはなれない[6]」

企業内のヒエラルキーは競争の壁となることがあり、ある役割や成果をめぐる競争が実質的にできない人たちがいる。階層組織になっている会社のコールセンターで働く従業員から見れば、経営幹部は別の惑星に住んでいるも同然だろう。CEOの姿を見ることはめったにない。接する機会はまったくない。カスタマーサービスの役員と仕事を奪い合うようなことはさしあたっては起こらない。

同じことは、創業者と従業員、教師と生徒、プロのスポーツ選手とアマチュアの選手にもあてはまる（プロとアマチュアは通過儀礼によって線引きされる。それは誰が誰と戦うかを区別するためにある）。セレブの国では、自分を真似る人たちと競うことはない。そんな人が存在することすら知らないかもしれない。だから割合に平和な場所となっている。

一方、一年生の国では、いつどの二人をとっても熾烈な競争が起こりうる。

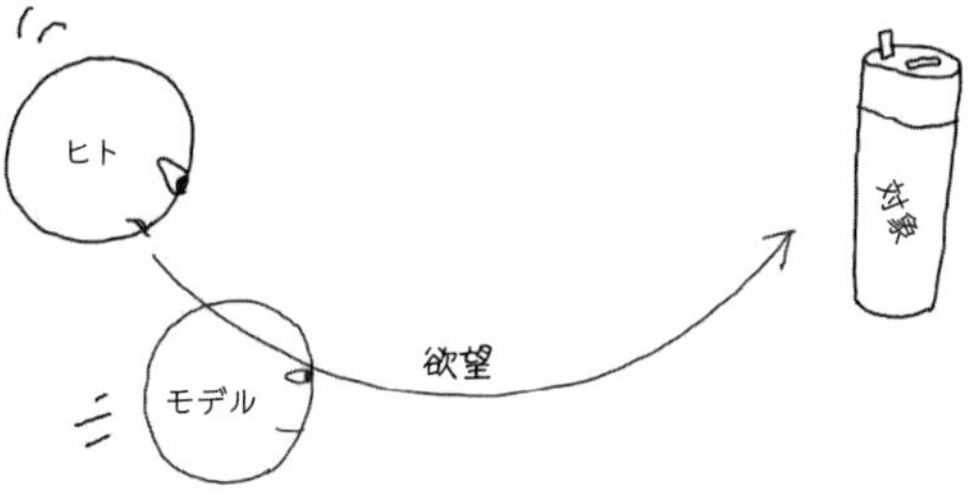

１ 年生の国

一年生の国

一年生の国は、モデルがその世界のなかで欲望を媒介する場所で、そのためジラールはモデルを「欲望の内的媒介者」と呼んだ。人々が一つのものをめぐって直接闘うのを防ぐ壁はない。

ソーシャルメディア、グローバル化、崩れさる古い制度のはざまで、ほとんどの人は一生をこの一年生の国で過ごす。

友達はいっしょに一年生の国に住んでいる。シェイクスピアの喜劇『ヴェローナの二紳士』は、この国の欲望がいかに簡単に絡まりあうかを示している。ヴァレンタインとプローティアスは幼なじみで、同じ女性にひかれる——偶然そうなったのではなく、片方がその女性を欲したからだ。プローティアスはジュリアとつきあっている。ミラノにいる友人ヴァレンタインを訪ねたとき、ヴァレンタインは新しい想い人シルヴィアについて話す。友人があまりに熱く語るのを聞いて、プローティアスもすぐにシルヴィアが好きになる。前日に永遠の愛をジュリアに誓ったというのに、いまやシルヴィアに夢中だ。シェイクスピアは喜劇のなかでよく模倣の欲望を描

セレブの国 （外的媒介の世界）	１年生の国 （内的媒介の世界）
モデルは時間、空間、社会的地位において遠くにいる。	モデルは時間、空間、社会的地位において近くにいる。
違い。	同一。
モデルは簡単に特定される。	モデルを特定するのは難しい。
公然と真似る。	ひそかに真似る。
モデルは認められている。	モデルは認められていない。
モデルはだいたい決まっている。	モデルはいつも変わる。
モデルと真似る人のあいだに争いは起きない。	モデルと真似る人のあいだの争いはめずらしくない。
ポジティブな模倣が可能*。	ネガティブな模倣が普通。

＊ポジティブな模倣はパート２で解説する。

いた。そのほうが観客は喜ぶからだ。観客は誰かが愚かなことをするのを安全な場所から見て笑う。わが身の模倣は振りかえることもなく。

模倣の欲望は、友情にとって絆にもトラブルの元にもなる。よくある例をあげてみよう。ある人が友達にパンづくりを教える。おいしいパンをつくりたい気持ちが通じあい、二人はいっしょにパンづくりに精を出すようになる。だが、そこに模倣の競争意識が生まれたとき、二人の関係は決して終わらない競争に突入し、パンづくりから恋愛、キャリア、健康まで競いあうようになる。二人をひきつけた力――模倣の欲望――は、いまや引きはなす方向に作用し、二人は差別化に躍起になる。

高校に入学したとき、どんな感じだったか覚えているだろうか。生い立ちの異なる生徒たちが一斉に同じ建物、同じ廊下、同じ教室に押しこめられる。スケート選手は演劇プロジェクトに入れられ、ロック・ファンは体育会系といっしょに運動し、体育会系はオタクの隣にすわる。

こうした集団はバラバラに見えるかもしれない。オタクは体育会系を別世界の人間だと思うのではないか。確かにそのとおりだ。ところが彼らはバラバラなんかではなく、似た者同士なのだ。年はだいたい同じで、みんな思春期ホルモンと格闘している。同じ授業に出て、同じ食堂で昼食をとる。全員がいつでもほかの誰かと接触できる。

全員がほかの誰かから模倣のヒントをもらっているが、ほとんどの人がそのことに気づいていない。それぞれが他者より優位に立てるアイデンティティを模索しているとき、差別化の無言の闘いが勃発している。

現実のゆがみ

本当に一年生でいるときには、どうしたらいいのかわからず、不安な気持ちでいっぱいになる。一年生の国で生きるのも同じことだ。現実はいろいろとゆがんでいる。いくつか例をあげてみよう。

ゆがみ1　乗っとられる称賛

人々は自分のモデルのすばらしさを常に過大に受けとめる。一年生の国のモデルであっても、セレブの国のモデルであってもそれは同じだ。モデルがセレブの国の住人であれば、人々は隠すことなく熱い視線を送り、ほめそやす。わかりやすいのが、有名人にサインを求めて人が群がる場面だろう。そこまであからさまではない例をあげるなら、ある教授が他大学で学部長をつとめる教授を称賛するところだ。しかし、その学部長が前者の教授の大学に赴任してきたら、一瞬にして話は変わる。二人は同じ世界に属することになる。二人は同じものを求めて競わなければならない。

一年生の国では、人々はモデルと同じ空間にいるため、モデルに対してひそかに驚嘆しなければならない。自分が近所の人、同僚、あるいは友人の誰かみたいになりたいと思っているという事実は、恥ずかしくて認められない。一年生の国には秘密のおきてがある。スティーブ・ジョブズはある意味、ロバート・フリードランドのようになりたいと思ったので、彼の魔法にかかった。この学部生はすでに欲望の世界を植民地化していたのである。

ジラールは、このように特定のものではなく、新しい生き方やありかたを求めて奮闘することを「形而上的欲望（*metaphysical desire*）」と呼ぶ。[7] ギリシャ語ではmetaは「あとで（after）」を意味する。アリストテレスは物質的な世界について学び、学べることはすべて学んだ。それで問うた。「さて次は?」それでのちに「形而上学（*metaphysics*）」と呼ばれるようになる学問に専念した。文字どおり「物質のあと（after the physical）」という意味だ。[8]

ジラールは、すべての真の欲望――本能的なもののあとにくるもの――は形而上的であるとした。人間は常に物質の世界を超えた何かを求めている。もし誰かがハンドバッグへの欲望を媒介するモデルの影響を受けたとしたら、その人が求めているのはハンドバッグではない。それによってもたらされると考える想像上の新しいありかたである。ジラールは次のように述べている。「欲望はこの世のものではない……人が求めるもう一つの世界に入りこむためのものであり、本質的に異質な存在へと導かれるためのものである」[9]

欲望の形而上的な性質は、私たちが他人を見るときに不思議なゆがみを生じさせる。ジラールはこれを拒食症と過食症のなかに見る。理想の体型をしているモデルのようになりたいという欲望は、生きるための基本的な欲求よりも強い。明らかに精神的な病だが、ジラールは、その原因のなかで模倣の欲望が果たす役割を私たちが正しく理解していないという。彼によれば、こうした病は形而上的欲望が身体的な欲求を圧倒したケースなのである。[10]

誰もがその人なりの形でこの問題を抱えている。私たちは皆、ある意味拒食症であり、非物質的な餓え、すなわち形而上的欲望を満たすモデルを探している。

猫を崇拝する

私たちはたいてい自分のように欲望に苦しんでいるとは思えない者をモデルとする。猫を考えてみよう。その魅力はどこから来ているのか。エジプト人はなぜ猫を崇拝したのか。

理由は複雑だ。だが、模倣理論はヒントをくれる。猫は私たちのようには求めない生き物のように見える。猫は人間のようには欲しない。エジプト人は、猫には欲望が欠けているように見えることから、猫の態度にさまざまな神性を見いだしたのかもしれない。神より欲望が少ない者がこの世に存在するだろうか。

もちろん、餌をやるまで飢え死にするといわんばかりに鳴く猫もいる。なでてほしがる猫もいる。しかし、猫は移り気だ。人の意見など気にしないように見える。シャワーを浴びないことやトイレの便器に足を入れることをまわりがどう考えるか、スティーブ・ジョブズが気にしないように。

飼っているジャーマン・シェパードが子犬だったころ、ソファを破かれてよく叱ったが、そんなとき彼は目を伏せてこそこそとその場を去った。一方、もし留守中に同じことをした猫を叱ったら、猫は私に背を向けてすまし顔で部屋を出ていくだろう。猫を呼び寄せようとがんばれば、猫はすわりこんで前足を舐める。その効果は、人の注目や称賛には興味がないふりをする人間と同じだ。自分に満足している様子は人をひきつける。

人間が絶えず移りかわる欲望を満たそうとあくせくする一方で、猫は自分の毛並みを整える。何も必要とせず、何も欲しない。

だから、道で猫に出会ったら、著名な心理学者ジョーダン・ピーターソンはその著書『生き抜くための12のルール——人生というカオスのための解毒剤』のなかで猫をなでようと書いたが、なでようとしてはいけない。逆に、猫に出会ったときには、あなたになでてもらいたいと猫に思わせよう。そうすれば、あなたは偉業を成しとげたことになる。

ゆがみ2　専門家信仰

一〇〇年前には、博士号所持者とそれ以外の人の知識の差は今よりもずっと大きかった。世界の情報がほぼすべての人の指先にある今の時代、正式な学校教育を大量に受けた人とそうでない人のあいだの知識の差は縮まっている。実際のところ、博士号やＭＢＡなどを持つ者が、そうした資格は自己満足にすぎないと見る会社で働けば、不利になることもある。私たちが目撃しているのは、価値の逆転だ。

ピーター・ティールは二〇一一年にティール・フェローシップを設立し、前途有望な起業家に、大学へ行かずに起業するための資金を提供しはじめた。フェローシップがこの価値提案を魅力あるものにできた理由の一つに、模倣の欲望の意図的な利用がある。このフェローシップに選ばれるのはハーヴァード大学に入るより難しかったのである（初年度の合格率は約四％、翌年以降は約一％になっている）。既定路線から外れて資金の提供を受けた参加者のなかには、オープンソースの分散型ブロックチェーンのイーサリアムの共同考案者ヴィタリック・ブテリンや、ソーラーパネルが太陽を追いかける技術を開発したイーデン・フルといった、優秀で野心的な若者がいる。こうした起業家は、多くの若者にとってハーヴァード大学よりもはるかに重要なものをモデル化した。別の道を行くというモデルをつくったのである。

今の時代、価値は安定したもの（学位など）に固着せず、主に模倣によって動いていく。そのため誰にでも大勢のなかで目立つチャンスがある。これはポジティブな結果とネガティブな結果を生み出す。

人々は今日の「リキッド・モダニティ」（社会学者で哲学者であるジークムント・バウマンの言葉を借りれば）のなかで、何か強固なものを求めている。リキッド・モダニティとは、文化的に認められたモデルや定点的な参照先がない、歴史上で混沌とした段階を指している。そこでは氷河のように溶けて流れ、私たちは視界がかぎられる嵐の海に放りだされる。セレブの国はそのなかに崩れていく。同時に、世界はますます複雑になっている。グローバルな金融システムを考えてみてほしい。一人の人間が持てる利用可能な知識の量はきわめて少ない。だから、私たちは理解するためにモデルに頼る。たとえばヘッジファンド・マネジャーのレイ・ダリオのような人に。極端な個人主義は、人間をモデルの必要性から解放しない。しかし、それはどこからもたらされるのか。

「現代人は自分を超えたところで起きていることを知るすべを持たず、すべてを知ることはできないので、このような途方もなく大きく、文字どおり複雑な世界では迷子になってしまう」。ジラールは

『ドストエフスキー――二重性から単一性へ』のなかでこう書いている。「彼はもはや聖職者も哲学者も、当然ながら頼りにしていないが、そうは言っても、実際のところは、これまで以上にいろいろな人に頼らなければならない」

このいろいろな人とは誰か？　「それは専門家だ」とジラールは続ける。「無数の分野で私たちよりも有能な人々のことだ」

専門家は、欲望の媒介を手伝ってくれる人たちだ。欲する価値があるものとないものを教えてくれる。ティモシー・フェリスは、読むべき本、観るべき映画、利用すべき新しいアプリを「5ブレット・フライデー」と題するメールを送って大勢の人に教えている（私も毎回読んでいる）。彼は専門家である。専門知識のハッキングのしかたまで教えている。「専門家の地位というのは、基本的な信頼指標（credibility indicators）を理解さえしていれば、四週間もかからずに得ることができる」と述べている。

ケイティ・パルラは、ローマのレストランについて知りたい人にとっては専門家だ。近藤麻理恵は片づけの専門家。リチャード・ブレヴィンス――「ニンジャ」の名のほうが知られている――は、六五万人以上の視聴者がいるなかでビデオゲームをする専門家だ。[11]

パリス・ヒルトンやカーダシアン家の人が「有名人でいることで有名な人」として知られるように、いまや専門家でいることの専門家として、ケーブルテレビのニュース番組に出演する専門家もいる。俳優であり作家でもあるダン・シェパードは、自身の人気のポッドキャスト「アームチェア・エキスパート」で、これを揶揄しているようにさえ見える。彼はさまざまな分野からゲストを招き、専門知識がまったくない人の視点からインタビューする。番組の最後には、共同ホストのモニカ・パドマン家だけが事実を知っている。

が、シェパードがインタビュー中に言ったことの「ファクト・チェック」を行なう。もちろん、専門家だけが事実を知っている。

「現代世界は専門家のものである」とジラールは書いた。「彼らだけが何をなすべきか知っている。すべては適切な専門家を選ぶにつきる」[12]。もし友人が世界情勢、都市計画、文化、デザインについて私よりも詳しいとすれば、それは彼が《モノクル》を購読しているからだ。誰かがテクノロジーの役割について深い見識を持っているとすれば、それはその人が正しいポッドキャストを聴いているから（マヌーシュ・ゾモロディの「ノート・トゥ・セルフ」とか）。それから料理は？　私はサミン・ノスラットを推しておく。

新しいモデルの需要がこれだけあるので、私たちは欲望の媒介者を本来属していない世界にはめこむ――たとえば「シャークタンク」のような売りこみの場では、市場ではなく、専門家がそのビジネスに価値があるかどうかを判断する。私たちはモデルに依存している。今は専門家がモデルとして好まれている。

これは私たちが自分たちのことをかつてないほどに理性的な存在であると思っているからかもしれない。それは多くの面で事実である。科学は過去一〇〇年間で急速に発展した。しかし、私たちは専門家を選ぶときに働く模倣の役割を過小に評価している。

私たちは何をもとに権威があると判断しているのだろう。その人の資格をすべてチェックすればいいのだろうか。《ニューヨーカー》のピーター・キャンビーのチームが行なうファクト・チェックをよりどころにすればいいのか。あるいはソーシャルメディアのフォロワー数が多くて、名前の横に

「認証」のマークがついていれば大丈夫なのか。権威は私たちが思うより模倣的だ。もっとも手っ取り早く専門家になるには、ごく少数の正しい人々があなたを専門家と呼ぶようにその人たちを納得させればいい。

聖人崇拝は専門家崇拝になった。それは、欲しいものを理解するのにモデルが不要になったということではない。ポスト啓蒙主義の世界で、求められるモデルはもっとも啓蒙された人々、つまり専門家であるケースが多くなったということだ。

モデルは秘密裏に救済をもたらすある種の知恵を約束する。それは、人は「光の使者」がもたらす意識の進化を通じて、支配的な無知から救われるとする初期のグノーシス派を思わせるものだ。（あなたはコーヒーを飲むだろうか。もしそうなら、デイヴ・アスプリーの本は読んだことがないだろう。アスプリーによれば、コーヒー豆はカビに覆われており、それがマイコトキシンという毒素になるので、それを知らない普通の人のようになりたくなければ、自分が考案したブレットプルーフ・コーヒーを飲むべきだという）。万人に向けたモデルはいる――幸せになるために必要なことを教えて、これでその他大勢と同じ轍《てつ》は踏まずにすむと思わせる人だ。だが、自分のことをこうした分野の専門家だと宣伝するモデルはペテン師である。

模倣の欲望に対処するコツ2

だから、ときどき誰かの権威の背後にある模倣の層を解体し、自分がそもそも知識の源をどのように選択しているのか真剣に考えてみるといい。お気に入りの専門家への道は模倣の影響力で舗装されていることに気づくかもしれない。

模倣に逆らう知恵の源を探す

専門家はこの社会で、ますます大きな役割を果たすようになってきている。だが、何をもって専門家というのだろうか。学位？　ポッドキャスト？　今ではファッションのように、模倣的に専門家とされる人が増えている。

文化的価値に対する認識が徐々にそろわなくなり、さらには科学そのものの価値についても同様の状況であるため（気候変動についての議論を思い浮かべてほしい）、人々が見つける「専門家」の専門性は主に模倣的に認定されたものとなっている。模倣をはねのけて、模倣の影響が少ない知識の源を探すことが重要だ。

時の経過に耐えてきた源を探そう。自称専門家や世間が専門家だという人には気をつけよう。ハードサイエンスの世界（物理学、数学、化学）では、研究成果を示す必要があるため、専門家が模倣的に選ばれることは少ない。しかし、人によっては、適切な場所で発表されるだけで、あっという間に「生産性」の専門家になってしまう。科学主義は人々をだます。それは科学の格好をした模倣ゲームだからだ。

大切なのは、知識の源を慎重に見きわめて、それを信じたいと思っている人の数に惑わされずに、正しいものに取り組むことだ。そして、それがすべきことをするということだ。

ゆがみ3　再帰性

億万長者の投資家でありアクティビストでもあるジョージ・ソロスは、金融市場は「再帰性の原則」によって動くと主張した。「意思を持つ市場参加者がいる場合、参加者の思考、そして彼らが関与する状況の間に、双方向の相互作用が存在する」と、ソロスは著書『ソロスの錬金術』で述べている。市場の再帰性は、市場の暴落とバブルを起こす原因の一つだ。投資家が暴落するかもしれないと思えば、彼らは暴落を引き寄せるように行動する。

ソロスはこの原則を熟知し、一日で一〇億ドル以上の利益を手にしたことがあると言われている。一九九二年、イギリス政府がポンドを支えるために大量の資金を投入していたとき、ソロスは買い支えが失敗するほうに一〇〇億ドルを賭けた。ソロスの行動はほかの投資家にとって、資金の流れがイギリス政府の思惑に反するものになるという合図になり、通貨の下落に拍車がかかることになった。最終的に政府が屈服し、通貨は変動相場制に移行した。ポンドはたった一日でアメリカドルに対して二五％下落し、ソロスは莫大な利益を得た。

ソロスは金融市場で再帰性の原則に注目したが、実はそれは生活のなかの多くの場面で働いている。人は何かを言うまえに、ほかの人がどう思うだろうかと考える。そして、それは言うことに影響する。つまり、私たちの現実に対する認識は、自身の行動を変えることで、現実を変えるのである。これが自己実現的循環をもたらす。

この原則は公私の対話に影響する。ドイツの政治学者エリザベート・ノエル＝ノイマンは一九七四年に、今日私たちがよく見る現象のことを「沈黙の螺旋」と名づけた。人々が自由に発言したい気持ちは、無意識のうちにその意見がどのくらい受けいれられるかを認識して決まるというのだ。その意見がほかの人には受けいれられないだろうと思えば、人は口をつぐむ。沈黙すれば、同じように考えている人はいないという思いが強まる。そうしてその人の孤独感は強まり、多数派の意見を持つ人たちの自信は人為的に高まっていく。

　作家のヴァージニア・ウルフによれば、衣服までもが再帰性を備えている。「つまらない些事とはみえても、衣服は単なる保温以上の役目を果たしている。衣服はわれわれの世界観を変え、われらに向ける世間の目を変える……われわれは服を着るのではなく、服に着られているのだ。われわれは腕や胸を型どって服を作るのだ、としても、心、頭脳、舌は衣服の意のままに型どられているのです」[13]。ウィンストン・チャーチルは建築の再帰性に触れ、「われわれが建物の形を決める。その後は建物がわれわれを形づくる」と述べた[14]。

　再帰性の原則は、欲望の分野においてはまだ探究されていない。ソロスの再帰性は次のように再定義するといいかもしれない。「欲望を持った参加者が互いに交流する可能性がある状況では、参加者の欲望のあいだには双方向の相互作用が存在する」

　それは誰か別の人といっしょにトランポリンに乗って飛び跳ねているようなものだ。どちらも、もう一人に影響を与えることなく飛ぶことはできない。一年生の国における欲望の再帰性は現実をゆがめる。実際にはまわりに影響されていても、人は自発的で合理的な理由にもとづいて欲していると考えるからだ。それはロマンチックな虚偽である。こうして物事は実際とは違って見えるようになる。

　二〇〇三年から二〇一六年のあいだに、投資家はスティーブ・ジョブズを好んで真似た前述のエリザベス・ホームズに七億ドル以上をつぎこんだ。彼女の会社セラノスの評価額はピーク時には一〇〇億ドルを超えた。投資家の資金のおかげで、ホームズはシリコンヴァレーにしゃれた本社を建て、引く手あまたのアップルの元社員を雇い、積極的な広報活動を展開し、ドラッグストアを展開するウォルグリーンズとのあいだに有利な契約を結ぶことができた。こうしたすべてが新しい投資家に自分も

模倣の競争

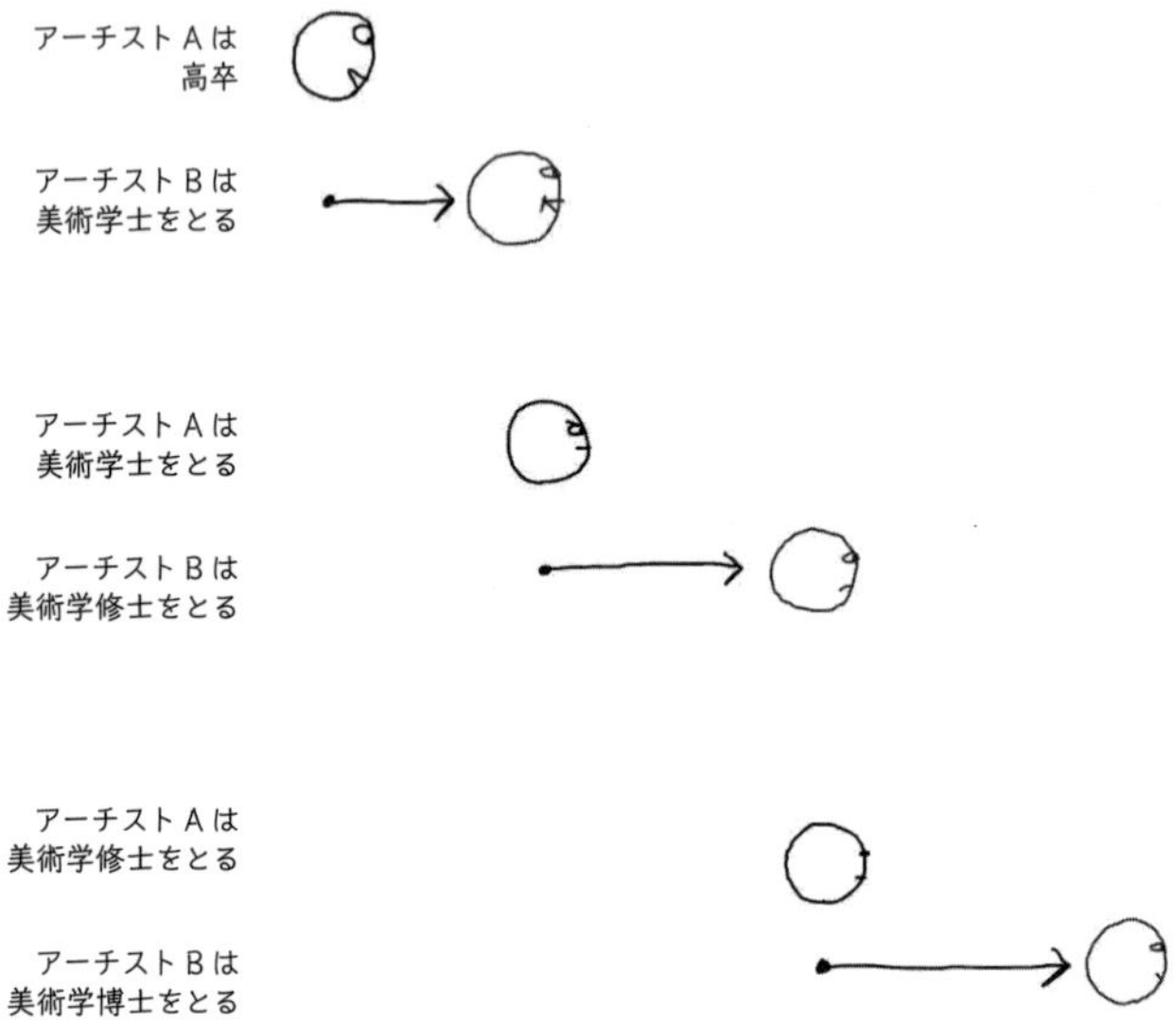
アーチスト A は
高卒
アーチスト B は
美術学士をとる
アーチスト A は
美術学士をとる
アーチスト B は
美術学修士をとる
アーチスト A は
美術学修士をとる
アーチスト B は
美術学博士をとる

加わりたいと思わせた。このような出資プロセスは二重に模倣的だ。新しい投資家はほかの目端の利いた投資家がすでに関与しているからかかわりたいと思い、株式の需要の高まりは会社にとっていい宣伝となり、さらに需要を伸ばす。

　欲望の再帰性は競争的な関係でもっとも顕著となる。ライバルのモデルが欲しがるものに注目するとき、両者の欲望は再帰性を持つ。どちらも相手の欲望に影響させずに、何かを欲しがることはできない。

　一年生の国では、模倣の競争は、二人が同じ車に乗って互いに競争しようとするようなものだ。どちらかが先を行くことはなく、最後は事故を起こす。

罵りあうラッパーたち

一九九〇年代アメリカのヒップホップ界における東海岸と西海岸の対立は、競争的な模倣の欲望の再帰性を示す一例だ。

一九九一年、ブロンクスのほぼ無名のラッパー、ティム・ドッグがアルバムを発表した。ティムは、イージー・E、ドクター・ドレー、DJ・クイック、アイス・キューブといった西海岸のラッパーを直接攻撃するような戦闘的なラップスタイルをとった。西海岸のレコード会社が東海岸を無視し、その音楽性をばかにしているように見えるとして、怒りを感じていたのである。ティムは一曲で、西海岸のラッパーをまとめて模倣の競争にひきこんだ。

一九九二年の終わりに、西海岸のドクター・ドレーがデビューアルバム「ザ・クロニック」を発売した。これはもっとも売れたラップアルバムの一枚となった。そのなかで、西海岸の期待のラッパー、スヌープ・ドッグが報復としてティム・ドッグの名前を出した。歌詞の詳細はここでは省く。火に油を注いだと言っておけば十分だろう。

東海岸も同じやりかたで応戦した。一九九三年、ショーン・コムズの新興レコード会社バッド・ボーイ・レコードは、ノトーリアス・B・I・G（ビギー・スモールズの愛称で知られる）と契約した。ビギーの「Who Shot Ya?（誰がおまえを撃った?）」がシングルのB面として発売され、西海岸の若きラッパー、トゥパック・シャクールは自分がばかにされていると受けとった。トゥパックは強盗事件に巻きこまれ被弾したばかりだった。そのすぐあとに、彼はなにかと物議を醸すデス・ロウ・レコードと契約した。

闘いはエスカレートしていった。一九九〇年代半ばには、バット・ボーイとデス・ロウが出すヒット曲はすべて相手の曲に対する返答になっていた。トゥパックとビギーのあいだの模倣の競争は、二人が亡くなって終わった。

模倣の力が強いとき、人はそもそも自分が何のために闘っていたのか忘れてしまう。求めるものは取り替え可能となる。ライバル同士の二人は相手が欲しがるものでさえあれば、何のためでも闘える。二人は二重拘束の状態に陥ることになる。両者は相手の欲望に再帰的に拘束され、抜け出すことができない。

鏡に映った真似

なぜヒップスター〔人とは違ったものを好み、個性的なファッションをする若者のこと〕の人たちはみな同じに見え、彼らはそうは思わないのだろうか。

答えは「鏡に映った真似」にある。鏡は現実をゆがめる。そこに映るものは反対になっている。あなたの右手は鏡のなかでは左側にあり、左手は右側にあるように見える。鏡に映った像はある意味、逆の像だ。つまり、鏡に映った真似は、ライバルがすることすべての逆を行なう真似を意味する。ライバルがやっていることとは違う何かをすることで、ライバルに反応しているのだ。

模倣の競争が二重拘束にとらわれ、互いに執着したときには、両者は相手と差別化するために何でもする。そのライバルは欲しくないもののモデルとなる。ヒップスターにとって、ライバルは大衆文化だ。大衆的なものはすべて避け、選りすぐりのものだと思うものを信奉するが、それは新しいモデルに従っているにすぎない。ジラールによれば「踏みかためられた道から出るための努力も、結局は前車のわだちに否応なく人々をふたたび落としこんでしまうのである」[15]。

再帰的な鏡に映った真似は、見ている分には面白い。「となりのサインフェルド」ほど、模倣の欲望をうまく表現した番組はないだろう。「大サラダの手柄は誰のもの？」の回で、ジェリー・サインフェルドは新しい恋人のマーガレットに夢中になっている。ただし、近所に住む鼻持ちならない宿敵ニューマンが彼女と何度かデートしたことがあると知って、状況は一変する。さらにニューマンが彼女をふったと知って、ジェリーは動揺する。それで、それまで気づかなかったマーガレットの欠点を躍起になって探す。そんなジェリーの態度があまりにも不快で、マーガレットは別れを告げる。ジェリーにとっては自分の存在を揺るがす事態である。ニューマンはマーガレットをふり、マーガレットはジェリーをふったのだから、恋愛においてニューマンのほうがジェリーよりも優れているみたいではないか。

もしこのエピソードで模倣の欲望についてピンとこなければ、「運命の人は親友の恋人⁉」や「恐怖のNYパーキング事情」の回を見てほしい。といっても、「となりのサインフェルド」はどのエピソードにも模倣理論のテーマが含まれている。ジェリー・サインフェルドが意図してそうしたわけではない。模倣の欲望は人間関係の中心にあり、ジェリー・サインフェルドとラリー・デヴィッドがそれを直感的に理解して書いた結果だろう。芸術作品は本物の人間関係を正確に表現しようとすればするほど、模倣が入りこむことになる。[16]

模倣の競争はどちらかが競争から抜けなければ終わらない。それを理解するために、頂点に立ったところを想像してほしい。勝利は逆説的に敗北をもたらす。それは、最初に間違ったモデルを選んだことを示している。コメディアンのグルーチョ・マルクスが言ったとされる言葉がある。「私をメンバーとして受けいれるようなクラブには入りたくない」[17]私たちも同じだ。

対立する二人のうちどちらかが競争をやめたとき、相手の欲望は力を失う。模倣の競争においては、目標物はライバルが求めるから価値があるのだ。ライバルが求めなくなれば、私たちも求めない。何か別の新しいものを探しに行くことになる。

モデルと有害な関係を持つことは誰にでもある。本書の後半では、長期的な治療となる欲望の変容について見ていく。短期的な治療を求めるなら、感染から身を守ることだ。

模倣の欲望に対処するコツ3

不健全なモデルとの境界をつくる

誰でも欲望のモデルとして不健全な人を少なくとも数人は追いかけているだろう。それは知り合いかもしれないし、かつての同僚や、ソーシャルメディアでフォローしている誰かかもしれない。もしかしたら、あなたが長年追いかけている昔のクラスメートかもしれない。彼らが何をしているかどうしても知りたいと思う。考えていることが気になる。何を欲しがっているのか知りたい。

彼らがあなたにおよぼす力から距離を置くことが肝要だ。追いかけるのをやめよう。彼らのことを訊いてはいけない。毎日チェックしているなら、まずは週に一回にしよう。毎週チェックしているなら、少なくとも一カ月はあいだをあけよう。

わたしの友人は、サンフランシスコのスタートアップ企業の創業メンバーとして働いていたとき、ある有能な同僚ときわめて模倣的な関係に陥っていることに気づいた。会社が急成長したため、休みなしで働かなければならない時期が数カ月続いた。ライバルがスラックに夜の一〇時に退社すると書きこめば、私の友人は次の日に一〇時半まで働き、それをみんなに知らせた（この話を聞いて、私は投資銀行に勤めていたときのことを思い出した。アナリストは誰もいちばん最初に帰ろうとしなかった。一生懸命に働いていないと思われたくなかったからだ）。やがて、友人とライバルは徹夜で働くようになった。仕事が忙しかったからではなく、模倣の競争がそうさせたのだ。二人とも闘いに勝ちたかった。

ついにライバルが退職し、自分の名前をつけた会社を立ちあげた。三カ月後、友人もそうした（「市場に勝機」を見たという。もちろん、ライバルとまったく同じ時期に）。

友人は相手の会社の動向とソーシャルメディアの書きこみを毎日追った。自分の行動のすべてがライバルの動きに左右されているとは、自分を含めて誰に対しても認めなかった。ライバルがビットコインを買えば、友人も買った。ライバルが大当たりして自分が置き去りにされるのは嫌だったからだ。友人は、市場についていけなければ恥ずかしい思いをするからといってインデックス・ファンドしか買わない投資マネジャーのようだった。人は自分のモデルと同じことをする。

ビットコインのバブルがはじけても、友人は気にしなかった。ライバルが間違えるなら、自分が間違えてもおかしくない。

二人が独立してから八年がすぎた。昨年のある日、私はライバルを紹介した記事を見つけ、友人に送った。「トニー（仮名）の近況が書かれているよ」。すると、驚いたことに、礼儀正しい返事が来た。「送ってくれてありがとう。すぐに削除したよ。一年くらいまえに自分をトニーから完全に切り離したんだ。彼が何をやっているか知らないし、これからもそうしたいと思っている。いつか彼に対するライバル心が酸欠で死んだら、気にしなくなるかもしれない。だけど、今のところは知りたくてたまらない。だから、こういうのをもう送らないでくれるかな」

私は喜んでそうした。そして友人もまえより幸せでいる。

ソーシャル・メディエーション

一般的にソーシャルメディアと呼ぶものは、単なるメディアではない——それはメディエーション（媒介）である。大勢の人が、何を欲したらいいかを示し、それらの認識を彩ってくれる。トリスタン・ハリスは、元グーグルの倫理担当役員で、センター・フォー・ヒューメイン・テクノロジーの責任者であり、テクノロジーのなかの中毒性のあるデザインの危険性を指摘している。スマートフォンはスロットマシンのようだという。どちらも断続的に変わる報酬の威力を利用している。スロットマシンのレバーを引くと報酬は大きく変わり、それが神経系中毒を最大限まで高める。スマートフォンでも、次に何か面白いものが出てくるかわからないまま、インスタグラムのフィードをスワイプして更新するたびに同じことが起きている。

私は人間中心のデザインを提唱するハリスを尊敬しているが、彼は基本的な問題を見過ごしている。より良いデザインは助けになるだろうが、それは問題の一部に取り組んでいるにすぎない。

私たちはポケットにスロットマシンを入れているから危ないのではない。ポケットにドリームマシ

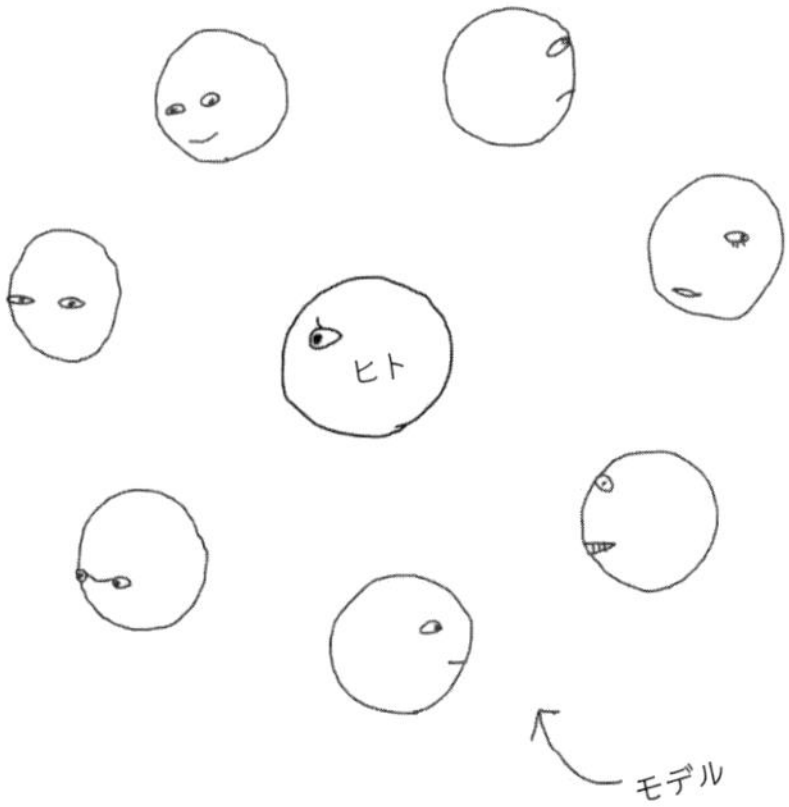

ソーシャルメディア

ンを入れているから危ないのだ。スマートフォンは何十億人もの欲望を、ソーシャルメディア、グーグル検索、レストランやホテルのレビューを通じて映しだしている。スマートフォンに対する神経系中毒は本物だ。しかし、スマートフォンが自由にアクセスできるようにした他者の欲望への執着は、形而上的な脅威である。

模倣の欲望はソーシャルメディアの真の原動力だ。ソーシャルメディアは「ソーシャル・メディエーション」であり、いまや個人の世界の内側にいるほぼすべてのモデルを提示する。

私たちは一年生の国に生きている。一人一人が人生のなかでそれが意味することを考えなければならない――模倣の欲望は私たちがいるこの場所でどのようにあらわれるのか。そして、私たちはどのように生きるべきなのか。

この新しい世界は脅威であり、チャンスでもある。新たにあらわれる欲望の道はどのようなものになるだろうか。私たちはどのような新しい機会を手にできるだろうか。最終的には破滅ではなく成就につながる欲望に感化され、そういう欲望を広めるにはどうすればいいのか。これらは最終的に私たちが個人として、そして社会として答えなければならない問いである。

　では、模倣の欲望が集団のなかでどのように働くか見ていこう。

第３章　社会的汚染――欲望のサイクル

個人は、生まれつき、隣人の所有しているものを欲しがる傾向にある、あるいは単純にそれを欲しがる。すなわち、人間集団の中心にはライヴァル関係的対立へのとても強い傾向が存在している。この傾向が抑えられていなければ、それはあらゆる共同体の調和を、さらには存続までをも、常に脅かすことになるだろう。

――ルネ・ジラール

タバコのテスト　闘牛の教訓　衝突利益率　アリ塚の下で

二〇一九年夏、二つの家族がカリフォルニア州のウォーターパークに行った。帰ろうとしたとき、乱闘に巻きこまれ、一人が昏睡状態に陥った。地元ニュースはこう伝えた。「警察によれば、サクラメントのレイジング・ウォーターズで大規模な乱闘が発生した。約四〇人がかかわったこの騒ぎは、二つの家族が一本のビーチタオルをめぐって口論となったことから始まった[1]」。ビーチタオルである。

攻撃ほど模倣的なものはあまりない。一本のタオルが自分のものだと思う二人のあいだで口論が始まる。数分後には四〇人が一本のタオルをめぐって争っている。まったく同じように行動し、互いに愚かさと暴力を真似しあう。

これはシェイクスピアの『ロミオとジュリエット』の筋書きとまったく同じだ。それは若い二人の単なる悲劇の物語ではない。闘いのさなかにある町が模倣の混乱に陥る悲劇である。劇の幕開けの言葉は「いずれ劣らぬ名門の両家」。しかし、互いに憎みあう両家である。些細なことが伝染性のある暴力を引きおこしかねず、暴力は両家をさらに似た者同士にする。たとえそれぞれが相手とは違うと思っていても。

ピーター・ティールが『ゼロ・トゥ・ワン――君はゼロから何を生み出せるか』で指摘したように、カール・マルクスとウィリアム・シェイクスピアは、人が闘う理由についてまったく異なる見解を持っていた。マルクスは諍《いさか》いは人がそれぞれ違うから起きると考えていた。人々は所有する物資の違いから異なる目標、欲望、考えを持ち、ゆえに戦う。この考え方によれば、同じ物資を持つ人々のあいだでは戦いが少なくなることになる。シェイクスピアの見方はまったく逆のようだ。人々は似ているから戦う。『ロミオとジュリエット』のキャプレット家とモンタギュー家のように。

集団のなかの人々が似ていれば似ているほど、全体に影響をおよぼすたった一つの緊張に弱くなる。次の二つの状況で衝突が発生したときにどうなるか想像してみてほしい。一つ目は、街中を歩いているときに、見知らぬ二人がけんかをしているところに出くわす。二つ目は、メジャーリーグの試合でバッターがマウンドに突進するところだ。見知らぬ二人がけんかをしている最初のケースでは、仲裁に入ろうとするよきサマリア人《びと》もいるかもしれない。それ以外の人はかかわろうとはしないだろう。

しかし、野球ファンなら知っているように、ピッチャーとバッターが口論になればベンチから人はいなくなる。

この章では、模倣の衝突が伝染するのを見ていく。それは皆があらゆる人に模倣的に反応する社会環境を生み出しかねない。この力によって、人々は果てしなく続く衝突のサイクルにとらわれ、互いに模倣しあうようになり、どこにも行けなくなる。

欲望は情報のようには拡散せず、エネルギーのように広まる。コンサート会場や政治集会でわきあがるエネルギーのように、人から人へと伝わっていく。このエネルギーはポジティブな欲望のサイクルを生み出すこともある。そこでは健全な欲望が勢いを持ち、別の健全な欲望へとつながっていき、いい形で人々を結びつける。逆にネガティブな欲望のサイクルを生み出すこともある。そこでは模倣の競争が衝突や争いへと続く。

一年生の国では、人々の近さや類似性が模倣の欲望のリスクを高める。この章および本書の残りでは、そのことを中心に見ていく。

まずは、ポジティブな欲望のサイクルによって、トラクター製造会社が世界ではじめてランボルギーニのスーパーカーをつくったというイタリアから始めたい。また、ポジティブな欲望のサイクルが、いかにして健康や農業や新規事業の成功につながるかも見ていく。それからラスベガスのダウンタウンに移動し、一人の起業家が新興企業のように街をつくろうとして、ネガティブな欲望のサイクルを発動してしまい、模倣の混乱を引きおこした事例を紹介する。

二つの話の異なる結末は、それぞれにおいて欲望をどのように管理したか――あるいは管理しなかったか――によるものだ。

ランボルギーニ対フェラーリ

フェルッチオ・ランボルギーニはトラクターをつくって名をあげた。彼にとってそれは、イタリアの大勢の農家に貢献できる重要で崇高な仕事だった。しかし、エンツォ・フェラーリとの出会いがすべてを変えた。ランボルギーニは仕事で成功して、その美しい車に乗るようになったのだ。その技術力やパワーにほれぼれしながらフェラーリを運転しているとき、彼のなかで何かが変化した。

トラクターのメーカーとしてイタリアでのぼりつめるまで、一〇年かかっていた。ランボルギーニはその後、たった二年で世界でもっとも称賛される自動車メーカーをつくりあげた。これは物語のなかで、これまで語られていない部分の話――欲望の物語――である。

ステルス・レーサー

北イタリア、時は一九五〇年代の終わりごろ。フェルッチオ・ランボルギーニは、ミラノ‐ボローニャ間の高速道路「アウトストラーダ・デル・ソーレ」で、赤いフェラーリ250GTEピニン・ファリーナ・クーペを流れに乗って走らせ、フェラーリのドライバーが車のテストに使うあたりを行ったり来たりしていた。[2] 近くにあるフェラーリの工場にはテストコースはなかった。だから、たまたまテストの日に通れば、一〇台の赤いフェラーリが轟音をたてて走りぬけるまえに、その姿をバックミラーで見られるかもしれない。こうした車を運転するのは世界一流のドライバーで、車の性能を最大限まで引きだすことができる。

ランボルギーニは、車の流れに潜み、フェラーリのテスト・ドライバーを待った。そして、テスト車を見つけると、流れから飛び出した。タイヤが左右に振れ、路面をつかんで一気に加速し、本人はシートの背に押しつけられる。旧式のフェラーリは工場から出てきたばかりの新車にすぐに追いつく。フェラーリのドライバーは、プロのクラッチコントロールで流れる車のあいだを難なく抜け、新車のトルクや操作性を確認していく。ランボルギーニはそのなかに交じる。一分ほど遊んでから、一気に集団を引き離す。ドライバーは追いかけるが、ランボルギーニのフェラーリはプラス時速一六キロメートルで走っていた。

熟練の整備士であるランボルギーニは、改良を施していた。

モデナ周辺は、フェラーリとランボルギーニの両方が本拠地としており、皆が知り合いといった地域だった。フェラーリのテスト・ドライバーはライバルの素性を知っていた。それで町で彼の姿を見かけると、お気に入りのカフェのエスプレッソを手にした彼にこう訊いた。「やあ、ランボルギーニ。車に何をしたのか教えてくれないか？」

「さあね、なんのことやら」

ランボルギーニはフェラーリのテスト・ドライバーを挑発しつづけた。一方、彼のフェラーリは問題を抱えていた。こうした高価な車にしては、機械的なトラブルがあまりにも頻繁に起きるように思えたのだ。クラッチについても、ギアを変えるときの感覚に満足できなかった。いつも滑るように感じるのだった。

マニュアル・トランスミッションのクラッチが滑れば、エンジンに設計通りにパワーを伝えることができない。普通は、ドライバーのギアチェンジがまずくて、エンジンにつながるディスクが摩耗して起こる。しかし、ランボルギーニはよくわかっていた。クラッチが滑るのは自分のせいではない。単に設計の問題で、搭載されたクラッチがこういうパワーのある車にふさわしいものではないのだ。クラッチに問題が発生した最初の数回はフェラーリの工場に持っていったが、すぐに同じことが繰りかえされた。憤慨したランボルギーニは車を自分の工場の整備士のところに持っていった。すると、フェラーリは八万七〇〇〇ドルの高級車に、ランボルギーニがつくる六五〇ドルのトラクターで使っているのと同じクラッチを使っていることがわかった。フェラーリは、クラッチの交換のたびにたっぷりと利益をのせて請求していたのである。この車にはもっと大きくて強いクラッチが必要だった。それでランボルギーニは、フェラーリに自分の工場でつくる最高級モデルのトラクターのクラッチをつけた。問題は完全に解決した。

さらに、交換のついでに車の性能をもっと上げようと、ツインカムシャフトの新しいシリンダーヘッドを採用してエンジンに取りこむ空気の量を増やすといった改良を施した。フェラーリの新車のドライバーが、この改良車に勝てるはずがなかった。

ランボルギーニは、クラッチが滑る心配もなく、パワーアップされた車を乗り回して楽しみ、優れた操作性とスピードで普通のフェラーリの所有者に恥をかかせた。しかし、それでは十分ではなかった。

フェラーリにクラッチのことを知らせる必要があった。

一九六〇年代の幕が開け、ランボルギーニはようやく自分の車をつくった者と対峙するチャンスを得た。

「聞いてくれよ。今日、近くでトラクター工場をやってる男が私に会いに来るんだ」。エンツォ・フェラーリは、イタリア放送協会の自動車ジャーナリストで友人でもあるジーノ・ランカーティにそう言った。「所有している車のなかで、フェラーリのクラッチがいちばん滑ると言ってきてね」[3]。明らかに面白くなさそうだった。トラクターの製造業者など会うに値しないと思っていたので、ランボルギーニが何度会いたいと言ってきても拒絶してきたが、とうとう会って話を聞くことにしたのだった。ついに顔を合わせたとき、ランボルギーニはひるむことなく時間をかけて、自慢気にも見える態度で、フェラーリに施した改良について語った。この面会がどのように終わったか、公式な記録はないが、ランボルギーニの話を聞いた人は、エンツォ・フェラーリは怒りを隠せなかったと言っている。ある筋によれば、フェラーリは「クラッチの問題じゃない。君の腕の問題だ。フェラーリを乗りこなせずに、クラッチを壊したんだろう」と言ったという[4]。要するに、トラクターをつくっていろ、ということだった。

ケン・キージーの言葉を借りれば、「たとえ本当に起きたことではなくても、それは真実なのだ」。二人のあいだで何があったにせよ、ランボルギーニは退室するときにはスーパーカーをつくる決心をしていた[5]。フェラーリは、自分がつくるトラクターとまったく同じクラッチを使って暴利をむさぼっている。そもそも、なぜ同じ製造業者と会うのに、こちらが頭を下げてお願いしなければならないのか。フェラーリは自分をなにかとばかにしていた。

このときまで、フェルッチオ・ランボルギーニにとって、エンツォ・フェラーリは遠く離れたところにいる外部のモデルだった。そこは自分がいる世界の外だった。ランボルギーニは、フェラーリがレースで成功し、その地位が伝説の域に達するのを見ていた。誰が見ても史上最高の自動車製造業者で、彼に闘いを挑む者はいない。フェラーリはセレブの国の住人だった。

しかし、ランボルギーニはフェラーリに直接会った。二人は物理的にも、社交的にも、相手の裏庭にいるようなものだった。ランボルギーニの工場はフェラーリの工場から約二七キロメートルのところにあった。彼はフェラーリのように、事業で大成功した。億万長者で、フェラーリを乗りまわし、改良した。フェラーリが欲しがるものを、ランボルギーニも欲しがりはじめた。フェラーリの影響を受けて、ランボルギーニはとつぜん、それまで欲しがったことのないものを欲しがっている自分に気づいた。世界でもっとも美しく、高性能のスーパーカーをつくりたい。[6]

二人は移動し、いまやランボルギーニもフェラーリも一年生の国の住人となった。思い出してほしい。一年生の国は直接的な衝突の可能性によって定義される。サッカー界のスター、クリスティアーノ・ロナウドとリオネル・メッシは、ほとんどの人にとってはセレブだが、二人のあいだではそうではない。同じことがフェラーリとランボルギーニにも言えた。ランボルギーニの成功によって、二人の距離は縮まり、直接競争できるようになったのである。

ランボルギーニの飛躍

一九六三年、ランボルギーニは新会社アウトモービリ・ランボルギーニ・S・p・Aをサンタアガタ・ボロニェーゼに設立した。モデナの外れで、トラクター工場からわずか数キロメートルの場所だった。

この地域は変容の真っ只中にあった。エミリア・ロマーニャ州は、長年、世界最高のプロシュート、パルメザンチーズ、バルサミコ酢の産地として知られてきた。一九六〇年代はじめには、イタリアの高級車製造の中心地としても知られるようになった。マセラティはモデナに、フェラーリはマラネッロの街中に、オートバイのドゥカティはボローニャ近くに本社を構えた。

ランボルギーニは地元の製造会社や競争相手から優秀なエンジニアを引き抜きにかかった。より良い労働条件と厚い手当を用意し、技能を存分に発揮してもらって、これまでに見たこともない車をつくると約束した。最初の車と新工場の構想をまとめるにあたって、ランボルギーニはアメリカと日本の工場に見学に行ってその製造工程を研究し、それらを取りいれて改善できるようにした。「私は何も開発しない」。ランボルギーニは自慢気に言った。「ほかの人がたどりついたところからはじめる」[7]

ランボルギーニは最初の一台を一九六四年にジュネーヴ国際モーターショーで発表した。ランボルギーニ350GTは、V型12気筒エンジンとダブル・カムシャフトを積んだ世界初のロードカーだった。一九六六年には、ミウラP400を発表した。フェラーリの最高性能のロードカーを、ほぼすべての性能において上回っていた。

自動車会社を立ちあげてから三年で、どれほど知識が豊富なカーマニアでも圧倒されるような車をつくったのである。一九六八年、最初の車をつくってからわずか四年後、今度はミウラP400の後継モデルで、ランボルギーニの象徴となるミウラP400Sを発売した。フランク・シナトラとマイルス・デイヴィスが購入した。エディ・ヴァン・ヘイレンは「パナマ」という曲に、自分のP400Sのエンジンをふかす音を入れている。一九六八年当時の値段は約二万一〇〇〇ドル（今のドルに換算すれば一七万ドル近くになる）だった。今では一〇〇万ドル近い。

模倣の欲望に対処するコツ4
イノベーションを起こすためにイミテーションを利用する

イミテーション（真似）とイノベーション（革新）を対立させるのは間違っている。どちらも発見にいたるプロセスの一部だ。歴史上の創造的な天才のなかには、正しいモデルを真似ることから始めた者もいる。

私はナレシュ・ラムチャンダニと話をした。世界でもっとも革新的なデザイン会社といえば常に名があがるペンタグラムの共同経営者だ。彼らはハーレーダビットソン博物館、ザ・デイリー・ショーのセットやグラフィックス、「子供一人にパソコン一台を（One Laptop per Child）」といったプロジェクトの裏でクリエイティブな力を発揮している。

「どの段階にいてもイノベーションは起こせる」とナレシュは言う。「僕たちはときどきこう言ってはじめる。『そこに何がある？　使えるものはあるか？』」イノベーションは創造的なプロセスのなかでは後工程で生まれる。

もし誰かの第一目標がイノベーションのためのイノベーションであれば、その分野にいる全員と主にオリジナリティを基準に競って、模倣の競争に陥るだろう。あらゆる形の真似の価値を低く見れば、注目を求めて差別化のゲームをすることになる。違っていることのために違っているのは、集団のなかで目立つために奇抜な主張をする、衝撃効果《ショックバリュー》狙いのアートや学問を支える気風である。

謙虚でいるための早道は、謙虚さについてもっと考えることではなく、自分のことを考える回数を減らすことであるように、イノベーションへの安全な道もまたまっすぐなものではない。「そこには大事なものがある」とナレシュは言う。「なぜそこから学ばないのか。なぜそれを一例として活用して、その隣ではなくその上に何かをつくらないのか」

オースティン・クレオンは『クリエイティブの授業――〝君がつくるべきもの〟をつくれるようになるために』を書いて、そのことをこのように言っている。「『オリジナルでなければ』という肩の荷を下ろせば、僕たちはもう無から何かを作ろうなんて思わなくなる。他人の影響を避けようとするんじゃなくて、受け入れられるようになるんだ」[8]

模倣すべきときを知ろう。

ランボルギーニのエンジニアたち――その多くはフェラーリから引き抜かれた――はミウラの成功に自信を持った。それで本物のレースカーをつくってフェラーリと直接対決をしたいと、ランボルギーニに願いでた。自分たちの技術があれば絶対に勝てるという確信があった。

ランボルギーニは許可しなかった。

闘牛の教訓

フェルッチオ・ランボルギーニは生涯、闘牛に夢中で、その心理的側面をよく理解していた。

闘牛を倒すのは、力ではなく敏捷さと心理的駆け引きの妙だ。闘いは三幕から成る。まずマタドールが牛に何度か布をくぐらせながら、その動きや癖を見定める。次に助手といっしょに短い銛《もり》を背中に刺し、牛を弱らせる。最後に死の幕があき、マタドールは肉体的にも精神的にも牛を追いつめてから仕留める。

模倣の競争に身を置くのは、闘牛場の牛になるようなものだ。闘牛では、マタドールが牛の動きを指揮する。赤い布をはためかせて牛を突進させ、最後の瞬間――牛がこれで相手を倒せると思った瞬間――に引いてかわす。[9]

牛は神話に出てくる詐欺師シシュフォスのようだ。だましたことで死後にゼウスに罰せられ、シシュフォスは巨大な岩を山の頂上まで運ばなければならなくなった。頂上に届こうという瞬間に岩はシシュフォスの手を離れ、山から転がり落ちる。シシュフォスは山を下りてまた岩を運ぶ。これを永遠に繰りかえさなければならない。

模倣の競争では、ライバルがゼウスあるいはマタドールということになる。ライバルは人が次に欲しがるもの、追い求める目標、夜寝るときに考えることを決める。本人が自覚していなくても、いずれは疲れ果てる。事態はそれより悪くなるかもしれない。

フェラーリはランボルギーニにスーパーカーをつくりたいという気持ちにさせた。ランボルギーニは突き進んだ。そして優れたライバルになった。しかし、最後まで戦うのは拒絶した。終わりがないことを知っていたからだ。結局、競争の対象は車ではない。名誉の問題なのだ。

ランボルギーニは形而上的な欲望がもたらすゆがみに惑わされなかった。惑わされれば、人は次々と途切れることなくあらわれるさまざまな障害物に耐えながら満足を求めることになる。ジラールはその悲劇を解説する。最初の著作『欲望の現象学――ロマンティークの虚偽とロマネスクの真実』に次のように書いている。「ある男が、岩の下にかくされていると彼が信ずる財産を求めて出発する。次から次に無数の石をひっくり返してみるが何もみつからない。彼はこの企てに疲れるがあきらめることはできない。その財宝はあまりにも貴重だからだ。したがってその男は、ひっくり返すには重すぎる岩をさがしはじめる。その岩に一切の期待をかけようとする。残った力をことごとく費やそうとするのはその岩にたいしてだ」[10]。ランボルギーニはそうしないことを選択した。

「つくるのは許可しなかった」。ランボルギーニは、レースカーのことを指して言った。「フェラーリとの闘いを避けたかったからだけではない。父親としての役割を考えたうえでの選択だった。私が車をつくりはじめたとき、息子のトニーノは一六歳で、競争に夢中になるのがわかっていた」

　ランボルギーニは、競争は起業家にとって危険なものだと見ていたようだ。ある地点まではいいが、気をつけていないと対立に発展する。「それが怖かったので、私は企業憲章に（レースへの）参戦を禁止するという項目を入れた[11]」

　ランボルギーニは対立がもたらす悪い影響を減らすための対策をとった。おかげで闘牛のような死を迎えずにすんだのである。

　トニーノが父について書いた本によれば、ランボルギーニは人生の最後の二〇年をブドウ園で穏やかに暮らし、客が来るたびに地所を案内したという。トニーノは面白いエピソードを語っている。彼の父はいつも案内の最後に、客を母屋近くの地味な建物に連れていく。使われていない納屋かと思うような建物だった。正面の入り口近くには小さな木製の看板がぶら下がっている。そこには「私の人生の四〇年」と書かれている。

建物のなかには、ランボルギーニの最高傑作が並んでいる。希少で最高のモデルの自動車、トラクター、エンジン、部品だ。客を連れて展示品を一つ一つ見せながら、自分の人生を歩き抜ける。しかし、このツアーの最後は必ず実験で締めくくられる。タバコのテストだ。

それはこんなふうに行なわれる。ランボルギーニは車のボンネットを開けて、タバコに火をつける。それから、そのタバコをエンジンのシリンダーヘッドの上に直接載せ、客によく見ているように言う。自分は運転席に乗りこんで、アクセルペダルを踏みこみ、エンジンの回転数を六〇〇〇RPMまで上げ、インテークバルブに大量の空気を通す——置いたタバコを一〇〇〇人で吸いこむようなものだ。車はうなり、エンジンが猛烈な勢いで回転する。しかし、タバコはほとんど動かず、あっという間に燃えていく。完璧なマシンは、数千という部品のバランスを取り、どんな小さな振動も起こさない——静が動を貫いている。

ランボルギーニはうれしそうに同じことを繰りかえし、タバコが灰になるまで続ける。それから車から降りて、手で灰をはらう。

フェルッチオ・ランボルギーニは一九九三年に七六歳でとつぜんこの世を去ったが、アウトモービリ・ランボルギーニ・S・p・Aは今日まで存続している。二〇一九年は最高の売上高を記録した。そして、ついにレース事業に乗りだした。やはり未来のリーダーには抗《あらが》いがたい魅力があったようだ。だが、ランボルギーニが生きているうちにはそれは起こらなかった。彼はいつブレーキを踏んで、いつ新しいチャンスにエネルギーをつぎこめばいいのか知っていた。

競争はある地点までは有益なものになりうる。問題はその地点を知ることと、そこで方向転換するための手段を持つことだ。

　これからランボルギーニが避けた結末を迎えたあるプロジェクトを見ていく。だが、そのまえに、欲望の拡散は情報の拡散とどう違うのか、そしてそれがなぜ重要なのかを簡単に見ることにする。

ミーム理論と模倣理論

　なぜアメリカのチップは二〇％が標準となったのだろうか。なぜヨーロッパではそうならなかったのか。日本人はビジネスの場でなぜ握手ではなくお辞儀をするのか。なぜある組織では専門用語が満載の手引きがあり、ほかではないのか（そもそもビジネスの世界には、なぜこんなに専門用語があるのか）。これらすべてにおいて、真似ることは大きな役割を果たしているようだ。

　一九七六年、進化生物学者リチャード・ドーキンスは著書『利己的な遺伝子』で「ミーム」という言葉を生み出した。説明しようとしたのは、思想や行動、表現など形のないものが時間や空間を越えて広がる現象だった。彼はこうして伝わるものをミームと名づけた。人から人へと真似る過程を経て拡散する情報の文化的な単位である。[12]

　ドーキンスのミーム理論もジラールの欲望の模倣理論も、真似ることが人間の行動の基礎にあると見ている。しかし、それ以外のほとんどの点で両者は異なっている。

　ドーキンスによれば、ミームは生物学的な遺伝子と同じように機能する。その存続は、受け継がれていくかどうか、その際に完璧に近い状態で複製されるかどうかにかかっている。ときどきは変異が起こるかもしれない。とはいえ、一般的にはミームは個別に存在し、静的で、固定している。

　ミーム理論によれば、真似を通じたミームの拡散は、文化の発展と持続可能性をもたらす。ジラールの模倣理論によれば、文化はモノではなく、主に欲望の真似を通じて形成される。そして、欲望は不連続でも静的でも固定的でもない。それは参加自由で、動的で、うつろいやすい。

ミームは私たちの身近にある。「ハッピー・バースデー」のような調べ、「イケメン」などの流行の言葉、ネクタイやハイヒールといったファッション、それから「旅の恥はかき捨て」というような考えまでミームになりうる。ツイッターなどのソーシャルメディアはこれらを増殖させるべくつくられているようだ。言葉や考えはシェアやリツイートされるたびに完璧な真似を通じて拡散される。

ミームは人間の意図や創造を通して広がらない。それはダーウィンの進化のように、ランダムな変異と淘汰を連続して経験する（つまり、インターネット・ミームはドーキンスが言うミームではない。インターネット・ミームは何かを意図的に変えたものだからだ）。本物のミームは、言うなればウイルスのように拡散する。ミームを広げる人は運び手にすぎない。情報を受けわたすホストである。ロルキャット〔面白い猫の写真に文字をつけた画像〕を最初につくった人を知っている人はいるだろうか。私は知らない。それはどうでもいいことだ。

ジラールの模倣理論では、その逆が真となる。人々は単なる情報の運び手ではなく、欲望のきわめて重要なモデルなのである。私たちはモデル化されるものよりも、モデル化する人のほうを気にする。真似る目的は、真似そのものではなく、自分の差別化にある。ほかの人と比較してアイデンティティをつくろうとしているのだ。

自分を差別化したいという衝動は、ほかの人がやっていることと反対のことをする「鏡に映った真似」の事例で見た（ニューマンに対するサインフェルドや大衆文化に対するヒップスター）。ＭＡＧ

Ａハットをかぶる人がいる一方で、何があろうと絶対にかぶらない人がいるのはなぜだろうか。MAKE AMERICA GREAT AGAIN（アメリカをふたたび偉大な国にする）と書かれた帽子に多くの人が抱く嫌悪感は、赤という色にも、帽子の形にも、偉大な国という政治的思想にもほとんど関係ない。その帽子をモデル化している人間、つまりトランプが問題なのである。[13]

もっとも重要なのは、ミーム理論があらゆる形態のネガティブな真似を無視している点だ。ミーム理論では、真似はどんなに悪くても中立的なものだ。ミームから見れば、それはポジティブなものなのである。模倣理論では、真似がネガティブな結果をもたらすことが多い。欲望の真似は、同じものをめぐる競争を引きおこし、簡単に争いになるからだ。

この章の残りでは、模倣の弾み車効果を見ていこうと思う。それは欲望の創造と破滅のサイクルを回し、文化の隆盛と凋落の原因となる。それはミームでは説明できない。

弾み車効果

模倣の欲望は二つのサイクルのどちらかで動く。サイクル1はネガティブなサイクルで、そこでは模倣の欲望は対立や争いにつながる。他人は自分が持っていないものを持っていて、双方の欲望が満たされる余地はないという誤った信念のもとに回っている。欠乏、恐れ、怒りといった心理から生まれるものだ。

サイクル2はポジティブなサイクルで、そこでは模倣の欲望は共通の利益を求める欲望で人々をつなぐ。それは豊かさや相互に与えあうといった心理から生まれる。このサイクルは世界を変える。

人々はそれまで想像もしなかったものを欲するようになり、さらに他人がもっと前に進めるように手を差し伸べるようにもなる。

ジム・コリンズは著書『ビジョナリー・カンパニー2――飛躍の法則』のなかで、優良企業が一気に超優良企業になるのを説明するために、巨大な弾み車の例を使っている。

コリンズは言う。「巨大で重い弾み車を思い浮かべてみよう。金属製の巨大な輪であり、水平に取り付けられていて中心には軸がある。直径は十メートルほど、厚さは六十センチほど、重さは二トンほどある。この弾み車をできるだけ速く、できるだけ長期にわたって回しつづけるのが自分の仕事だと考えてみる」[14]。あなたは一生懸命に押すが、輪はほとんど動かない。重力にあなたは阻まれる。三時間後、一回転させることに成功する。あなたはそこでやめずにさらに数時間、同じ方向に懸命に押しつづける。すると、どこかの時点でとつぜん、勢いがあなたに味方する。輪の重さがあなたに不利にではなく、有利に働く。車は自らを前進させる。五回、五〇回、一〇〇回。

コリンズは、これがポジティブで自己実現的なサイクルが動きだしたときに超優良企業のなかで起こることだと言う。絶え間なく進歩する線形のプロセスはないが、重要な転換点はある。そこで勢いが優位に立ち、プロセス自体が力を発揮しはじめる。

模倣も弾み車のように機能する。速度は非線形に増す。それはポジティブな場合でもネガティブな場合でも同じである。

創造的なサイクル

ジロ・スポーツ・デザインは競技サイクリスト、ジム・ジェンテスが一九八五年に設立した。同社は、ジム・コリンズが前著に続いて刊行した『ビジョナリー・カンパニー――弾み車の法則』で説明した弾み車の代表例の一つとなった。

ジェンテスは二十代のとき、スポーツ用品の会社で働きながら、夜は自宅のガレージで、のちに自転車レースの風景を一変させるヘルメットを試作していた。ジェンテスがつくっていたヘルメットは、ほかのものの半分の重さで通気孔がついていた（当時そういうヘルメットはなかった）。試作品は当時販売されていたどのヘルメットよりも技術的に優れていた。しかもはるかに。見た目もよかった。そう言えるヘルメットはほかになかった。当時のヘルメットは見苦しい付属品で、必要悪であり、ポリカーボネートと発泡体を詰めた不格好な半球だった。

ジェンテスは試作品を持って、ロングビーチのバイクショーに行き、一〇万ドルの予約注文を取った。熱心なサイクリストたちは、そのヘルメットが違うものだと一目でわかった。バイクショーで好評だったことは励みになった。しかし、仕事を辞めてすべてをつぎこむには、継続的にまとまった量の注文を受ける必要があった。

ナイキを研究したジェンテスは、スポーツ用品にとって社会的影響力が重要だと理解した。適切なインフルエンサーを活用できれば、固定客のネットワークを広げることができ、必要な量の注文を継続して受けられるだろう。[15]

ジェンテスは自転車レースに出ていたときに、アメリカ人サイクリスト、グレッグ・レモンと親しくなった。レモンは一九八六年にヨーロッパ圏外のサイクリストではじめてツール・ド・フランスを征した人物だった。レモンはジェンテスが求めるものを持っていた。リスクを恐れない力強いサイクリストで、おまけにハンサムだった。

レモンは一九八七年に狩猟中の事故で大怪我を負った。そのため二シーズンは競技に参加できなかった。《スポーツ・イラストレイテッド》は、療養中もレモンの才能を称える熱い記事を書いた。自転車競技の熱心なファンは、一九八九年のツール・ド・フランスでの復活に向けて応援した。ジェンテスがガレージでジロのヘルメットの初試作品をつくってから四年がたち、事業は上向きはじめていた。だが、さらに上を目指すには策を講じる必要があった。

ジェンテスはレモンに連絡をとり、ジロの新製品で、これまでになかったプラスチックシェルのヘルメットをかぶってくれないかと頼んだ。スピードも上がると請けあった。さらに会社の資本のうち、かなりの額をスポンサー料としてレモンに提供した。レースでレモンがメディアに露出すれば、元がとれるとわかっていたからだ。それに、もし優勝したら？

開けてみれば、これ以上はないという結果だった。レモンは二三日中二一日を勝ち、総合で八秒差という史上まれに見る接戦を制し、優勝した。数百万人という人が、レモンがフランスのアルプスを駆けおりる姿を見た。その頭には、ほかのヘルメットの半分の大きさで、流線形の穴があり、ほかの選手がかぶっていたタートルシェルと違って明るい色のヘルメットがあった。ジロ・ブランドの弾み車はとめようのない勢いを得た。

ジロの事業の弾み車は、コリンズによればこういうことになる。「最高の製品を生み出す、トップアスリートに使ってもらう、熱心なアマチュア・サイクリストが憧れの選手と同じ製品を使おうとする、一般消費者が魅力を感じる、より多くのアスリートが使い始めるなかでブランド力が高まる。その後は『かっこいい』イメージを維持するために価格を高く設定し、確保した利益をプロ選手が使いたくなるような次世代製品の開発に投資する」[16]

コリンズは弾み車という概念を事業の成長にあてはめる。示しているのは、優れたリーダーのもとで勢いを生み出す特定のビジネスモデルやプロセスがあるということだ。そこではループ・ゴールドバーグ・マシンのように、一つのポジティブな動きが次の動きのきっかけとなる。

この弾み車の概念は欲望の動きにもあてはめることができる。人生も欲望の勢いが最大になるように組みたてることが可能だ。たとえば健康を取りあげてみよう。（1）運動を始めたいと思う。友達が新しいトレーニング・プログラムを始めて、調子がよさそうだから。（2）すると、食事に気をつけるようになる。ジムでがんばって運動したのを台なしにはしたくない。（3）だから、お酒とバッファローウィングがつきものの飲み会には行きたくなくなる。（4）そのうち朝にジムに行きたくなる。二日酔いの頭痛薬を飲んだり、コーヒーをがぶ飲みしたり、パンケーキを食べたりはしない。（5）その結果、生産的に仕事をして時間を効率的に使いたいと考える。最終的には健康でいることが価値あるものとなる。つまり、簡単になる。健康的な選択は、嫌なことではなく、したいことになるからだ。

健康の弾み車を回すのは最初は大変だ。もうやめたいと思う。ジムに行くのは面倒くさい。トレーニングを始めれば苦しい。変化はほとんど感じられない。でも、続けているうちに、やがて車が回りだす。ある日、朝起きて、トレーニングが楽しみだと思う。そうなれば勢いはとまらない。

もし弾み車の外側をつかんで移動していたら、あなたは自然に輪を描くことになる。一つのステップ

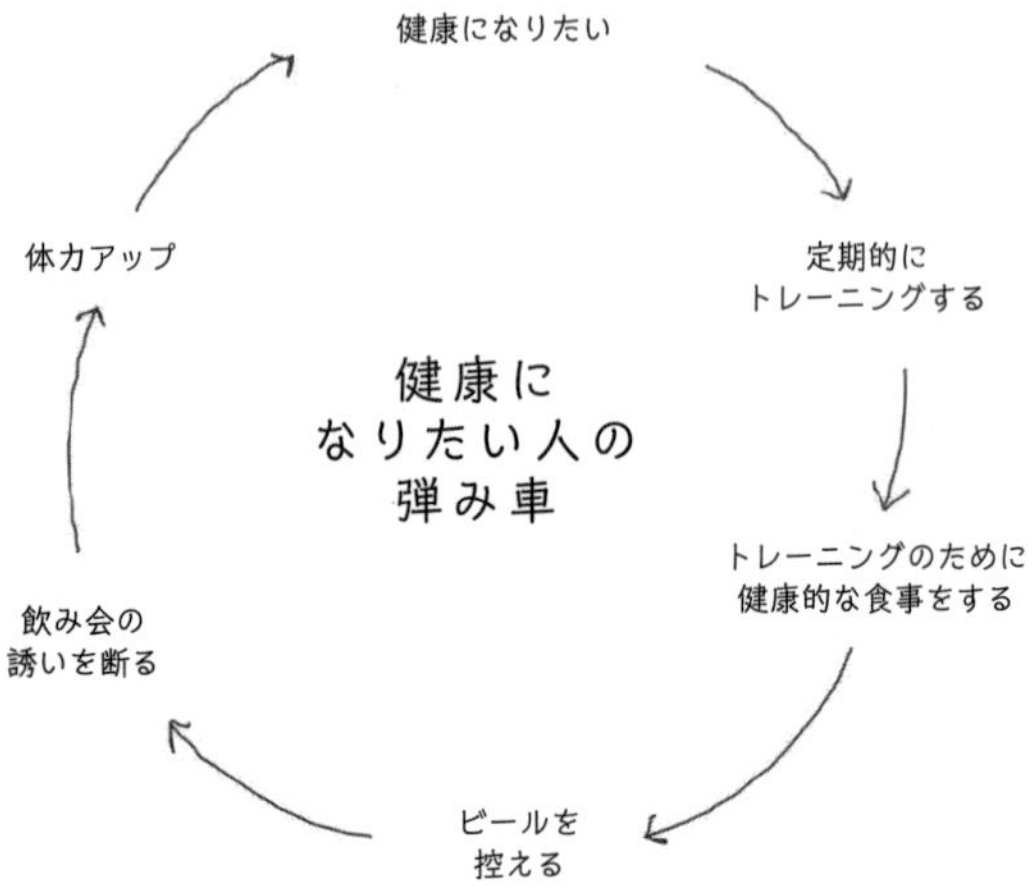
健康になりたい
定期的に
トレーニングする
トレーニングのために
健康的な食事をする
ビールを
控える
飲み会の
誘いを断る
体力アップ
健康に
なりたい人の
弾み車

は前のステップの単なる続きではない。前のステップの必然的な結果なのだ。コリンズによれば、弾み車は必然性によって動く。あなたは次のステップに進まざるを得ないのである。

ジロはこの必然性に沿って動いた。優れた製品をつくれば、トップアスリートは必然的にそれを身につけたいと思う。トップアスリートに自社製品を使ってもらえれば、一般消費者は必然的に注目する。一般消費者が注目すれば、必然的にブランドとして確立する。ブランドが確立すれば、必然的に利益率は上がる。

弾み車効果はいい方向にも悪い方向にも動く。再生力のある農園はポジティブな弾み車を使う。農園は土の状態を中心に成りたっている。弾み車は（単純化すれば）こう動く。作物はいい土でよく育つ。だから農園主は作物の多様性を高める。そうすれば、そこの草や作物を食べる反芻《はんすう》動物が健康になる。そしてフンをする。それがより良い土をつくる。つまり、水分と微生物の状態がよくなる。すると栄養に富んだ土となり、生態系全体の活力が高まる。

しかし、ネガティブな弾み車、「破滅の輪」もある。ネガティブな力が次々と生まれ、失敗につながる。破滅の輪はたとえばこんな感じで回る。ある電子商取引企業はカスタマーサービス部門を縮小し、ほかの部門に力を入れることにする。すると、クレジットカードの支払い拒否が増え、レビューの低評価が増える。その結果、注文が減り、リピート客が減る。売上は減り、在庫の回転率は下がる。仕入れ先への支払いが遅れる。仕入れ先は掛け売り条件を厳しくし、納品を控える。会社は存続に必死になり、カスタマーサービスはますます手薄になっていく。この最後のステップが最初のステップに戻るとき、問題が大きくなっていることに注目してほしい。

こうしたポジティブなサイクルとネガティブなサイクルは、毎日私たちの人生のなかで展開している。弾み車という概念にさらなる意味づけをするために——そして、ポジティブな回転を始動させるために——二五〇〇年ほどさかのぼって、アリストテレスがいう生物と生体系に働く特別な力について考えてみよう。

アリストテレスは「エンテレケイア」という言葉を生み出した。自身のなかに成長原理、すなわち完全にそのものになるように駆りたてる活力を持つものを指す。

人間の胎芽は他者（主に母親）に依存している一方で、完全な生物的特徴を備えた人間になるまでのロードマップと、成長に必要なサポートが受けられればという条件つきながらそこにたどりつくための自己組織性をすでに持っている。一般的なコンピューターにはエンテレケイアはない。組みたててプログラムを組んでもらう必要がある。自ら部品を組みたてて自分の完全形態になることはできない。若木がセコイアに成長するようにはいかないのだ。

力強い成長原理を持つものと持たないものがあると理解すれば、それは欲望のポジティブな弾み車を理解するための一つの道筋となる。弾み車のなかには目的の達成を後押しする原理がある。弾み車をつくって動かせば、それ自体が生き物となり、目的を中心に自己組織化しはじめる。[17]

人はみな自分の弾み車をつくらなければならない。たとえば健康にしても、弾み車は一つではない。あなたの弾み車は私のものとはまったく違って見えるかもしれない。もっとも効果的な弾み車は、自分自身をよく知っている人から生まれる。将来あなたが何かをしたくなる可能性を左右するものについてはすでにわかっているだろう。重要なのはサイクルを明確にして、始動させることだ。

模倣の欲望に対処するコツ5

欲望のポジティブな弾み車を回そう

欲望とは経路依存性のプロセスである。今日の決断は、明日欲しがるものに影響する。だから、自分の行動の結果が未来の欲望にどうつながるか、できるかぎり図式化することが重要だ。まずはあなたにとっての欲望のポジティブなサイクルがどのようなものか、真剣に考えよう。核となる欲望から始めよう。それは子供と過ごす時間を増やすことかもしれないし、もっと自由になる時間を増やすことかもしれないし、本を執筆することかもしれない。それから、この核となる欲望を満たしやすくするように欲望のシステムを図にする。

実際に書いてみよう。弾み車のステップはそれぞれ一文で書くことを勧める。そのときに「〜したい」と入れて、次のステップは「その結果」「そうすれば」「すると」といった言葉でつながるようにする。

電子商取引会社の一例をあげてみよう。この会社は、現状に満足してやる気がすっかりなくなっていたカスタマーサービスチームで、ポジティブな弾み車を回すことに成功した。

1　カスタマーサービスチームには、自分たちで決断する権限があると思ってほしい。そうすれば――

2　顧客は権限を持った人と話していると感じ、マネジャーを出せとは思わずに、その人と話をしたくなる。その結果――

3　業務が効率的になり、マネジャーはいらいらした顧客の対応をしなくてすみ、取り組みたいプロジェクトに割く時間を増やせる。その結果――

4　会社は変動賞与基金を設定し、責任を持って仕事をするカスタマーサービスチームのメンバーに報いたいというマネジャーに管理を任せることができる。すると――

5　カスタマーサービスチームのメンバーはもっと権限を持って仕事をしたいと思う。

ステップの数は五つでなくてもいい。ただし、各ステップは次につながり、最後のステップが最初のステップに戻るようにしなければならない。

ネガティブな弾み車はポジティブなものよりもずっとたくさんある。特に人々が共通のものをたくさん持ち、互いの距離が近い一年生の国に多い。水温が高い海でハリケーンが生まれるように、一年生の国では、人々が模倣の合図を拾って反応しやすい環境にいるため、模倣の伝播は一気に勢いを増すことがある。

私はラスベガスのダウンタウンで、オンラインで靴を売るザッポスの文化を追求していたとき、ネガティブな弾み車に巻きこまれた。当時の私はＣＥＯのトニー・シェイがモデル化した多くのものにあこがれていた。簡潔さ、フラットな組織、人とは違った方法の追求などだ。彼は奇抜さの見本まで示し、それを自分の会社のなかで価値あるものとして祭りあげていた。しかし、このときの私は模倣の欲望がどのように機能するのかわかっていなかった。私だけではなく、ザッポスの誰もがわかっていなかった。

破滅的なサイクル

トニー・シェイはみんなに幸せでいてほしかった。

「きみは幸せか？」お互いのことを知る過程で、ある日彼に訊かれた。当時、ザッポスの物語はビジネス界でもっとも注目されていた。誰もがその企業文化に魅了された。それはまるで「夢のチョコレート工場」のようで、トニーは工場主のウィリー・ウォンカだった。幸せのユートピアをどのように築きあげたのか興味津々の人々に現場を見せて回る、超富裕のおどけた起業家だった。

セリーナ・ウィリアムスがザッポス本社を見に来て、トニーと話をしたことがある。私はこの会社は世界一流の広報担当者を抱えているのだろうかと驚いた。だが、それは長年にわたってすばらしいカスタマーサービスを提供した結果、努力が報われたというだけのことだった。気づくべき人が気づいたのだ。

会社が始動したとき、弾み車は次のようなものだっただろう。

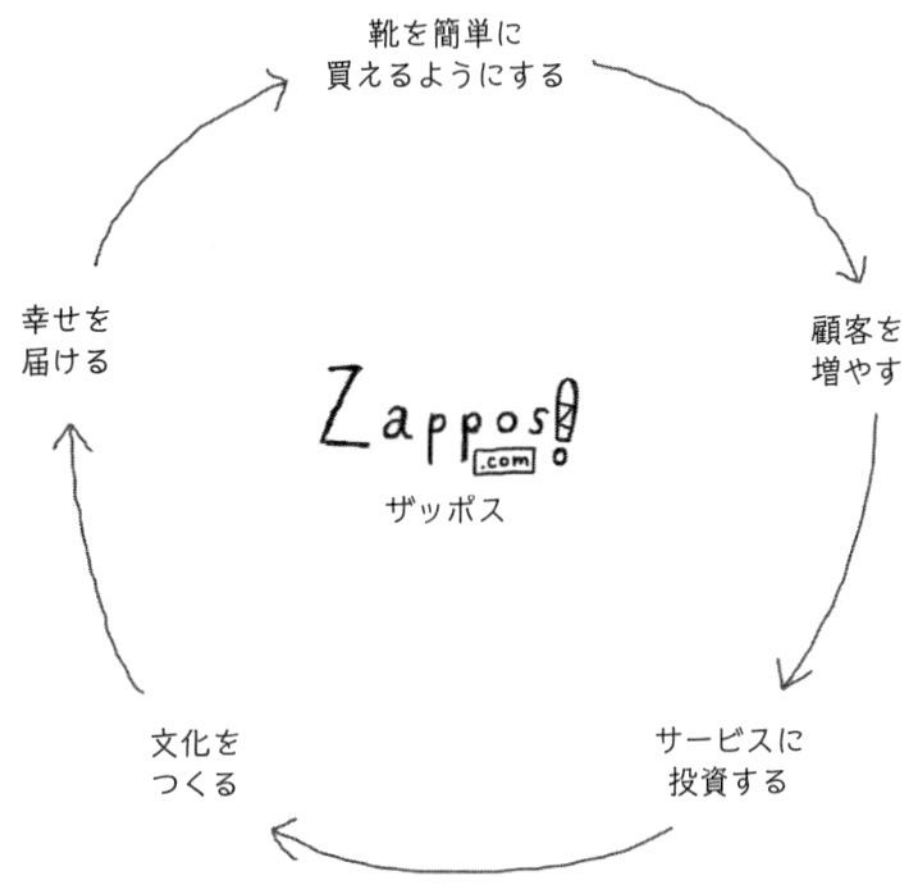
靴を簡単に
買えるようにする
顧客を
増やす
サービスに
投資する
文化を
つくる
幸せを
届ける
Zappos.com
ザッポス

ニック・スインマーンは、ザッポスを一九九九年に立ちあげた人物で、単純にもっと簡単に靴を買いたいと思っていた。電子商取引の誕生により、靴を買う面倒くさいプロセスは簡単にできると考えた。[18] そのビジネスモデルを機能させるためには、売上を伸ばし、顧客基盤を強化する必要があった——特に顧客維持率（再訪してさらに購入してくれる顧客の割合）は、収益を上げる鍵だった。[19] トニー・シェイは最初は投資家としてかかわり、のちにＣＥＯになった。二〇〇三年のはじめに、彼と最初の社員の一人フレッド・モスラーは、カスタマーサービスに注力すべきだと考えた。[20] その後二〇〇四年になって、カスタマーサービスに注力するためには、企業文化を重視しなければならないと理解した。そして、企業文化の柱として最終的に見いだしたのが「幸せを届ける（delivering happiness）」という理念だった。

　この企業文化は、すべての利害関係者——社員、投資家、仕入先その他——に幸せを届けることを中心に回ることになる。幸せな人は弾み車全体をより簡単に回す。二〇〇八年、会社の売上は一〇億ドルを突破した。予定より二年以上早い目標達成だった。

この成功はトニーのリーダーシップによるところが大きかった。彼はザッポスの事業に情熱を持って取り組み、事業を軌道に乗せるために積極的にリスクをとり、ザッポスを人々が心から働きたいと思う場所にした。

しかし、振りかえってみれば、模倣の悪い影響については誰も知らなかったし、考えてもいなかったように思う。それはザッポスを収益企業に成長させ、楽しく働ける場所にしたポジティブな弾み車を完全に乗っとった。変化は少しずつ気づかれないうちに進んでいた。問題があるとは誰も思っていなかった――火にかけた鍋のなかのカエルが、スープになるまで飛び出そうとはしなかったように。


トニーとの会話に戻ろう。

私は幸せだと答えた。

「本当に？」

「ああ、本当だよ」

トニーは目だけで笑った。彼のポーカーの腕は一流だ。このときの私は相手がどんな手を持っているのかわからなかった。「だけど……本当に幸せなのか？」もう一度訊かれた。

このとき彼の腕に飛びこんで泣き崩れた方がよかったのかもしれない。だが、私はそうせずに話を続けた。「そう思ってるって！」いらついて不安な気持ちになっていた。「なぜ、そんなことを？」

トニーは、社会心理学者のジョナサン・ハイトが書いた『しあわせ仮説――古代の知恵と現代科学の知恵』を読んでいた。それで、時間と場所を超えてすべての人が求めるのは幸せだと、私が知っているか訊いてみたかったらしい。

トニーの理屈はこうだった。ビジネスは顧客を幸せにするために存在しなければならない。だから、幸せの科学を学べば学ぶほど、私たちは効率よくビジネスを成功させることができる。

少なくとも、それが考えだった。

一年後、トニーはザッポスをアマゾンに約一二億ドルで売却した。[21]売却を終えて、彼は『顧客が熱狂するネット靴店　ザッポス伝説――アマゾンを震撼させたサービスはいかに生まれたか（*Delivering Happiness: A Path to Profits, Passion, and Purpose*）』という本を書いた。それから、ラスベガスのダウンタウンにおよそ三億五〇〇〇万ドルを投資するダウンタウン・プロジェクトの立ちあげを発表した。ザッポスをつくりあげた幸せの文化を使って、街を再生しようとしたのである。

ダウンタウン・プロジェクトが目指したのは、フレモント・ストリートの北側のエリアを復活させることだった。そのあたりはギャンブルよりもオピオイド中毒や売春で知られるさびれた地区となっていた。落ちぶれたギャンブラーがたどりつく場所で、ラスベガスのダウンタウンでも、旅行客ならフローズンダイキリを一五杯くらい飲まなければ足を踏みいれようとはしない地域だった。

二〇一〇年から二〇一三年のあいだに、トニーとパートナーたちは約九三〇〇万ドルをつぎこんで、二八エーカーの土地とホテルや高層マンションの空き物件や経営難のバーを買いあげた。長期的な目標は、その空間に投資し、そこに住む人たちのあいだにザッポスの文化を広め、シリコンヴァレーから才能ある起業家を呼び、最終的に起業家主導の生態系をつくりあげることだった。

社会的な実験だった。トニーは「スタートアップ企業としての街」と呼んだ。幸せな街。アマゾンに売却したあとも、トニーは引き続きザッポスを率いた。そこでは、ほぼ独立した企業として運営することができた。一方で、ダウンタウン・プロジェクトを立ちあげた。その文化はザッポスの文化に溶けこみ、ザッポスの文化はプロジェクトの文化に溶けこんだ。ザッポスとプロジェクトは同じ生態系に属していた。

最初から危険な兆候はあった。ザッポスの社員は士気が低下していると私に話した。あまりにも多くの変化があまりにも速く起きていた。フラットなマネジメント組織の実験的な採用もその一つだった。それで発生したのはカオスだった。

ダウンタウン・プロジェクトも状況は同じだった。始動から一年もたたない二〇一四年、ネリー・ボウルズは《ヴォックス》で、ジョディ・シャーマンという有望な起業家が自分の車のなかで銃で自殺したと報じた。[22]

シャーマンの死から一年後、オヴィク・ベナジーがダウンタウンの高層アパートメントの自分の部屋から身を投げた。ダウンタウン・プロジェクトの中心メンバーで、ラスベガスにはじめてできたベンチャー・フォー・アメリカ（アンドリュー・ヤンによる非営利団体で、スタートアップ企業の創業者やそこで働く若者を育成する組織）でも活躍していた。

オヴィクの死から五カ月もたたないうちに、プロジェクトが支援したスタートアップの一つであるボルト・バーバーズの創業者マット・バーマンが自宅で首をつった。

一年生の国への引っ越し

ラスベガスのダウンタウンでは何がいけなかったのだろうか。ザッポスの新しいフラットなマネジメント組織――ダウンタウン・プロジェクトにも適用された――は、誰一人として予想も考えもしなかった模倣を生み出した。

オヴィク・ベナジーは、ボウルズの《ヴォックス》の記事によれば、「明確な仕事がなかった」と言っていたという。記事はさらに「明確な仕事を持っていた人は一人もいなかった」と続く（傍点は私がつけた）。「トニーはみんなの先頭に立って言っていた。『さあ、ここにきて思い切ってやって、楽しんでくれ』と。それで実際に行ってみると、そこには組織も体制も何もないのである」

事業の重心が靴とカスタマーサービスから幸せに移ったとき、模倣のモデルが増殖した。区分は不明瞭になった。誰が幸せで、誰がそうでないのか。誰を真似すべきで、誰が違うのか。誰がモデルで、誰はそうではないのか。ザッポスとダウンタウン・プロジェクトは一年生の国になってしまったのだ。

ズービン・ダマニアはダウンタウンで診療所を経営する医師で、プロジェクトチームの一員だった。彼はボウルズに状況をこう語った。「起業家のコミュニティでは、たくさんの境界線が取りはらわれてしまう。みんな社会的なよりどころから引きはがされた状態にいる。これは大きなプレッシャーとなる」

彼が言っているのは、自由の錯覚――起業家は誰でも自身の欲望の主人である――は危険だということだ。「創業者は最悪だ。自分はジョン・ゴールトでなければならないというアイン・ランド的な感覚がある。好きなだけ自由でいられるが、接続性の網はある。彼らはそれを忘れてしまう」

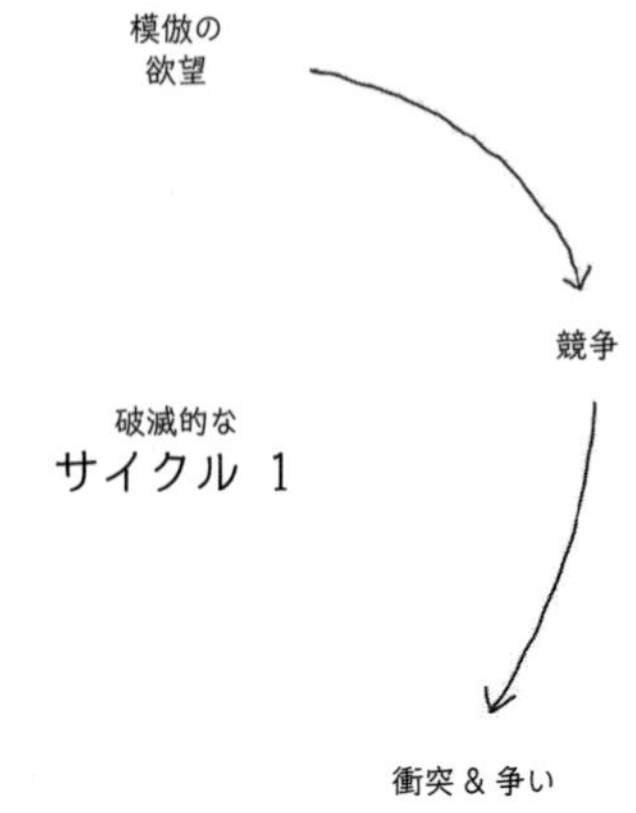

欲望は接続性の網の一部だ。まわりが欲しがるものに影響を受けていることを否定するとき、その人は不健全な欲望のサイクルに引き寄せられている。抵抗することも思い浮かばない。

模倣の欲望は競争を生み、それは衝突や争いにつながる。

模倣の危機にある共同体、すなわちモデルと真似る者が明確に分かれていない、違いが欠如した共同体には、独自のサイクルの弾み車がある。ダウンタウン・プロジェクトでは、意図的に人々のあいだに衝突を起こした。それが知らず知らずのうちに、模倣の競争を激化させていたのである。

トニーは成功を測る基準を好んで用い、（投資利益率に対抗して）「衝突利益率」と呼んだ。トニーによれば、「衝突」とは二人の人間が予期せぬ形で偶然出会うことで、ポジティブな結果を生むという。たとえば、二人の起業家がたまたまコーヒー・ショップで隣になり、最終的にパートナーになる、あるいは、投資家がバーでジントニックを飲みながら新しい投資先を見つけるといった具合だ。トニーにとって、衝突利益率は、文化やコミュニティと価値の創造のつながりを評価する最良の方法だった。

「偶然《セレンディピティ》の発見に魅かれるようになったのは大学に入ったときだ」二〇一三年の《インク》の記事によれば、トニーはそう語っている。「ほとんどの人にとって、大学というのは無作為に人と出会うのが常態である最後の機会だと思う。年を取れば、みな職場に行って、毎日同じ人に会い、それから家に帰るようになる。だが、最良のものは、人々が偶然出会ってアイデアを共有するときに生まれるものだ[23]」

トニーはラスベガスを大学のようにしたかった。一年生の国だ。

しかし、衝突は一様ではない。いいものにつながる衝突もある。友情とか結婚とか新規事業のアイデアとか。一方、カオスと混乱につながるものもある。

衝突利益率

衝突を奨励するトニーの戦略の一つに空間の最適利用があった。トニーは無作為に人と出会う機会を最大限に増やしたいと考えていた。そのために、コンサートや会合、ハッカソン〔プログラマーが集まってプログラムを開発するイベント〕を企画し、ハッピーアワーやオープンマイクの夜を設け、ザッポスの経営陣の多くが住むラスベガスのダウンタウンの高層アパートメント、オグデンではいつでも訪ねていける雰囲気をつくった。まるで大学の寮のような雰囲気で、ドアを閉めていると眉をひそめられ、ほかの人の部屋にいつでも立ち寄れた。

私はある夜、トニーのペントハウスを訪ね、衝突に特化したダウンタウン・プロジェクトの会合に

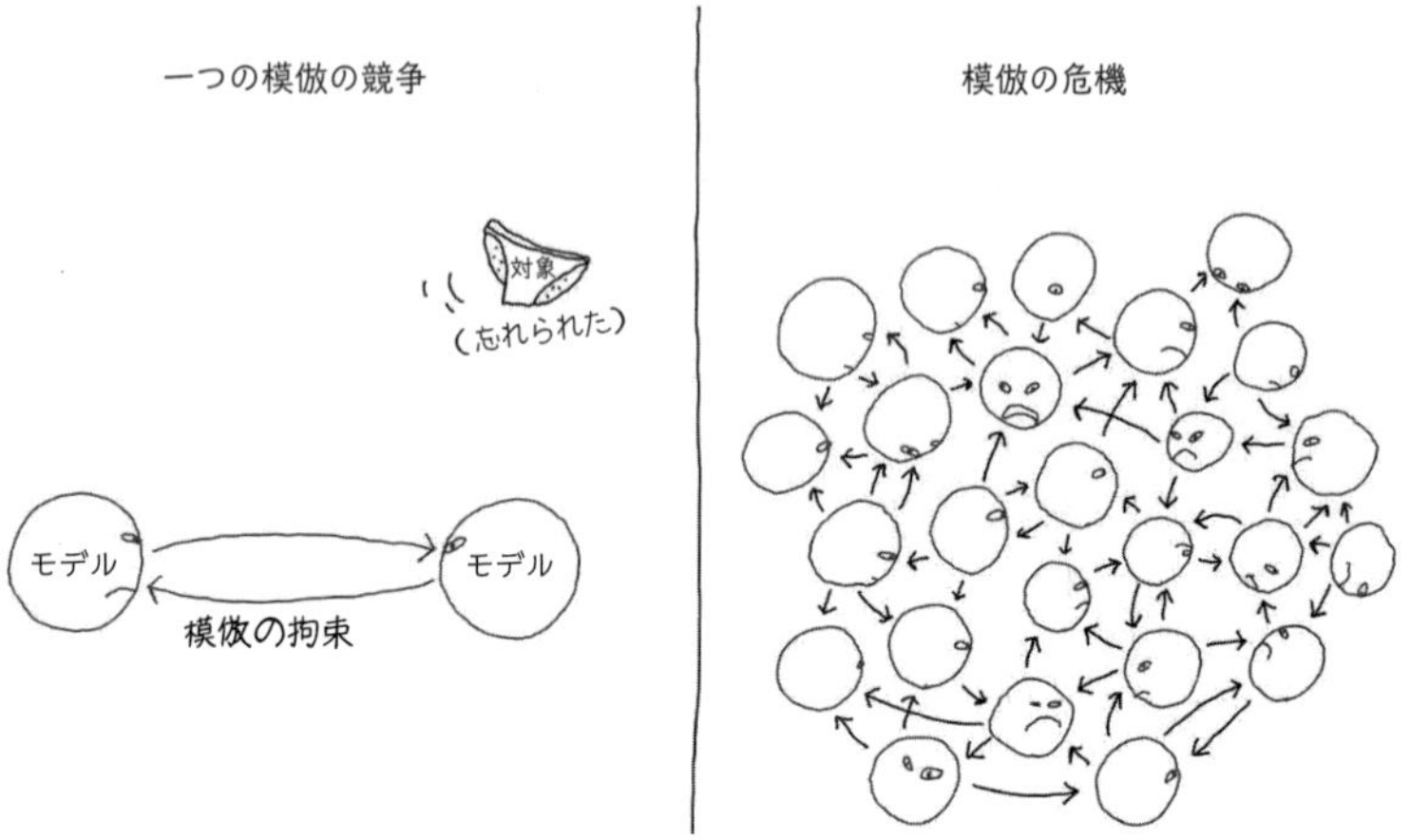

出席した。会場の部屋は広く、床は堅木張りで、床から天井までの窓があって、そこからフレモント・ストリート・エクスペリエンスが見下ろせる。部屋には、机のついた可動式の椅子が二十数個あるだけだった。学校の先生が三年生の子供たちに、動きまわってグループをつくるように言うときに見かけるものだ。椅子の大きさは大人用だが、しくみは同じだ。全員がすわれる数があった。

トニーがポケットに手をいれたまま部屋に入ってきて、皆に椅子を勧めた。そして、一時間でできるだけたくさんの人と話をするように言った。まるでスタートアップのためのスピードデートだ。私たちはみな部屋を動きまわり、互いに「衝突」し、会話を始めた。トニーも椅子の一つにすわり、私たちと話してまわった。

その日会った人のことはまったく覚えていない。覚えているのは、会合が終わって部屋を出たときに、椅子にすわったときよりも不安が大きくなっていたことだ。このときは少なくとも二〇人の野心家と自分を比べていた。ほとんどが四ブロック以内に住んでいるか、そうでなければダウンタウンに移り住むつもりでいる人たちだった。あれは移動式の椅子ではなかった――私たちが腰をおろしていたのは、目には見えない、エゴで動く大人のバンパーカーだった。衝突は日増しにスピードと激しさを増していった。

アリ塚の下で

ダウンタウン・プロジェクトはザッポスの延長線上にあった。ザッポスはすでにかなりフラットな組織として知られており、経営陣とスタッフのあいだにマネジメントの階層はほとんどなかった。しかし、トニーはさらに先を目指した。

二〇一三年、ザッポスは新しいマネジメント哲学として「ホラクラシー」を導入した。ブライアン・J・ロバートソンはターナリー・ソフトウエアの創業者で、会社をよりよく運営する方法を模索するなかで、「ソーシャルテクノロジー」および「オペレーティングシステム」としてホラクラシーを開発した。そしてこの言葉を商標登録し、自分の会社に導入し、さらにほかの会社でも試した。やがて、ザッポスやオンライン・パブリッシング・プラットフォームのミディアムといった大企業もホラクラシーを採用した。

その著書『ホラクラシー――役職をなくし生産性を上げるまったく新しい組織マネジメント』のなかで、講演を聞いたトニーがどのように言ってきたか述べている。「ザッポスは成長している」とトニーは話しはじめた。「社員が１５００人になった今、起業家精神あふれる社風を失うことなく、官僚主義に足を取られることもなく、スケールアップすることが大事なんだ。だから、ザッポスをもっと都市のように経営する方法を探しているんだよ」[24]。ホラクラシーはそれを後押しするシステムだった。

ホラクラシーは従来のマネジメント・ヒエラルキーの代わりに、特定のプロジェクトに取り組む人々からなる自己組織化チームを置く。CEOやCOOといった従来の肩書きはなくし、同じ組織の目的に合う役割を複数つくり、その時々において異なる人がその役割に就く。選ぶ際には規程に従って、ガバナンス・プロセスを経る。

ロバートソンから直接聞いたところによれば、この形をとる理由の一つは、組織にとって最良の決断ができるように人と役割を分けるところにある。これにより、業務上必須のプロセスから個人のエゴを切り離すことができる。しかし、人から役割を切り離すことで、隠れた問題が浮かびあがることもある。

この新しい体制への移行のために、トニーはCEOを退いた。ザッポスのそれまでのマネジメント・ヒエラルキーはほぼ一夜にして消えた。ダウンタウン・プロジェクトも同様にホラクラシーに移行した。そうして起きたのは、これから見るように、模倣の危機だった——マネジメント・システムとしては、必ずしもビジネス誌が描いたような失敗ではなかったが、このシステムは隠れていた模倣の欲望の扉を開け、欲望をわきたたせることになった[25]。

人間を中心に据えてビジネスに取り組めば、人の交流が生み出す問題——人間の本質——に取り組むことになる。人間の本質を補完しない異質なもの——言うなれば、模倣の欲望には関与しない組織上の「オペレーティングシステム」——を導入すれば、パンドラの箱を開けることになる。

ヒエラルキーのない会社

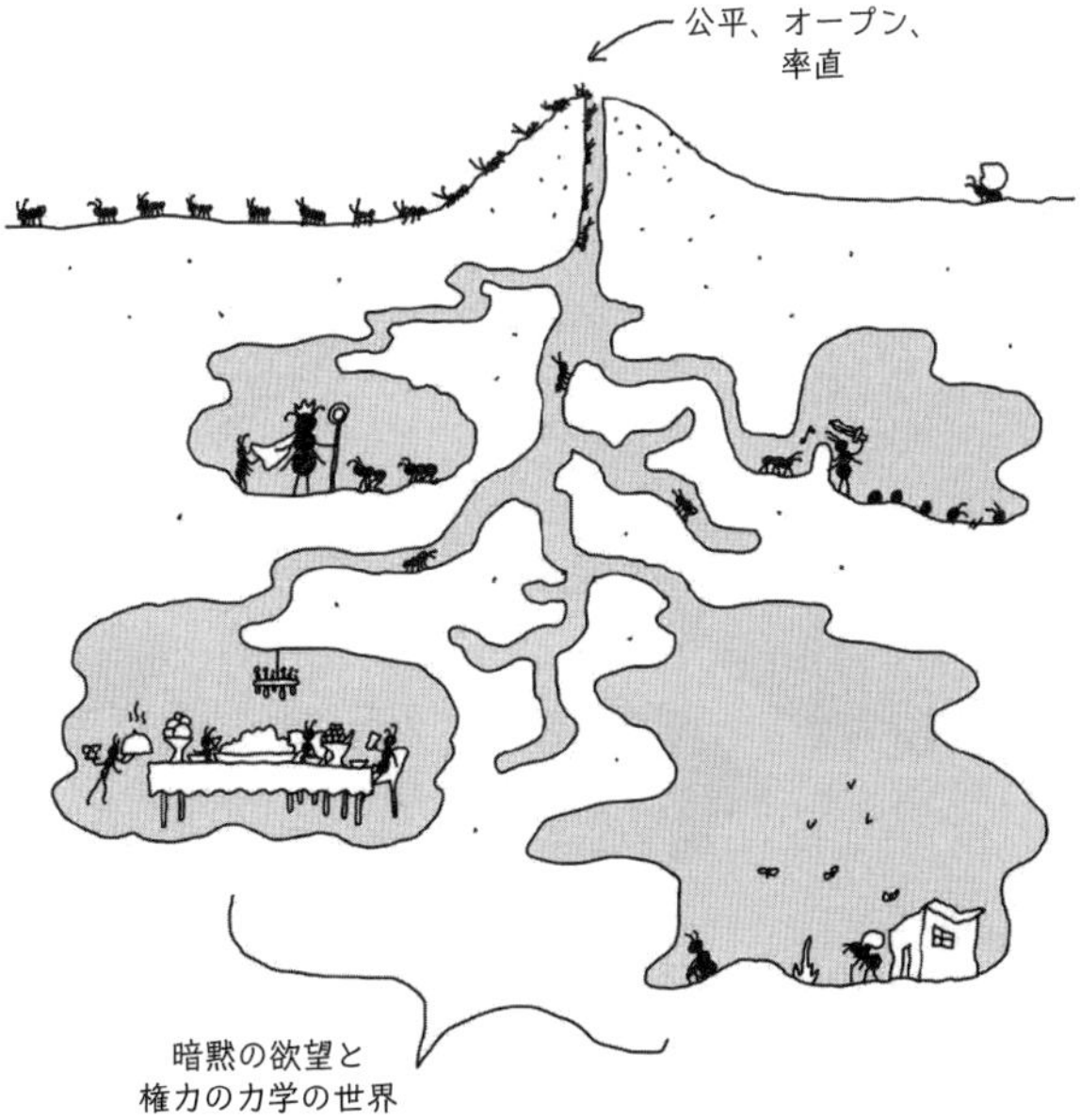

ザッポスはマネジメント・ヒエラルキーをなくしたが、欲望のネットワークやモデルと関係を持つ必要性はなくせなかった。一個人の視点からは必ず欲望のヒエラルキーが存在する。ほかよりも倣うに値するモデル、ほかよりも欲するに値する何かは必ずある。私たちはヒエラルキーの生き物なのだ。だから情報をまとめた記事や格付けに惹きつけられる。物事がどのように並び、どのようにまとまっているのか知る必要があるからだ。ヒエラルキーの形をしたものをすべて排除するのは、この基本的欲求にとって好ましくない。

ザッポスがヒエラルキーをなくしたとき、地上にあったもの——目に見える役割や肩書き——は、別の形で地下に姿をあらわした。[26]「状況はより政治的になった」。ビジネス・メディアの《クォーツ》にホラクラシーのことを書いたジャーナリストのエイミー・グロスは私に言った。「みな自分の仕事に安心できなくなった……自分の役割や仕事をどのように維持したらいいのかわからなくなった。それでも、トニーとの関係が深く、大きな力を持っていた者が少数ながらいた」。隠れたところには誰も把握できない欲望の網が張りめぐらされていた。

知らないうちに、模倣の競争の門は大きく開かれていた。二〇一〇年にトニーが『顧客が熱狂するネット靴店　ザッポス伝説――アマゾンを震撼させたサービスはいかに生まれたか』を刊行したときには、会社の弾み車の出発点は新しくなっていたように見えた。元のサイクルでは「幸せを届ける」はプロセスの最後のステップだった。新しいものでは、幸せは最初の、そしてもっとも重要なステップとなった。

誰かに――たとえ配偶者にでも――「幸せを届けられる」と考えるのは、おこがましいことだ。それは私たちの仕事ではない。どう考えても会社の仕事ではない。

弾み車の出発点としての「幸せを届ける」というミッションは、「簡単に靴を買えるようにする」というミッションとは本質的に異なる。壮大で有意義なものだが、同時に危険なものでもある。ほとんどの人は幸せをほかの人との比較で判断する。弾み車の出発点を、顧客と企業文化の両方にとっての「幸せを届ける」と定めれば、システムは模倣にあふれた幸せというあやふやな概念を中心に回ることになる。

幸せが何なのか、どうやって手に入れるのかを誰も知らないコミュニティのなかで、幸せが欲望の

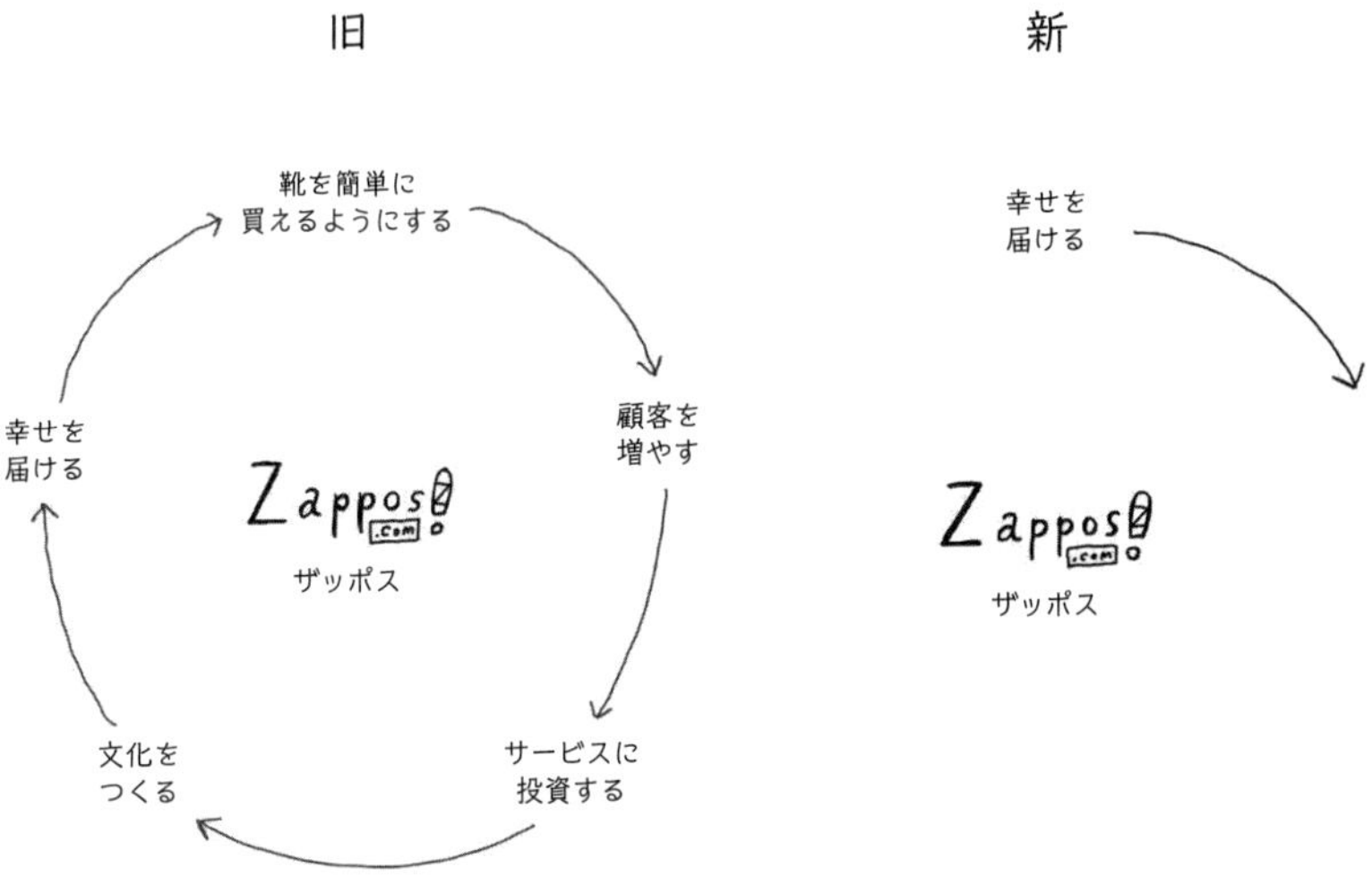
旧
新
靴を簡単に
買えるようにする
顧客を
増やす
サービスに
投資する
文化を
つくる
幸せを
届ける
Zappos.com
ザッポス
幸せを
届ける
Zappos.com
ザッポス

トップに立てば、人々はついていくのにふさわしく思えるモデルを見つけようと右往左往する。そして、一年生の国では皆が近いところにいて、レベルも同じなので、いたるところで争いが発生する。

幸せはミーム――決まった型にのっとって人から人へと伝えられる何か――のように扱われることがある。しかし、幸せはミームとは違う。運ぶことはできない。

人はいつでも幸せのモデルを探すことで幸せを追求する――アメリカンドリームを成しとげた人かもしれないし、シリコンヴァレーのCEOかもしれないし、隣人かもしれない。だが、ヒエラルキーの外観は、個人的なシステムの目に見える表面でしかない。一人一人の内側には人目に触れない欲望があり、それは模倣の欲望を通じて他者につながる。

作家のC・S・ルイスはこの目に見えないシステムを「内なる輪《インナーリング》」と呼んだ。それは人生のどの段階にいようと、どれだけ裕福であろうと、人気があろうと、ある特定の輪のなかにいたいという欲望と、そこから外れることの恐怖が常にあることを意味する。「（内なる輪のなかにいたいという）この欲望は、永遠に人間の行動の動因の一つであり続ける」とルイスは言った。「それは私たちが知る世界――もがき、競争、混乱、不正、失望、周知がごちゃまぜになったこの世界――をつくる要因の一つだ……この欲望に支配されているかぎり、欲しいものは絶対に手に入らない」[27]

ザッポスは外側の輪という目に見える看板を下ろした。内側にある輪のことは忘れていた。

価値のヒエラルキー

ラスベガスのダウンタウンを起業家のハブに、そして幸せなコミュニティにするというトニーのプロジェクトは基本的にはすばらしいものだ。失敗の原因は、人間の本質に対する理解が貧弱だったところにある。

ＣＥＯ、教師、政策担当者のほか、環境をつくる責任がある者は、決断が人々の欲望にどのような影響を与えるか理解したほうがいい。都市計画の担当者が、公園や壁画や自転車専用道路が交通から犯罪にいたるすべてにどのような影響を与えるか考慮する必要があるように、優れたリーダーは自分の決断が人間の生態系――人間の生活や発展に影響を与える絡みあった関係――にどのような変化をもたらすか考える必要がある。人間の生態系のなかで模倣の欲望ほど見落とされるものはない。

私も起業初期、地元リーグで戦うサッカーチームに入れこみすぎるという失敗をした。スタートしたばかりの会社で派閥をつくることになるとは気づかずに。仕事以外の場で楽しく自由に交流するのは問題ない。問題は、CEOである私が率先してそれを行なったことだ。あの段階（全部で一〇人くらいしかいなかった）では、トップダウン式の社風だと感じさせないために、アイデアや組織の話は私以外から出てこなければならなかった。私のサッカー熱は多少なりとも競争を生み出し、欲望の向かう先を大きな目標から小さな目標に変えた。

リーダーは、経済的なインセンティブは常に経済以上の意味を持つことも意識しなければならない。そのシグナルが強すぎれば、人は欲望をゆがめて、その人のキャリアのコンパスが「間違った北」を示すことになる。たとえば歴史学を専攻する人には現金で一万ドルを渡すが、それ以外の学生には何も渡さない大学を想像してみてほしい。専攻市場には偏りが生じるだろう。自分は本当は歴史学を専攻したいんだととつぜん気づいた学生が出てきても、誰も驚かないはずだ。彼らは新たに見つけたこの学問で、自分の本当の能力が発揮できると心から信じているかもしれない。

欲望がいかに薄っぺらいものであるかわかるだろう。しかし、私たちは常にこういうことをしている。親は子供に、ほかではないあるスポーツの用具を買って習わせ、ほかではないある大学（あるいは特定の教育）の費用を払う。子供は自分がしたいことと役立つことを区別する精神的な自由や成長をいつも発揮できるとはかぎらない。

なかには二〇年後のある朝、目が覚めて、自分はなぜこの仕事を選んで、なぜ今も同じ仕事をしているのだろうと思う人もいるだろう。経済的なインセンティブは行動に影響する。それは間違いない。だが、それだけでは人が特定のモデルにとらわれる理由は説明できない。欲望は買えない。リスクを助長しているときには、私たちは誰が何を欲しがっているのか、ゆがんだ考えを持つことになる。ときにその誰かは自分である。

マーケティング、お金、モデルは、価値のヒエラルキーを明確にしていない人の欲望をゆがめる。これは私がビジネススクールで一年生と接したときの経験から明らかだ。学生たちは人生の形成途中で、模倣が激しい時期にいる。私は自分が大勢のモデルであることを自覚しているので、彼らのことを知るまで、専攻やインターンシップや仕事に関する価値観のシグナルを発することに慎重になる。

私は学期が始まって三週間で、学生たちが言ってくることにいらだつようになる。おじやおば、友人、キャリアカウンセラーから、会計学を取れば仕事には困らないと強く言われるというのだ（ここでは会計学としたが、別の科目でも構わない）。会計学に向かない学生でも、自分の進路に迷いはじめる。彼らのせいではない。会計を仕事にしているモデルはすばらしいモデルだ。落ちつきがあって、経済的に安定して、幸せそうに見える。

「会計学は君が本当にやりたいことなの？」私が訊くと彼らは言う。

「どうだろう……わからないけど。たぶんそうなんじゃないかと」

ちょうど外国のビュッフェにいるような感じだ。食べたこともない料理やはじめて見る料理が並んでいる。最初にするのは、わかっているように見える人の後ろに並ぶことだろう。みんなそうしている。

私が学生に話すのは、その人の価値のヒエラルキーがどのようなものかということだ。その人にとって重要なのは何か。よりどころにする五つのルール（あるいは一〇のルール、一二のルール）はどういうものか。

大切にしているものをすべて話してくれても、それだけでは足りない。それに順位をつけなければならない。私は学生に優先順位を決めるように言う。ヒッポのアウグスティヌスはこれを愛の秩序(ordo amoris)と呼んだ。[28]

価値観と欲望は同じものではない。価値観は食べ物に対してそうするように、欲望に順位づけしようとする。肉が大好きな人が、肉を食べないことに価値を見いだしたとしたら、その価値観でしばらく過ごしたあとで、もう肉は食べたくないと思う日が来る。肉汁があふれるハンバーガーを想像してもどうということもなく、食べたいとも思わない。

多くの人にとって、欲望の順位づけは無意識のうちに始まる。それはこんなふうに単純なことかもしれない。私は他人よりも家族を大切にする。メールは知っている人からのものにまず返信して、セールスのメールは後回しにする。今日、家のなかで一カ所だけ掃除する時間があるとすれば、キッチンをきれいにする。

意識しているかどうかにかかわらず、私たちは常にヒエラルキーに沿って考えている。日々のやることリストをつくるときも、選挙の争点の優先順位をつけるときも、レストランでメニュー(前菜、メイン料理、デザート)を眺めるときもそうだ。欲望を形成し、欲望に命令する価値のヒエラルキーがなければ、私たちは何にどのくらい注目すればいいのかすら考えられない。

ほとんどの会社には企業理念がある。そこにはたいてい中心的価値観《コアバリュー》あるいはそれに匹敵するものが含まれている。しかし、価値のヒエラルキーを自分たち、あるいは外の世界に対して明確にする会社はほとんどない。その場合、二つ価値観がぶつかったときにどうすべきか決めるのが難しくなる。たとえば、すべての従業員の健康と安全を守るという価値と、新型コロナのパンデミックのなかで事業を継続するという価値が対立したときなどだ。

価値のヒエラルキーは、良いもののなかで選択しなければならないとき、特に重要となる。価値の重要性がすべて等しいとき、あるいはそれらの関係が明確になっていないとき、模倣が判断の主な原動力となる。

「友人と信仰は私にとってとても大切なものだ」。大学時代の友人の一人が言う。それは良いことだろう。しかし、もし仲の良い友人たちが大祭日にマイアミのサウスビーチで独身最後の夜を企画したらどうだろう？　二つとも「とても大切なもの」と言ったところで、問題は解決しない。ヒエラルキーが明らかになっていなければ、彼はまわりに影響されるまま選ぶことになるだろう。その決断は模倣によるもので、価値観によるものではない。

企業は日々、相反する主張が価値観にぶつけられる状況にある。ある企業の中心的価値観のなかに「包括性と多様性」と「信頼関係」があったとしよう。その会社の属する業界では、男性中心のネットワークで売り上げられていて、そのメンバーのあいだで信頼関係はできている。もし採用過程で包括性と多様性の優先順位が明確になっていなければ、どうやって販売担当の女性を雇い、別の形で信頼関係を築くチャンスを与えられるだろうか。価値のヒエラルキーがなければ、採用担当マネジャーは応募者の九五％が経験豊富な男性だったときにどうすればいいかわからない。模倣の力は販売チームを支配しつづけるだろう。

企業の資本構成において、企業のお金に対する要求のヒエラルキーは常に存在する。スタートアップ企業の資本政策表（誰が何を所有し、誰がいつ何をもらうかをリスト化したもの）には、次のようなグループが優先順位とともに書かれているだろう。担保債権者、一般債権者、優先株主、A種株主、

B種株主、創業者株主。[29] このように誰が最初に受けとるかについて明確なヒエラルキーをつくることが要求されているのであれば、何を最初に求めるかを示す価値のヒエラルキーも当然つくるべきだろう。

模倣の欲望に対処するコツ6
価値のヒエラルキーをはっきりさせて伝えよう

価値のヒエラルキーは模倣の対抗手段になる。すべての価値が同等に扱われていて、あるとき——特に危機のとき——そのなかの一つが抜きん出るなら、それはもっとも模倣性の高い価値ということになる（新型コロナが広まった初期、トイレットペーパーの争奪戦が起きた。供給には何の問題もなく、模倣の問題だった。文化的な価値はこれと同じように不合理な扱いを受けることが多い。人は公共の利益にとって大切なものではなく、何であれそのとき自分にとってもっとも大切なものを争ってでも買おうとするものだ）。

価値を言語化するだけでは不十分だ。順位をつける必要がある。すべての価値が同列なら、価値がないということになる。本のなかのすべての単語を強調するようなものだ。

あなたの価値（もし相手がいるなら共有する価値）のヒエラルキーの精神的なモデルをつくるほうがいい。紙に書き出してみよう。相手にも同じことをするよう勧めよう。ヒエラルキーは時の流れとともに変わることがある。しかし、価値を階層化しておけば、複雑な状況下で決断をくださなければならなくなったときに、さまざまな意見を測ることができるようになるだろう。

覚えておいてほしい。争いは違いからではなく、同じであることから発生する。もしすべてが同じように良いもので重要であれば、争いは起きやすくなる。相対主義の暴君に加担してはいけない。暴君はあまりにもたくさんいる。

明確な価値の順位が定められていない企業が多く、企業の社会的責任（ＣＳＲ）が模倣に乗っとられ、貧弱なマーケティングの仕掛けになっているケースが多い。ＣＳＲが信奉する価値が大切ではないということはない。しかし、「社会的責任」までもが模倣に染まり、美徳を発信するゲーム――責任ある行為というより社会的なもの――になったかのように見える。[30]それを避けるために、あなたの価値とその重要性の順位を決めて伝えよう。

価値のなかには絶対的なものがある。それを知ろう。言語化しよう。それを守ろう。それはピラミッドの基盤になり、同心円の中心になる（ヒエラルキーをどのように描くかによる）。[31]

欲望の崩壊

明確なヒエラルキーを持った価値体系は、ヒエラルキーのない価値体系よりも危機の際に有効に機能する。

フェルッチオ・ランボルギーニにはこのヒエラルキーがあった。レース競争に明け暮れる人生とそれに伴う負傷や死の可能性から息子を守ることは、あらゆるものを犠牲にしてゲームに勝つことよりも重要だった。模倣がエスカレートして狂騒状態になったとき、ランボルギーニは欲望が頂点にあるときには普通できないことをした。降りたのである。それができたのは、明確な価値のヒエラルキーに照らして自分の欲望をチェックしていたからだ。おかげでコントロール不能に陥らずにすんだ。人は自動車事故の代償を、事故を起こすまで考えない。欲望の衝突も実際に起きるまえに考える人はほとんどいない。ランボルギーニにとってはどちらも同じもので、欲望の衝突は車の衝突を意味した。

トニー・シェイはポジティブな衝突を最大限まで増やしたいと思ったが、隠れた欲望の衝突のことまでは考えなかった。それは人と人のあいだにある模倣の空間で、人の心の奥の隠れた場所で発生する。

二〇二〇年八月二四日、《ラスベガス・レビュー・ジャーナル》はトニー・シェイが、二〇年以上率いたザッポスから身を引くと報じた。[32] 同年一一月二七日、この本が印刷される数カ月前、私はトニーが感謝祭の翌日に亡くなったことを知った。彼の自宅で感謝祭のディナーをともにしてから一二年がたっていた。彼が四六年の人生で成しとげたすべてのことに畏敬の念を抱いている。ダウンタウン・プロジェクトは持ちこたえている。独立書店のライターズ・ブロックや、シェフ・ナタリー・ヤングのレストランなど、すばらしいプロジェクトも多数生まれている。[33] それでも二〇一五年から二〇一九年にかけて、ダウンタウン・プロジェクトを取りあげたメディアの反応はほとんどが否定的なものだった。そうした意見のなかにはもっともなものもある。しかし、批判のほとんどは「マネジメント理論」といった表面的な話にとどまり、真実を語っていない。

ラスベガスのダウンタウンでは、誰が誰を見本にするのか混乱するなかで、一人のモデルが際立っていた。トニー本人だ。彼は並外れて裕福でありながら、ダウンタウン・プロジェクト界隈の狭苦しいレストランやバーによく姿を見せた。その回数は、すぐ近くのフレモント・ストリートでバドライトを飲みながらスロットマシンに興じるギャンブラーを見かける機会に劣らなかった。

トニーは矛盾を抱えた人物だった。ほかの人に幸せになってほしいと心から願っていたが、自分自身については何も望んでいないように見えた。欲望がラスベガスのダウンタウンで伝染病のように広がるなかで、トニーは異彩を放っていた。次の章で見ていくように、そこには大きな危険がある。

エジプト人が猫に何をしたか知りたいだろうか。

二〇一八年、古代エジプトの石棺が発見され、そのなかに数十匹の子猫のミイラが入っていた。こうした発見——一七九九年にはすでにあった——から、エジプト人が単純に猫をかわいがっていたという神話は消散した。真実はもっとも重苦しいものだ。

エジプト人は猫を儀式の際のいけにえとして捧げていた。だから、神聖だと見なしたのである。模倣理論では、カオスと秩序、暴力と神聖さは切り離せない。いけにえを捧げる儀式——古代エジプトの猫でも、現代によく見られるコーチやCEOのしきたりとしての解雇でも——は、模倣の伝染を抑制するためのしくみなのである。

模倣のサイクルの四番目と五番目のステップをこれから見ていくが、それは人間社会のなかで混沌とした欲望を秩序だった欲望に変えるプロセスだ。スケープゴート・メカニズムである。

第４章　罪の発明——過小評価された社会的発見

清浄の危険　判断の安全性　儀式としてのスケープゴート　自己認識、自己嫌悪

人間性には競合する集団のなかで進化する部分があるのではないかと思う。私たちは遺伝的に群れの誘惑に抗《あらが》えないようにできているのかもしれない……人間のあらゆる文化の歴史のなかで繰りかえし登場してきた集団と同じように、オンライン上で匿名ながらつながっている集団がとつぜん利己的な集団に変わるのを、どうやってとめればいいのだろうか。

——ジャロン・ラニアー、コンピューター科学者、哲学者

一九七七年から一九八二年のあいだ、ジェニー・ホルツァーは夜のニューヨーク市を歩き、壁に設置した自分の反体制的な芸術作品の前を通りすぎた。彼女はそれを「扇動的なエッセイ」と呼んだ。色とりどりのリトグラフの一枚一枚には、ぴったり一〇〇単語ずつ、イタリック体の大文字が左詰めで二〇行にわたって印刷されている。

作品は文学や哲学、無政府主義者、活動家、過激主義者を題材にしている。ある一枚の最初の五行はこう述べる。

惨事はハエのように人をひきつける。
見物人は犠牲者を見てぞっとする。
自分は安全だと思いながら！
これは窃視《せつし》症のなかでも
特に望ましくないものだ。[1]

一九八〇年代半ば、ホルツァーはパブリック・アート・ファンドの「メッセージ・トゥ・パブリック」プログラムの一環として、タイムズスクエアの約七五平方メートルの電光掲示板に自分の作品を展示した。一九八二年、タイムズスクエアはすでに光の広告ショーが行なわれており、ニューヨーク観光——およびアメリカの消費者文化——の中心地だった。ホルツァーは巨大なボードに、「自明の理」シリーズから二五〇作品を表示した。言葉は黒地に白いＬＥＤ電球でつくった。そのなかの一つは次のように言っている。

私を守ってほしい
私が欲しいものから

メッセージは色と動きと音の喧騒のなかで際立っていた。ホルツァーの言葉は急ぐ人々を立ちどまらせ、意味を考えさせた。

自分が欲しいものから自分を守ってほしいという訴えは、すべての人に関係がある。誰でも、最後まで追求すれば自分にもほかの人にも危険をもたらす欲望を持っている。同じことが社会にも言える。コントロール不能の模倣は欲望を広め、暴力的な衝突を引きおこす。

ルネ・ジラールは、人間は数千年のあいだ、模倣の危機から自分たちを守るためにある方法を使ってきたとしている。模倣によって、ある一人あるいはある集団をターゲットに集まり、それを追放あるいは除去するのである。これには人々を結束させながら、暴力のはけ口を提供する効果がある。相手を征服したいという欲望をある一点に向けさせることで、自分たちが欲しいもの――争いをもたらす模倣の欲望――から自分たちを守るのである。その矛先を向けられたものは、すべての敵の代理となる。反撃できない者。スケープゴートである。

聖なる暴力

ジラールは模倣の欲望と暴力のあいだには密接な関係があると考えていた。「現代の人間はどこにいても、永続的な復讐のサイクルを生じさせる暴力の伝播にさらされている」と、著書『*The One by Whom Scandal Comes*（スキャンダルをもたらす者）』に書いている。「このように連動するエピソードはどれも似ている。当然ながら、互いに真似しあっているからだ[2]」

復讐のサイクルはどのように始まるのか？　模倣の欲望からである。ジラールは同書で言っている。

「私には現代の個人主義は、私たちが模倣の欲望を通じて、愛しているふりをしながら実は嫌悪している相手に、自分の意思を押しつけようとしている事実を必死に否定する形になってきているように思える」[3]。こうした個人間の小さな摩擦は、世界全体を脅かす不安定性の縮図である。そして、世界のまえに、家族があり、都市があり、組織がある。

一九世紀、プロイセンの将軍で軍事理論家のカール・フォン・クラウゼヴィッツは、多くの陸軍士官学校で必読とされる『戦争論』を書いた。ジラールから見て、クラウゼヴィッツはほとんどの争いは模倣しながら激化するとわかっていた。『戦争論』のはじめのほうでクラウゼヴィッツは問いかける。「戦争とは何か」。彼はその答えを本の残りで説明している。「戦争は拡大された決闘にほかならない」[4]

戦争とは模倣の競争が激化することである。それはどこで終わるのか。

人類の歴史上、ほとんどの戦争では正式な手続きを経て勝者と敗者が明らかにされてきた。戦いは、和平合意に署名するなどの儀式によって、どちらかが負けを認めたときに終わった。今はそうはいかない。テロ組織がコミュニティから生まれ、その一員が攻撃を受けて、組織がヒドラのように大きくなることがある。戦闘員が一般市民のふりをしているなかで、どうやって戦争を定義すればいいのだろうか。ジラールは、私たちは歴史上、新たな危険の時代に突入したと考えた。クラウゼヴィッツが「極限までの激化」と呼んだ状態は目の前にある――争いにおいて相手を倒したいというそれぞれの欲望は、暴力への欲望を強化拡大する。

クラウゼヴィッツの時代でさえ――そして第一次世界大戦のときには間違いなく――戦争はすでに極限まで激化していたように見える。何かが変わったのだ。戦争による破壊の拡大に歯止めをかけるものはなくなった。現代では、政治の場における発言や姿勢に極限までの激化が見られる。そして、私たちは人類史上はじめて、自分たちを破滅させる技術的な手段を持った。激化を効果的にとめるしくみはわかっていない。

争いの拡大を抑止するために恐ろしい社会的制度を利用した、昔の社会とは大きく違っている。

ジラールは歴史を研究するなかで、人間は模倣の衝突の拡大をとめるために繰りかえし犠牲に頼ってきたことに気づいた。[5]社会が無秩序の危機にさらされたとき、人間は暴力を排除するために暴力を利用した。人々は選ばれた人や集団を追放するなり、滅ぼすなりした。そうした行為には暴力の拡大を防ぐ効果があった。ジラールはそうした効果が得られるプロセスを「スケープゴート・メカニズム」と呼んだ。

ジラールは、スケープゴート・メカニズムが全員対全員の戦いを全員対一人に変えるとした。それは一時的な平和をもたらす。すべての怒りがスケープゴートに向けられることで、模倣の衝突がしばし忘れさられるからだ。

ジラールは、このプロセスはすべての文化の基盤だと考えた。私たちのまわりにある制度や文化規範、特に選挙や死刑といった神聖な儀式は、多くの禁忌とともに、暴力を追いはらうために開発されたメカニズムなのである。

この章では、スケープゴートが私たちの社会でどのように機能しているのか見ていく。その形は変わり、わかりにくくなっているものの、今でもスケープゴート・メカニズムは機能している。まずは神聖な起源にさかのぼってみよう。

清浄の危険

トーラー〔ユダヤ教の律法〕には、古代イスラエルの変わった儀式の話がある。年に一度、贖罪の日に、二匹の雄山羊がエルサレムの神殿に連れてこられる。くじ引きで神のいけにえとなる山羊と、アザゼルに放される山羊が決められる。悪霊は遠く離れた荒野に住んでいると信じられていた。大祭司はアザゼルに送られる山羊の頭に手を置く。そうしながらイスラエル人の罪をすべて告白し、山羊に移す。[6] 祈りの言葉を捧げたあと、山羊は荒野アザゼルに運ばれ、それとともに罪も追放される。この山羊が英語でスケープゴートと呼ばれるようになった。[7]

だが、スケープゴートという概念は、ユダヤ人特有のものではなかった。古代ギリシャには、独自のスケープゴートの儀式があった。ただし、犠牲になるのは動物ではなく人間だった。疫病や災難があったとき、ギリシャ人は「パルマコス」を選んだ――社会の周辺部に生きる者で、たいていは誰からも見向きもされない者、罪人、奴隷、極度に醜いとされた者が選ばれた。

パルマコスという言葉は、英語の「薬学（pharmacy）」に関係がある。古代ギリシャでは、パルマコスは、最初は共同体にとって毒とされた者だった。人々は自分たちを守るためにこの者を殺すか追放しなければならないと考えた。パルマコスの除去は、問題の解決策だった。ある意味、パルマコスは毒と治療の両方だったのである。

人々はパルマコスを公共の場所で痛めつけ、屈辱を与えた。[8] この儀式によって、人々はアリストテレスのいう「カタルシス」を得た。何らかの外部の出来事に参加して強い感情や衝動を解放するプロセスである。アリストテレスは、カタルシスは悲劇の目的だと考えた。聴衆はそれによって悲しみや痛みを解放させることができる。そうした感情の安全なはけ口となったのである。

私が以前に勤めていた投資銀行のある役員は、香港の本社近くの丘でペイントボールを企画した。「あー、すっきりした」。オフィスに戻ったとき、スティーヴは笑顔で言った。ペイントボールの目的は、ボールを投げあうことではなかった。数時間ペイントボールを投げあって走りまわれば、オフィスでお互いに嫌味を言ったり、罵りあったりすることが少なくなるとスティーヴはわかっていたのだ。会社にはカタルシスを味わう独自の儀式――休日にパーティーで酔っぱらうよりも効果的なもの――が必要だ。しかし、現代の会社で、ギリシャ人のようにカタルシスの必要性を認めているところはほとんどない。

古代ギリシャ人にとって、パルマコスはお互いに相手に対してしたいことを代理で受ける者だった。パルマコスに屈辱を与える見世物は時には数日続いた。人々が張りつめた感情を解放するのには時間が必要だった。

儀式が終わると、今度は団結して何らかの形で排除した。つまり殺したのである。ギリシャの都市マッサリア――現在のマルセイユ――では、群衆はパルマコスを高い崖の端まで追いつめて囲み、逃げられないようにした。それから、突きおとして確実に死にいたらしめた。[9]

パルマコスの排除は集団が匿名で行なったため、その利益は全員にわたった。殺人は誰の責任か。全員であり、誰でもない。誰一人責任を感じることなく、全員が罪の意識から解放される。同時に、集団の全員が報復を恐れることなく誰かに暴力を振るうという利益を得る。

スケープゴートの誕生

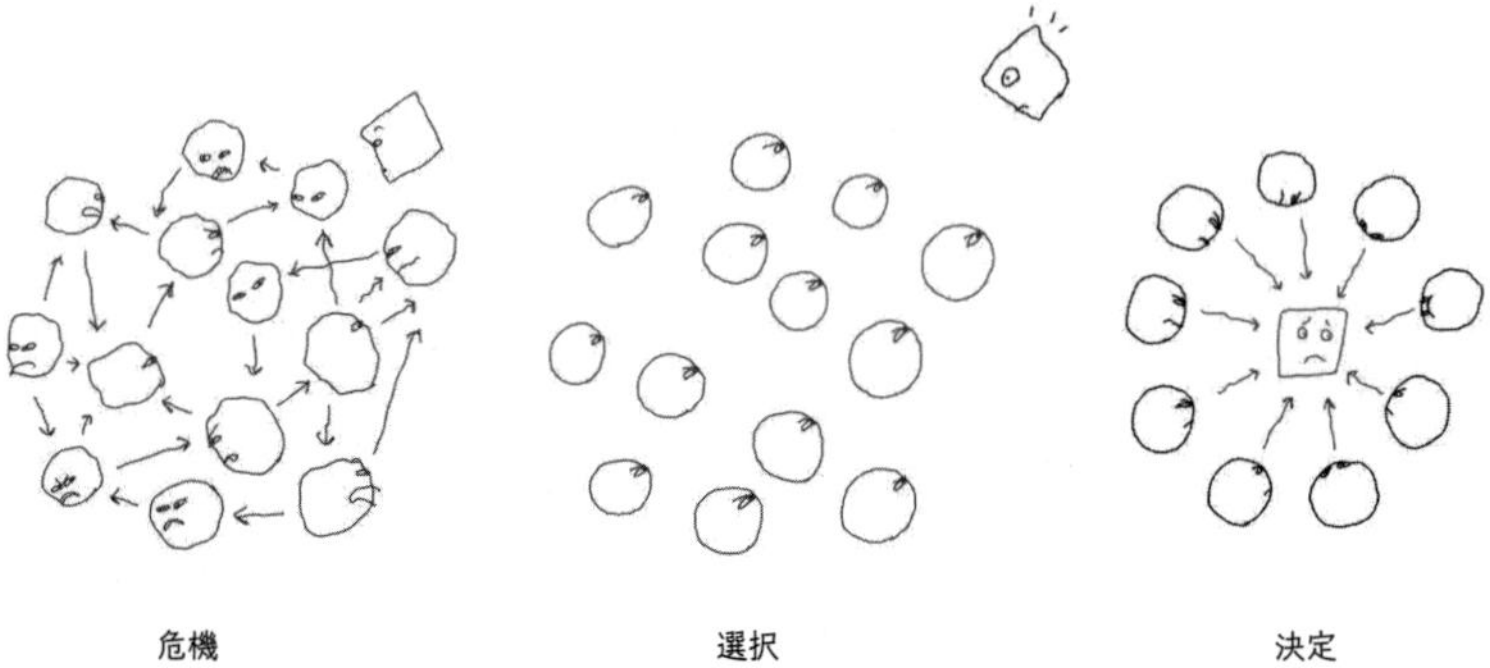

集団の暴力は常に匿名の暴力である。銃殺隊では一人の銃を空砲にすることがある。人を殺した銃弾が自分が放ったものかどうかわからなくし、それで過度に罪悪感を抱える者がいなくなるようにするためだ。[10]

銃殺隊の話のように、集団には心理的な安心感がある。「自分の責任かどうか確信がない」状態は、少なくとも当人にとっては良い守りとなる。

ジラールは、ほぼすべての古代文化にさまざまな形でスケープゴートの儀式があることを発見した。スケープゴートは無作為に選ばれることが多い。しかし、常に異質なものと認識されいた者が選ばれる。部外者らしい目立つ特徴——人の目を引くもの——を持っている者だ。

スケープゴートは、集団の正当性や禁忌に背くと認識される内部の者がよく選ばれる。彼らはその行動から、集団の結束にとって脅威になりそうに見える。集団を社会的にまとめる絆を脅かしたり破壊したりする悪性腫瘍あるいは忌まわしい部外者のように見えてくる。スケープゴートを排除するのは、集団をふたたび結束させるための行動なのである。

スケープゴートになる可能性は誰にでもある。模倣の危機が発生しているときには、認識はゆがんでいる。一年生の国では違いは小さいが、どんなに小さな違いも増幅される。人々は危機に正面から立ち向かわず、恐怖心をスケープゴートに投影する。犠牲になりたい者はいない。

自分たちを自分たちから救う

海にいるときに雷が落ちても恐怖は感じない。しかし、もしプールにいて雷が落ちたら、これは恐ろしい。セレブの国は海のような場所だ。一年生の国はプールである。

たとえば、電源につながった巨大な機器を、人のあふれた日本のビーチ近くに停泊したヨットから放り投げたとしよう。数千ボルトの電圧で、電流が直接海水に放たれる。何千キロメートル離れたカリフォルニアのビーチで泳いでいる人たちに害をおよぼすことはない。日本のビーチ近くで泳いでいるほとんどの人も何も感じないだろう。[11] 水は電気を通すが、太平洋のように大量の海水のなかではすぐに拡散してしまう。思い出してほしいが、セレブの国では、人と人のあいだの社会的距離は長くとられている。模倣に伝染するリスクは低い。

では、同じ機器を二〇人が入っている六×十二メートルのプールに投げ入れたとしよう。何が起こるか。間違いなく海にいるときとは違う結果になるだろう。

次に述べる話は、模倣の伝染が一年生の国ではなぜ危険なのかを示している。想像上の場面で、科学的には完全に正確ではない。寓話を使うのは、さまざまな形で現実に適用できるからだ。プールは一年生の国である。プールに入っている人は模倣の危機にとらわれている。電流はその集団が自分たちが持ちこんだ深刻な危険をあらわす。人から人へとすばやく伝わり、問題を自分で解決する能力を奪う模倣の伝染である。[12]

こうした出来事がどのように展開するかという論理が鍵だ。理由の論理ではなく、模倣の論理である。

さて話の現場に戻ろう。酔っぱらった、あるいは酔っぱらいつつある二〇人の大学生が、水球をしてはしゃいでいる。一人がほんの少しだけルールを破る。すると別の学生が必要以上に強く押しかえす。それでけんかになる。二人は大声で相手を罵倒し、殴る。まわりがすぐに参戦する。乱闘のなか、プールの端で取っ組み合っていた一人の腕が、なぜかプール脇に置かれていた機器のコードに偶然ひっかかる。そうとは知らずに、その学生は機器をプールに落としてしまう。

私は、読者の皆さんのように、安全なところから状況を見ていて、素面なので何が起こるかわかる。日本のビーチにいる人々と違って、プールのなかの学生たちはかなり危ない状況にいる。電流は数秒で水を伝わって、そこにいる全員をとらえる。一人一人が伝導体となって残りの人間に電気を伝える。これが模倣の群衆のなかで起こることだ。

英語の伝染(contagion)は、ラテン語で「接触している状態」を意味する *contāgiō* から来ている。群衆のなかでは気づかぬうちに伝染する。伝染病が流行っているときには、人ごみのなかにいる人は誰がスーパースプレッダーか知らずにいる。見えない敵が人の守りを破って入りこんだ瞬間を特定するのは不可能だ。模倣の場合、自分の欲望が誰かからうつされたものだとは誰も思っていない。

私たちは集合知がいつ集団的暴力になるか予測できない。公園や部屋の片隅で起こった暴力のやりとりは見えない。私たちは大きなシステムのほんの一部でしかなく、内部から全体の力学を把握できる人はいない。群衆のなかで起きることは霧のなかで起きるようなものだ。

タナハシ・コーツは、二〇一九年一一月に《ニューヨーク・タイムズ》のオピニオン欄に寄せた文章のなかで、この霧について述べている。

この新しいキャンセル・カルチャーは、物事を曖昧にする神話のない世界に生まれた世代がつくったものだ。この世界では、かつてはほのめかされたり、疑われたり、道端でささやかれたりするだけだった罵詈雑言が色つきでツイートされる。もはや神聖なものはなく、さらに重要なことに、正当なものもない――とりわけ正義の行使を担う組織がない。だから、正義は群衆の手に落ちる。これは最善ではない。いまや選択肢は、世間の詮索に耐えうる平等主義的な制度をつくるか、偽りの霧のなかにさらに引きこもるしかないようだ[13]。

さて、プールで酔っぱらった学生たちは、最初はばか騒ぎによって、次にけんかで一つになり、最後に恐怖で一つになっている。電流は浅いところに立つ温かい人体を通り抜ける。手遅れになるまえに五秒から一〇秒の猶予はあるが、みな何もできない。恐怖とためらいで体は麻痺している。集団での行動を促すきっかけは何もない。

そのとき予期せぬ救世主があらわれる。乱闘が起きるまえにプールにいた学生が、ビール片手に戻ってきたのだ。何が起きているのか彼は知らない。

冷えたビールを手に笑顔を浮かべながら、機器が浮いている近くに立ちどまる。機器は音を立てて火花を散らしている。それでも彼は気づかない。

プールのなかにいる学生たちはプールサイドに立つ友人に気づく。落ちついている。笑顔だ。皆は死の淵にいる。

プールのなかの一人が毅然と彼を指さす。「あいつがやったんだ！」

ビールを手にした彼は何が起きたのかも、なぜ責められるのかもわからない。それなのに、プールにいる全員の視線が自分に注がれている。

二本目の指が彼を指し、二人目の声が響く。「確かにあいつだ！」それから三人目。「おれたちを殺そうとしている！」

四人目、五人目が続く。

非難は恐ろしいまでに模倣される。

最初の非難がいちばん難しい。なぜか。モデルがないからだ。ひどいことをしたとして人を非難できるのは、普通は圧倒的な証拠を前にしたときだけだ。だが、極度の恐怖や混乱のなかではその基準は変わる。よく管理された教室内よりも戦場のほうが、人は邪悪な加害者に見えやすい。

最初の非難は、完全に間違っていても、現実の認識を変える。それは人の記憶や新しい出来事の認識に影響する。そして新しい非難が起こるたびに、モデルが増える。モデルの数は、二人目は一人目より非難しやすく、三人目は二人目より、四人目は三人目より非難しやすくなる理由となる。

モデルは、スティーブ・ジョブズの話で見たように、現実をゆがめる。非難の模倣の波は、ある人が罪を犯したと信じるモデルをたくさん生み出し、目の前で非難されている人を変貌させる。私たちはその人をありのままに見ない。その人には自分たちの暴力が映しだされているからだ。さきほどの話では、プールサイドに立つ学生は一瞬にして、プールのなかの人から見て極悪人――殺人者――となる。たまたま間違ったタイミングで、間違った場所にいただけで。

ルネ・ジラールはティアナのアポロニウスの「恐ろしい奇跡」の話で、模倣の変貌効果を示している。[14]アポロニウスは紀元二世紀のエフェソスの有名な治療師で、ギリシャ人作家フィロストラトゥスがその物語を残している。エフェソスの町では疫病が収まらず、偉大なアポロニウスに助けを求めた。アポロニウスは請けあった。「勇気を出してほしい。私が今日この疫病を終わらせてみせるから」。そして、みんなを劇場に連れていった。そこには劣悪な環境のなかで暮らす盲目の年老いた物乞いがいた。「できるだけたくさんの石を拾って、この神の敵に投げつけよ」とアポロニウスは言った。[15]スケープゴート・メカニズムを処方したのである。私たちが生物学的な問題だと思うものを、このメカニズムで解決しようとするのは奇妙に思えるかもしれないが、これを模倣の危機と認識すれば事は明らかになる。

古代文学の多くでは、生物的な疫病と心理的な疫病の境目は曖昧だ。ジラールは疫病のように物理的な惨事の物語は、おそらく実際に起きたこと――社会的危機、ひびの入った人間関係、模倣の伝染――が神話化されたものだろうと考えた。

ジラールはこの現象をフョードル・ドストエフスキーの『罪と罰』に見いだした。主人公のラスコーリニコフは「人々の互いの関係に影響をもたらす疫病が世界に広がる夢を見る」とジラールは言う。「特に医学的な症状については言及されていない。壊れるのは人間関係であり、社会全体が次第に崩壊していく」[16]。アポロニウスとエフェソスの人々の話は、多くの古代文学と同じように、模倣の暴力

――共同体のなかで発生する暴力――を、復讐する神や悪霊の夢物語の裏に隠している。

つまり、治療師アポロニウスは治療を施したのである。彼はエフェソスの人々に、疫病を退治するために盲目の物乞いに石を投げるように言った。人々は最初はその指示に驚いた。なぜこの偉大な治療師は、罪のない男を殺せというのか。しかし、アポロニウスは何度も説いた。誰も動こうとはしなかったが、ついに一人が石を手に取り、投げつけた。

「何人かが石を投げて、男にあてはじめたとき」と、フィロストラトゥスは書いている。「それまで目をしょぼしょぼさせ、盲目だと思われていた物乞いはとつぜん目を見開き、炎がたぎる瞳を見せた」。それでエフェソスの人々はこの男が悪魔だと知った。

男を死にいたらしめたあと、積もった石の下にいたのは野獣だった。これは群衆の心のなかで男が受けた変容を象徴している。

町には平和が戻った。エフェソスの人々はその場所に神をまつる祭壇を建てた。毒が人々を治療した。アポロニウスはエフェソスの人々に薬を与えたのである。彼が差しだしたのは「パルマコス」だった。

では、プールに戻ろう。最初に容疑者を特定した学生はいまや怒りに満ちている。力をふりしぼって麻痺した筋肉を動かし、プールの端まで移動して水からあがる。

電流は、プールのなかの人々をつないで、そこにとどまらせた危険な模倣の伝染をあらわしている。何かが、あるいは誰かが来て、もっと強い力を発揮しないかぎりそのままだ。スケープゴート・メカニズムはそれを破壊する力だった。

最初にプールからあがった男は、残りの学生にとってのモデルとなる。彼の行動によって、ほかの者は行動するための勢いと動機づけを得る。命にかかわるプールから逃れようとするだけではなく、引きあげなければならない友人もいる。

（モデルは人を行動に駆りたてる。ときには大きな飛躍のきっかけになることもある。二〇一二年の夏のロンドン・オリンピックでは、三〇以上の世界記録が更新された。当時、人間の身体能力は限界に達していると多くの科学者が考えていた。二〇一九年にはエリウド・キプチョゲがマラソンで二時間を切った。少なくとも二〇年以内に達成されることはないだろうと思われていた記録である。模倣の欲望のおかげもあって、私たちは記録が破られる場面をこの先も繰りかえし目にするだろう）。

電気ショックから回復すると、プールから出た学生たちはさらに怒りを募らせる。それで自分たちを感電死させようとしたと確信している男のまわりに集まる。

みんなの怒りに対して何か言えば言うほど、火に油を注ぐ結果となる。「おれが何をしたっていうんだ？　おれはただ――」男は叫ぶ。

「嘘をつくな！」

全員、意見は一致している。ビールを持ったこの男が機器をプールに落としたのだ。ほかに誰がそんなことができたというのか。プールサイドにはほかに誰もいなかったじゃないか。

そして、そこには彼らの基本的な盲点がある。彼らはプールの外に答えを求めているが、機器が落ちたのは、プールのなかで自分たちが取っ組み合ったからだった。

スケープゴートは身の潔白を訴えるが、群衆は何を言われてもこの男が犯人だと確信するばかりだ。男が声をあげればあげるほど、彼らの怒りも高まっていく。

群衆はきわめて模倣が起こりやすい有機体で、そのなかの個人は簡単に主体性を失ってしまう。模倣が伝染すると人と人のあいだの違いがなくなる——特に欲望の違いが失われる。あるものを求めて集会に行って、会場をあとにするときにはまったく別のものを求めているかもしれない。

群集心理は個人心理とは異なる。[17] 音楽イベントでＤＪやバンドに合わせて催眠状態で踊っている人たちを考えてほしい。一九三〇年代終わりにナチスドイツから逃れた作家エリアス・カネッティは、この現象について一九六〇年に刊行された名著『群衆と権力』にこう書いている。「ひとりの人間がひとたび群衆に身を投ずるや、かれはその接触を恐れなくなる。理想的な場合には、すべての者がそこで平等になる。どのような差別も……全く問題にならない。……そのとき突然、一切のことが、まるで一個の肉体の内部で起こったときのように、起こるのである」[18]

プールで取っ組み合っていた学生は、誰も自分のことを暴力的な人間だとは思っていない。だが、興奮と怒りのなかで、ビールを持ってきた男に真剣に暴力を振るうつもりでいる。

自分が置かれた窮地に気づいたとき、不運なスケープゴートは逃げ道を探す。しかし、群衆は完全に彼を包囲している。

この話には少なくとも三つの結末がある。

一つ目の結末では、ビールを持った男がコミュニティから追放される。もはや何事もなかったかのように皆の前に顔を出すことはできない。この事件を誰も知らない場所へ行くしかないだろう。

二つ目の結末は、感傷的な啓蒙思想によるもので現実的ではないが、それでもこの結末を希望する人はいる。怒りの絶頂に達したとき、酔っぱらっていた学生たちは我に返って、皆ですわりこみ、社会的契約を結ぶ。考えてみれば、ビールを持った男が誤って機器をプールに落としてしまったというのは十分にありうる。そこで彼には今後皆が集まる場所で酒を飲むことを禁じ、皆の治療費を払わせることにする。

三つ目の結末では、一人がくりだしたパンチがスケープゴートの顔面に的中し、男は地面に倒れる。続いて別の学生が殴打に加わる。そして三人、四人、五人と増えていく。すべての暴力と同じように、彼らの暴力には正義があるように見える。自分たちが始めたわけじゃない。自分たちは正義を実行しているのだ。暴行が頂点に達したとき、彼らは必然的にすることをする。暴行した犠牲者の身体を持ちあげて、感電プールに投げこむのである。

どのシナリオでも、責任を負うのは外部の者——文字どおりプールの外にいた者——だ。この話では、群衆は三つ目の結末を選ぶ。自分たちが正義だと信じるものをつかみ取る。

スケープゴート・メカニズムは不安定な時代によく機能する。ナチ党が台頭するまえ、ドイツは第一次世界大戦の敗戦により経済的にも社会的にも混乱していた。ほかの大量殺戮——アルメニア、ルワンダ、シリアがあるが、これらにかぎらない——も社会が不安定な時代に起きている。そこまであからさまではない例としては、地域社会で起きるスケープゴートがある。だいたいにおいて誰が見ても悪とされる一人の人間が、その死や追放によってカタルシスを提供する。人類学者マルク・アンスパックはその著書『*Vengeance in Reverse: The Tangled Loops of Violence, Myth, and Madness*（反転する復讐——暴力、神話、狂気のもつれた輪）』のなかで、兵士に囲まれた男の話をしている。兵士は男の衣服をはぎ取り、なぶりものにしながら痛めつけた。血まみれの身体を引きずりまわし、唾を吐きかけた。誰のことだと思うだろうか。

男の死が携帯電話にとらえられ、世界に公表されたあと、リビアの暫定体制の指導者は宣言した。「すべての悪はこの愛する祖国から消えた。新しいリビアをつくり始めるときだ。一つにまとまったリビア、一つになる国民、一つの未来を」

殺された指導者はムアンマル・カダフィだった。

ほとんどすべての人が、カダフィは悪人で悪いことをしたという信念のもとに結束した。実際、彼は悪いことをした。しかし、その国で悪いことをしたのは彼だけではなかったはずだ。暫定指導者にとって、すべての悪が消えたと主張することは、カダフィをスケープゴートにすることに等しかった。アンスパックは述べる。「彼が罪深ければ罪深いほど、ほかの罪を犯した人すべての代わりになることができ、彼らの代わりにいけにえになれる」

スケープゴート・メカニズムは、スケープゴートの罪の有無は問わない。問われるのは、共同体が望む結果――統一、治癒、浄化、贖罪――を達成するためにスケープゴートを利用する能力だ。スケープゴートには宗教的な機能がある。

抵抗が少ない道

歴史を通して、スケープゴートにはいくつか共通する特徴がある。彼らはなぜか群衆のなかで目立ち、簡単に選びだすことができる人物だ。架空のプールの話では、ビールを取りに行った男にはスケープゴートとなるおそれがあった。プールサイドにいた唯一の人間だったからだ。

現実の世界では、スケープゴートは次のいくつかの特徴の組み合わせによって選ばれる。強烈な個性や、神経多様性（自閉症など）や、身体的な異常を持ち、目立つ。地位や市場という観点から社会の端にいる（たとえば、電気を使わずに暮らすことを選択しているアーミッシュのように、システムの外にいる）。何らかの理由で逸脱した人間と見なされている（ライフスタイル、セクシュアリティ、コミュニケーション方法など何であれ、その行動が社会規範から外れている）。反撃ができない（これは支配者や王様にもあてはまる。全員対一人であるときには、どれだけ力を持っていても無力となる）。どこからどうやって来たのか世間の人に知られることなく、とつぜんあらわれたように見えるため、社会不安の原因として非難しやすい（気候変動問題の活動家グレタ・トゥンベリが国連で演説をするために、炭素を排出しないヨットでニューヨークに到着したことは、彼女をスケープゴートの候補者にした）。

どのようなスケープゴートでも人々をまとめ、模倣の衝突を除去する力がある。持っているのは、昔ながらの力ではない。一つにまとめる力である。死刑囚は州知事ですらかなわない力を持っている。危機的状況にある家族や地域社会にとって、囚人の死だけが、自分たちが求めるある種の癒しをもたらすかのように感じる。そのとき囚人は、ある意味超自然的な力を帯び、誰も代わりにはなれない。彼だけが癒すことができるのだ。

スケープゴートのもう一つの特徴は、ジラールが一九七二年に著書『暴力と聖なるもの』で記したもので、王様と物乞いという極端な立場にあることだ――そして、同時に両方の立場であることも多い。物乞いがスケープゴートに選ばれた場合、その死の前後で神格化されることになる。平和をもたらしたと見なされるからである。物乞いは人々が自分たちでは果たせなかった結果をもたらす力を持っていた。だから、エフェソスの人々は、アポロニウスが盲目の物乞いに石を投げつけるように言った場所に祭壇を建てたのである。聖なる何かがそこで起きたのだ。

『暴力と聖なるもの』で、ジラールはオイディプス王がスケープゴートの王であることを説明している。[19] オイディプスがテバイの王だったとき、町は恐ろしい疫病に襲われた。しかし、どういう疫病だったのか。テバイで起きたことは本当は何だったのか。本当に疫病は広まったのか。

ジラールは表面的な物語を真に受けてはいけないという。もっと深く見なければならない。彼の見解では、町が陥ったと思われるのは模倣の危機だった。「個別的な無数の葛藤」と彼は書いている。[20] 物理的な疫病はあったかもしれない。あるいは、社会的危機が「疫病」だったのかもしれない。

オイディプスは先の王（彼の父）であるライオスを殺した犯人を捜した。事件を解決すれば疫病を終わらせることができると考えたのである。恐ろしいことに彼がつきとめたのは、自分が父を殺し、母と結婚したという事実だった。テバイの人々にとっては、それが災難を引きおこした原因に違いなかった。だが、妙ではないか。オイディプスの罪は社会的なもので生物学的なものではない。確かに父親を殺し、母親と結婚するという大きな禁忌を冒した。これがどうして疫病をもたらすことになったのか。私たちは物質的な説明にとどまらず、もっと深く掘りさげる必要があるだろう。

物語は、オイディプスが自分の目玉をくりぬいて、娘とともに町を出て終わる。

当然ながら、私たちは責任を問われたとおりオイディプスは罪を犯したのだろうかと考える。だが、オイディプスが細菌性の病気をもたらしたかといえば、もちろん違う。しかし、ジラールはこの話をスケープゴートにつきものの修正主義的な歴史に属すると見る。

こうした身代わりの話をつくったのは大昔の人だけだと思うのは間違いだろう。現代においても、私たちは危機の影響を語るときに、よく天災に関する言葉を使っているのにお気づきだろうか。二〇〇八年、アメリカは住宅ローンの「雪崩」に襲われた。[21] 有名なヘッジファンドのマネジャー、ビル・アックマンはCNBCで新型コロナについて、世間がパンデミックを真剣に心配しはじめる数カ月前から「津波」が来ると感じていたと語った。[22] ホワイトハウスの二〇二〇年二月四日の報告書によれば、大統領が行動に移すまえに、移民が「洪水」のようにこの国に押しよせることが予想されたという（「トランプ大統領は〝キャッチ・アンド・リリース〟政策に終止符を打ち、国境に流れこむ移民をとめる政策を取った」と書かれている）。二〇〇八年の金融危機以来、アメリカ政府が危機に陥った銀行や企業に金融の命綱を差しだすとき、私たちは企業を「救済《ベイルアウト》」すると言う。このbail outは海の用語で、予期せぬ嵐などにより船が沈みかけたときに、バケツで水を汲みだすことをいう。

危機はいつもこっそり忍びより、人々を驚かす。現代の技術や情報をもってしても、予測することも防ぐこともできない。私たちは自分で危機をつくりだし、それに出くわすというのを繰りかえしている。

それは模倣的なプロセスに巻きこまれたときに、そうと気づく人がほとんどいないからだ。ほとんどの人は独立した欲望という幻想を持っている。ロマンチックな虚偽である。しかし、世界の金融や技術のシステムが複雑になればなるほど、私たちの欲望のシステムも複雑になる。

私たちは一人一人が、互いに重なったり交わることもめずらしくない多種多様な欲望のシステムのなかにいる。私たちがいるその場所と、そこでどうすればいいのかを理解する力を高めることが、本書の後半の目標だ。

模倣のシステムは少なくとも物理的なシステムと同じくらい重要である。日本で一匹の蝶が羽ばたいてフロリダを襲うハリケーンを起こせるだろうか、と考える人がいる（カオス理論のバラフライ効果）。ロシアの誰かがフェイスブックに投稿した一つの記事でアメリカを混乱に陥れることができるか、と考える人もいる。前者は物理的システムであり、後者は欲望のシステムである。

次に述べるのは、誰も理解せず、皆が誤認していた欲望のシステムの短い話である。どうなっているのか理解できない何かを説明するとき、人は神話の言葉を使う。神話とはそういうときのためにある。私たちは説明できないものを説明するために物語を必要としているのだ。混乱のさなかにいて、事の起こりも自分の役割もわからないとき、人は何でもいいから何かを責める——クモさえもその対象となる。

一五一八年のダンシング・マニア

一五一八年七月、フランスの小さな町ストラスブールで、若い女性が衝動的に通りで踊りだした。ジョン・ウォーラーが著書『*The Dancing Plague: The Strange, True Story of an Extraordinary Illness*（踊りのペスト——異常な病の不思議な本当の話）』にそのときの様子を記しており、それをもとに私はこの話を書いている。踊りは何日も続いた。町の人々はまわりに集まった。「人々が見つめるなかで、フラウ・トロフィアの踊りは三日目に入り、靴は血で染まり、疲れきった顔には汗がつたっていた[23]」。やがて三〇人以上が同じように通りに出て踊りはじめた。町長、司教、医者が何人かを強制的に病院に入れた。しかし、この常軌を逸した踊りの原因も治療法もわからなかった。

一五一八年のダンシング・マニアの原因については、長年さまざまな説が唱えられてきた。精神疾患と悪魔に取りつかれたというのがよくある理由だった。しかし、そのどちらも踊りがまわりに広がった理由の説明にはならない。社会的伝染はどう説明すればいいのか。

衝動的に踊りだす人は、ヨーロッパのあちこちの町に発生した。場所によっては、一年のうち特定の時期にだけ発生した。南イタリアのプーリア地方では、毎年夏に踊りだす人がでて、イタリア人はその人たちを「タランタティ（*tarantati*）」と呼んだ。タランチュラ（*tarantola*）に嚙まれたことでかかる病気の症状だと考えたのだ。それでクモに似た動きをするのだと。

奇妙な風習は発展し、特定の歌に合わせて踊り、典礼のように特定の式次第に合わせて行なうことが唯一の治療法だとされるようにもなった。人々は部屋や町の広場で感染した人を囲み、音楽を鳴らし、クモのリズムに合わせて踊るようにはやし立てた。クモを満足させるように踊れば、その力はおよばなくなると考えられたのである。

踊りに感染した人は、神聖とも言える性質を帯びるようになった。この舞踏病に苦しむ者は男も女も社会ののけ者――地域社会の災難や恐怖の原因だから――だが、秩序を取りもどす力を持つ唯一の者でもあった。

だが、こうした説明のどこに真実があるだろう？

何世紀ものあいだ、本当の原因をつきとめる者はあらわれなかった。しかし、一九五〇年代に文化人類学と民族精神医学を研究するイタリア人のエルネスト・デ・マルティーノがプーリアを訪れたのをきっかけに、真実が徐々に明らかになりはじめた。[24] デ・マルティーノは大勢の地元の人に話を聞き、踊った人たちには共通点があることに気づいた。ほとんどの人には何らかの心的外傷があったのだ。踊りの誘因となったのは、人生の危機ではないか——かなわぬ恋、望まぬ結婚、失業、思春期など、人生を揺るがし、そして模倣を通じて地域社会を揺るがす何かである。

こうした苦悩は関係がありそうだった。デ・マルティーノの研究は、隠れた力関係、社会的緊張、欲望の知られざる危機を明らかにした。

舞踏病は混乱した社会に秩序を取りもどす宗教的儀式だった。クモはスケープゴートだったのだ。苦悩を抱える踊り手からクモの影響力を消滅させる儀式は、皆を集めてカタルシスを体験させた。それが病気を追い払ったと思われる。儀式は奇妙だったが、さらに大きな社会的危機——さらなる人間関係の崩壊——から地域社会を守る役割を果たした。こうした踊りはアラーム——たとえば教会の鐘でもいい——で、皆が集まって悪魔を追いはらう時間だと知らせるようなものだと考えてほしい。

舞踏病は次第に発生しなくなったが、文化として残った。タランテラというフォークダンスは、今日の南イタリアでよく知られた民族音楽に合わせて踊るもので、この五〇〇年前の儀式で行なわれたダンスに由来している。

なぜ南イタリアの人々は、自分たちの危機の本当の原因について嘘をついたのか。クモに嚙まれたあと「衝動的に」踊りたくなったというのは、ロマンチックな虚偽の一つの形である。踊りは模倣の欲望によって引きおこされていた。社会的伝染の症状だったのである。秩序を取りもどすためにはスケープゴートが必要だった。この場合それはタランチュラだった。

ちなみにタランチュラは、ほとんどのコモリグモ同様、こちらから刺激しないかぎり人間を嚙むことはない。その毒にふれると、多少の腫れ、軽い痛み、かゆみが生じる。

判断の安全性

スケープゴートは判断の模倣的プロセスを経て選ばれる。それは合理的なものではない。古代の石打ちの刑を考えてみよう。集団で石を投げつけて鈍的損傷により死にいたらしめるものだ。古代イスラエルでは公式な死刑方法だった――トーラーとタルムード〔ユダヤ教の口伝律法とその解説の集大成〕が特定の罪に対する罰として定めている――が、その起源はさらにさかのぼる。

もっとも原始的な形での石打ちは衝動的に起きた。それは私たちが「デュープロセス」と呼ぶものの外で起きている（人は法的手続きを踏むまえに自由を取りあげたり、罰せられたりしないという、今のデュープロセスの概念の起源は、一二一五年のイングランドのマグナカルタにさかのぼる）。「最初の石を投げる（casting the first stone：真っ先に非難するという意味）」という言い方は、西洋社会の人ならほとんどの人が知っているだろう。なぜ最初の石がそんなに重要なのか。

この言い方は一世紀のパレスチナにいた教師《ラビ》、ナザレのイエスが立ちあった、世界でもっとも奇妙な石打ちに由来する。なぜ奇妙かといえば、石打ちが起こらなかったにもかかわらず、誰もがその石打ちをよく知っているからだ。この二〇〇〇年前の起こらなかった石打ちを私たちが知っているのは驚くべきことである。何がそんなに重要なのか。これは模倣とスケープゴート・メカニズムの話なのである。

イエスは、女が姦通の罪で捕まり、怒った群衆に石を投げつけられようとしているところを通りかかった。あいだに入ったイエスは「あなたたちのなかで、罪を犯したことのない者が最初に石を投げ

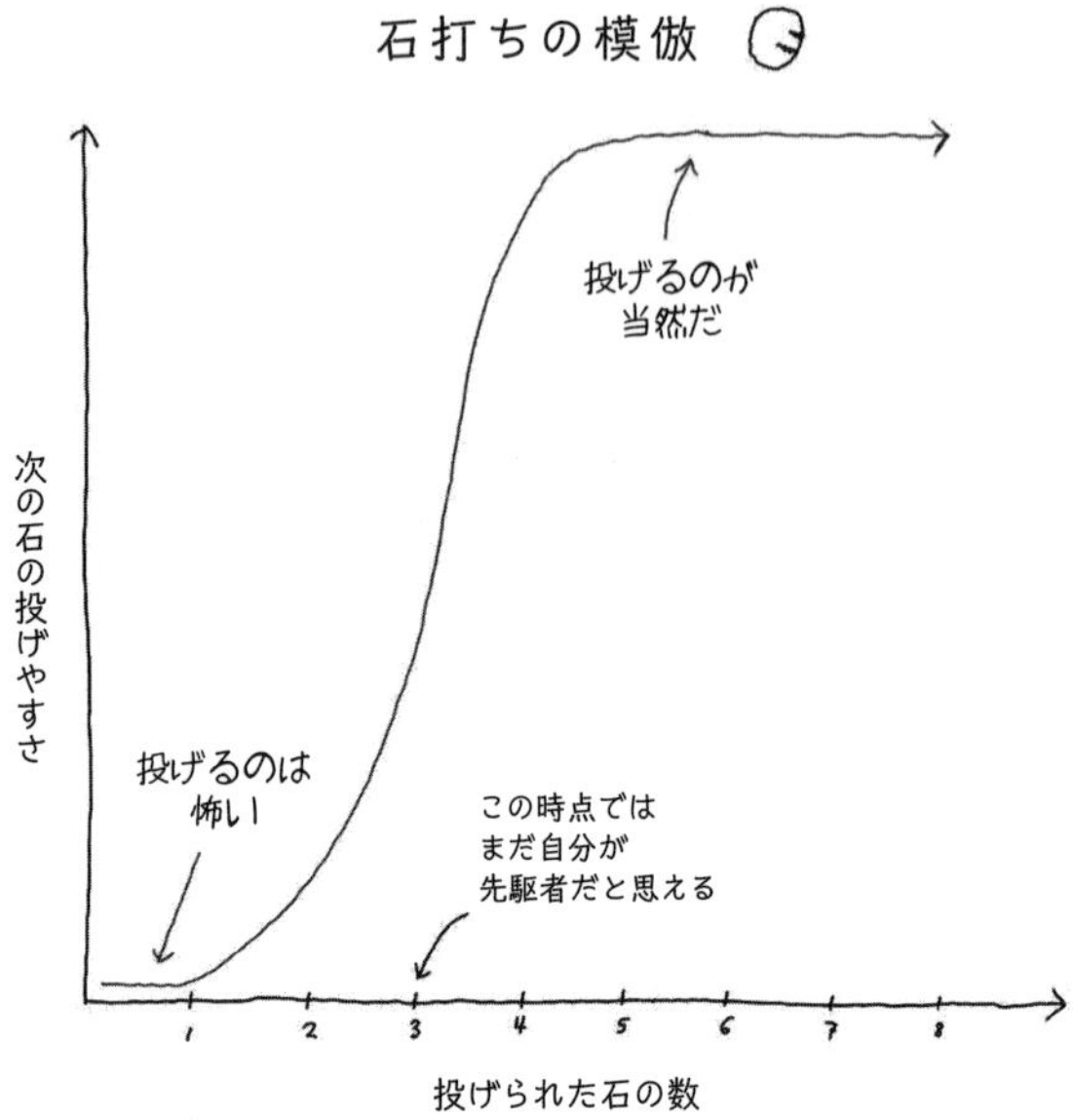

なさい」と言った。

その言葉に流れは変わった。破滅に向かう暴力のサイクルがその回転をとめたのである。手にした石を落とした人が女を囲む輪から一人、また一人と去っていった。最初は一人、それからもう一人、次第にいなくなるペースは速まった。

何が起きたのか。なぜ最初の一投は難しいのか。それは最初の石は模倣のモデルを持たないたった一つの石だからだ。たいていは激怒している最初の石を投げる人は、まわりの人々にとって危険なモデルとなる。前述したアポロニウスとエフェソスの人々の話のように、最初の一石が投じられると、二投目は簡単になる。誰かが先に欲したとき、何かを欲するのは——それがほかでもない暴力であったとしても——常にたやすくなる。

最初に投げた人は方法を示す。二人目は

欲望を増大させる。そして、群衆のなかの三人目は、先の二人の模倣モデルの模倣の力に影響される。三つ目の石を投げ、三番目のモデルとなる。それから四つ目、五つ目、六つ目の石が、最初の三つの石よりも簡単に投げられる。七つ目となれば、もう余裕だ。模倣の伝染が支配している。石を投げる人は、客観的な判断力を持たない。スケープゴートを求める気持ちは、真実を求める気持ちより強いからだ。

怒りは簡単に転移し、簡単に広がる。二〇一三年に実施され、二〇一四年に発表された研究で、北京大学の研究者は中国のソーシャルメディア、ウェイボーの影響力と伝染力を分析している。そこでわかったのは、怒りは喜びなどのほかの感情よりも速く伝わるということだった。怒りは、オンライン上ではよくあるように、人と人のあいだのつながりが弱いときに広がりやすくなるからだ。[25]

模倣の欲望に対処するコツ７

反模倣的な方法で判断する

もし公共の場で行なう調査や投票を企画するのであれば、ほかの人の意見は見えないようにすることが重要だ。模倣の影響を受けるまえの本当の考えに近いものを求めるのであれば、そうしたほうがいい。模倣の影響力はとにかく強い。集団で判断するときには——投資判断でも、陪審員でも——一人一人ができるだけ独立したプロセスを経て判断できるようにすることが肝要だ。

運転中に激怒したことが原因で多くの人が亡くなっている。私が知るかぎり、路上の喜びで死んだ人はいない。

イエスが石打ちを阻止するのに使った方法は、群衆のなかから暴力的なモデルを排除し、代わりに非暴力的なモデルを置くというものだった。暴力の伝染が優勢になる代わりに、非暴力の伝染が起こった。最初の人が石を落とした。それから一人、また一人と残りの人が続いた。模倣の暴力のサイクル1がポジティブな模倣のプロセスであるサイクル2に変容したのである。

どちらもモデル次第だった。

ヘイト・ウォッチングの喜び

一二年以上のあいだ、数千万人のアメリカ人が同じテレビ番組を見ていた。各エピソードのはじめに戦線は張られる。番組に出てくる人はみな同じものを欲しがっている。勝者と宣言されることで得る名誉である。権威ある人から称賛され、それに伴って大衆の称賛も得られる。それを手にするために参加者はほとんど何でもする。

彼らは失敗する。責任をなすりつけ、中傷し、裏切る。ゲームが終わると、参加者は大きな役員室へ行く。ドナルド・トランプがしかめ面で長い机の中央にすわっている。みな彼の次の見習いになりたいが、勝つのは一人だけだ。

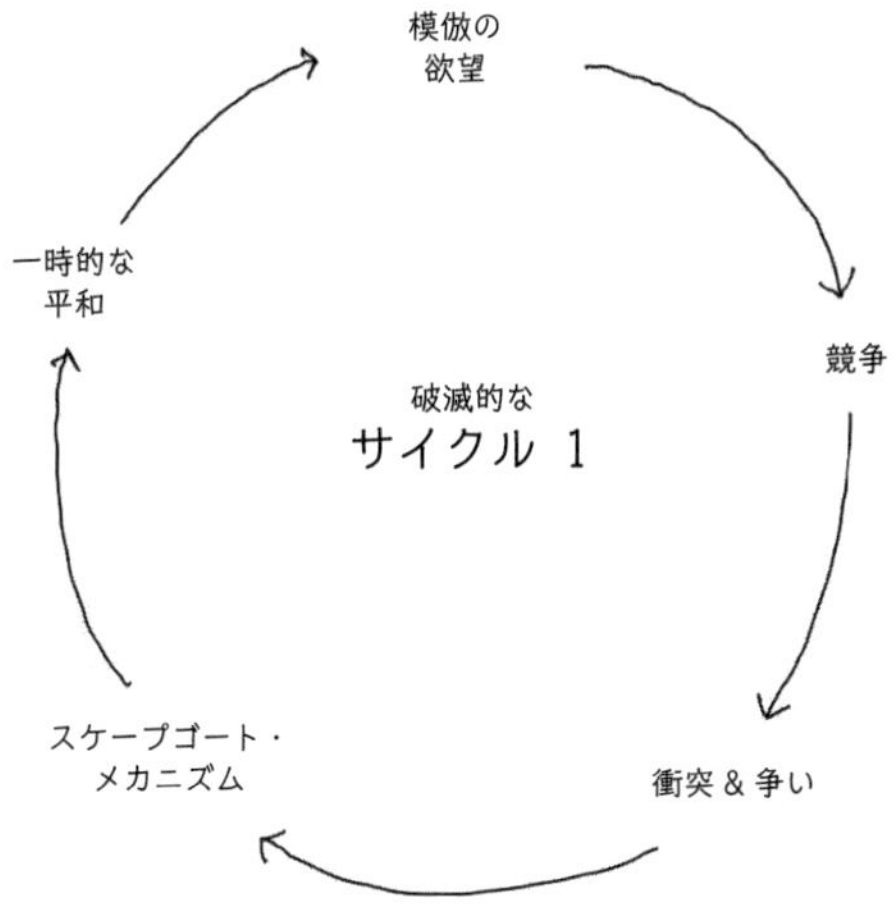

トランプは模倣の危機を最高潮になるまであおる。最後に参加者の一人を指して言う。「おまえはクビだ！」危機は回避される。スケープゴートは家に帰る。チームは仕事に戻る。

一方で、トランプが模倣のモデルであるという認識——自分が欲しいものを知っている人——は、「おまえはクビだ」と言うたびに大きくなる。

トランプが約一〇年にわたって自分は「主人」、ほかの者は「見習い」というイメージを植えつけたあとで、カルト的な人物になったのは驚くには値しない。「アプレンティス」およびさらに人気を博した「セレブリティ・アプレンティス」の一九二のエピソードの放送のなかで、彼は自ら秩序をもたらし、模倣の危機を解決したのである。あとで見るように、政治家——あるいは未来の政治家——が支持を獲得するのに、模倣の危機を解決する以上に効果的な方法はない。そういう人は古代イスラエルの大祭司の役割を真似ているのである。

ジラールによれば、スケープゴート・メカニズムは古代社会で自然に発生していた。そのうちにこうした社会では、スケープゴート・メカニズムにつながるプロセスを儀式として再現するようになった――混乱をつくり、模倣の緊張感を最大になるまで高め、それから何か象徴的なものを追放するか犠牲にする（これは今のリアリティ番組の定番の形である）。それで全員がカタルシスを味わう。

こうした儀式は、代理の犠牲によって成りたつ。人間は自分たちの代わりに動物を使えばいいと気づいたのだ。動物のいけにえは、次第に責任者の解雇、大量投獄、ソーシャルメディアのキャンセル・カルチャーへと変わっていった。いけにえを求める気持ちを満たすことにかけては、人間の創造力に限界はないようだ。

代理の犠牲は私たちの文化に浸透している。すでにスポーツ、組織、大学、文学に広がっている。

スティーヴン・キングのデビュー作『キャリー』は、スケープゴート・メカニズムが失敗した恐ろしい物語だ。いじめにあった高校生のキャリーはクラスメートに復讐する。プロムの夜にばかにされたあとで、キャリーはテレキネシスを使って皆を殺す。

この小説の構想を練っていたとき、キングは主人公にする女の子について考えた。「どのクラスにもいけにえの山羊のような子がいる。椅子取りゲームでいつもすわれず、『私を思い切り蹴って』と書かれたカードを貼られるはめになる、スクールカーストのいちばん下にいるような子だ」。キングはキャリーのモデルとして、自分の高校にいた「いつもみんなから嫌われ、除け者にされていたふたりの女子生徒」を使った――「どんな顔かたちをしていたか、どんな態度や物腰をしていたか、まわりの者にどんな扱いを受けていたか」。二人のうちの一人は癲癇《てんかん》の発作で死んだ。もう一人は子供を産んだあと自分の腹に銃弾を撃ちこんで自殺したらしい。[26]
キングの非凡さは、潜在的なスケープゴートを復讐する力を持つ恐ろしい人物に変えたところにある。現実世界のスケープゴートにはそんな力はない。
シャーリイ・ジャクスンが一九四八年に発表した短篇小説『くじ』は、毎年石打ちの儀式のためにくじ引きをするコミュニティの話だ。このいけにえの儀式は豊作が続くこと——言いかえれば、平和の維持——を祈って行なわれる。実際には、いけにえが作物に神の恵みをもたらすことはない。しかし、少ない食糧をめぐって人々が争うときの模倣の緊張を解くことはできる。同じような力学は、二〇一九年のホラー映画「ミッドサマー」でも働いている。
ウィリアム・ゴールディングの一九五四年の小説『蝿の王』は、孤島に取り残された十代の若者たちが経験する模倣の危機を描いている。そのなかの一人ピギーは一貫してグループ全体が犯した罪のせいで罰を受けることになり、彼らの代わりに苦しむ。
映画「ハンガーゲーム」では、荒廃した国パネムのキャピトルのリーダーに選ばれた一二歳から一八歳の男女が死をかけて戦うという冒険的なストーリーが展開する。このゲームは選ばれた少数の者に社会内部のすべての対立を背負わせ、皆の代わりに暴力を実行させる。[27]
こうした作家が、物語を書くときにスケープゴート・メカニズムを明確に意識していたかどうかはわからない。だが、このテーマの普及は注目するところであり、それが内在する真実を示しているのかどうかは問う価値はある。ジラールはその真実はスケープゴートであると考えた。
プロスポーツはファンをひきつけるために、それでうまくやっている。アメリカンフットボールは、二つのチームとそれぞれのファンが、未分化の危機を再現する神聖な儀式である。リーグは均衡に向かうようにつくられている。どの日曜日も、どちらのチームにも勝つ可能性はある。試合前の長い分析に続いて、キックオフではじまり、興奮は最高潮に達する。シーズンを通して、このようにドラマチックな試合展開が繰りかえされる。最後の試合が終わると、負けたチームのコーチは解雇され、選手は再契約されない。ESPNは組織内のドラマや問題を報じる。誰かが追放されて組織から災いの元が排除されれば、そのチームはふたたび栄光に向けてスタートを切ることができる。

テレル・オーウェンスはNFLのレシーバーとして活躍した選手で、キャリアの後半にはどのチームに行ってもスケープゴートにされた。バスケットボールの世界では、デヴィッド・フィズデイルが二〇一九年にニューヨーク・ニックスから解雇され、過去二〇年にスケープゴートとして追い出されたコーチの長いリストに名を連ねた（ニューヨークのプロチームのヘッドコーチになるということは、未来のスケープゴートとしてサインするに等しい）。マイケル・ジョーダンやコービー・ブライアントを育てた伝説のコーチ、フィル・ジャクソンでさえ、スケープゴートとしてチームを去った。そして、忘れてならないのがスティーヴ・バートマンだ。二〇〇三年のナショナルリーグ・チャンピオンシップ・シリーズで、カブスの選手がスタンド近くで捕球しようとしたときに、ファンの一人に邪魔をされてボールを取り損ない、ゲームの流れが大きく変わってしまったのである。バートマンは姿を隠すことを余儀なくされ、件《くだん》のボールは二〇〇四年に公の場で特殊効果の専門家の手で爆破された。二〇〇五年、その残骸は煮こまれてパスタソースにされた。

スケープゴートは問題なのか。それとも解決策なのか。

C・P・カヴァフィスの詩「野蛮人を待つ」（カヴァフィス全詩集、中井久夫訳、みすず書房）は、危機に瀕したコミュニティについて書いている。人々は近くの野蛮人が攻めてくるという知らせを受けて広場に集まる。しかし、野蛮人はあらわれない。「さあ野蛮人抜きでわしらはどうなる?」詩の最後から二行目で人々は問う。「連中はせっかく解決策だったのに」こうして幕は閉じる。

スケープゴートの勝利

カヤパは一世紀のユダヤ教の大祭司で、ルネ・ジラールによれば、歴史上もっとも偉大な政治家だという。それはカヤパが高貴な人間だったからではなく、争いのすべての利害関係者を満足させ、社会的不安を鎮める術《すべ》を知っていたからだ。ジラールに言わせれば、カヤパは単にスケープゴート・メカニズムが常に行なってきたことを政治行為に持ちこんだだけだ。つまり、「より大きな暴力を回避するために」暴力に訴えたのである。[28]

イエスがエルサレムで捕まったとき、カヤパは祭司や宗教・政治の評議会と秘密裏に会合を開いた。彼らはナザレから来た男をどうするか決めなければならなかった。男はすでに緊張状態にあったエルサレムにさらなる緊張をもたらした。社会のあらゆる場所に亀裂が生じつつあった。小さなグループや派閥が多数生まれていた。イエスはどこからともなく辺境の地からあらわれ、社会のすみで生き、文化規範を破り、権威の力に挑んでいた。つまり、カヤパが直面していた問題はイエスだけではなかったのである。問題はいかにしてイスラエルを維持するかだった。

会合ではカヤパは椅子に体を沈め、ほかの者たちが仮定の問題を提起しては、中身も具体性もない抽象的な考えを述べるのに終始するのを眺めていた。ついにカヤパが口を開いた。

「あなたがたは何も分かっていない。一人の人が民の代わりに死に、国民全体が滅びないで済むほうが、あなたがたに好都合だとは考えないのか」[29]

カヤパは自分が言っていることの本当の意味をわかっていなかったに違いない。「スケープゴートは、そこに罪があると私たちが信じるかぎり効果的であり続ける」とジラールは最後の著書『*Battling to the End: Conversations with Benoit Chantre*（最後まで戦う――ブノワ・シャントルとの対話）』で述べている。「スケープゴートがいるとき、私たちはそれがいることを知らずにいる」[30]つまり、カヤパは自分の計画がスケープゴート・メカニズムを利用したものだとは思っていなかったはずだ。それでも、影響力を持つ象徴に目標を定めた暴力が、荒れる群衆を鎮めるのに役立つと知っていたに違いない。イエスを殺せば人々は満足し、それで団結して、危機がエスカレートするのを防げるだろう。

カヤパの意見は支持を得た。それで数日のうちにイエスは十字架に磔《はりつけ》にされた。

提言するにあたって、カヤパはきわめて実践的だった。特定の結果（一体感の高揚と、平和の維持）を得るために犠牲の儀式（磔）を勧めたのである。これは宗教的リーダーとしては意外なことではない。「宗教的な思考はまさしく、現代の技術的科学的研究と同じ目標を持っている。それは実践的活動なのである」とルネ・ジラールは『暴力と聖なるもの』に書いている。[31]ジラールはスケープゴート・メカニズムを宗教的行為すなわち神聖な行為の典型だと考えていた。

「宗教的な思考」の目標が実践的活動であるといっても、ジラールが信仰を軽んじていたわけではない。彼が言っているのは、人々が問題を解決するときに発揮する犠牲的精神のことである。ほぼすべての人が潜在的に犠牲は平和をもたらすと信じている。そういう意味で人々は宗教的である。

私たちの精神にどれだけ犠牲的思考が浸透しているか考えてみてほしい。あの政党、あの会社さえなければ、テロリストさえいなければ、あの問題児さえいなければ、私を五キロ太らせた近所のファストフード店さえなければ、きっとすべては上手くいく。[32] 犠牲は常に正しくて必要なものに見える。私たちが振るう暴力は良い暴力で、相手が振るう暴力は常に悪い暴力である。

長年、ジラールによれば、犠牲の儀式は科学的な発展を妨げてきた。「科学の発展があったから魔女の火あぶりをやめたのではない。魔女の火あぶりをやめたから科学が発展したのだ」。ジラールは二〇一一年のCBC（カナダ放送協会）のインタビューでデヴィッド・ケイリーに述べている。「昔は日照りは魔女のせいだった。私たちは魔女のせいにするのをやめた途端、日照りの科学的な説明を求めるようになった[33]」

人類はいまだに、私たちの先祖を特徴づけ、暴力の循環に閉じこめていた、原始的な犠牲の精神に立ち返ろうとする傾向がある。群衆の観点から見れば、スケープゴート・メカニズムは完全に合理的である。だから、スケープゴートが神聖なものとして中心に置かれ、それを軸に文化が回るようになれば――神話や迷信が文化のなかで力を持ってあらわれるようになれば――現実的な合理性は鳴りを潜めることになる。

ジラールによれば、スケープゴート・メカニズムの理解は、ユダヤ教とキリスト教の歴史が展開するなかで進んだという――聖書の物語がスケープゴートの無実を明確にするとともに、過去二〇〇〇年のあいだに、いかにしてスケープゴート・メカニズムが力を失い、見せかけの平和すらもたらさなくなったかを示したのである。ユダヤ教とキリスト教の聖書には、スケープゴートの特徴的な話が載っている。これらとほかの話との違いは衝撃的である。聖書では、模倣の欲望は明確に言及されているように見えるし、スケープゴートの話は常に非難される側の視点で語られているように見える。このように従来の記述を完全に覆しているため、聖書に精通している人でもその違いになかなか気づかない。[34]

しかし、スケープゴート・メカニズムを明らかにするまえに、十戒までさかのぼって、模倣の欲望がそこでほのめかされていることに注目してほしい。出エジプト記の一〇番目の戒律は際立っている。あらゆる模倣の欲望を直接的に禁じているように見える。

隣人の家を欲してはならない。隣人の妻、男女の奴隷、牛とろばなど、隣人のものを一切欲してはならない。（出エジプト記、二〇章一七節）

ほかの戒律は行動を禁じているのに、一〇番目の戒律はある種の欲望を禁じている。ジラールは、covet（むやみに欲しがる）と訳されることが多いヘブライ語の単語は、もっと単純にdesire（欲する）を意味すると述べている。欲望のレンズを通して読めば、こうした聖書の物語は人類学的な意味合いを帯びてくる。[35]

しかし、もし模倣の欲望が普遍的なもので、人間として私たちの一部を構成しているとすれば、十戒の一つがなぜそれを禁じているのだろうか。一〇番目の戒律が禁じているのは競争的な欲望である。これまで見てきたように、それは暴力につながる。だから禁じられているのだ。

聖書の残りは、その暴力から展開した物語が警告とともに書かれているように読める。トーラーでスケープゴート・メカニズムのもっともわかりやすい例は、ヤコブの息子のヨセフの物語に見られる。ヨセフは、父の寵愛を受けるヨセフをねたんだ一〇人の兄によってエジプトに奴隷として売られてしまう。一人対全員のケースである。前述したプールパーティーの話のように、ほかにどんな話で語られたとしても、ヨセフは何かで責められ、それによって追放されるか犠牲を強いられるだろう。しかし、聖書の物語では、彼がまったくの無実であることは明白である。

エジプトに奴隷として到着すると、ヨセフは苦労して監獄から出て、最終的に国の指導者の信頼を得て、力のある地位に就く。そして同じことが起きる。よそ者であるヨセフは無実の罪に問われる。しかし、またしても彼の潔白は読み手から見れば明白である。ヨセフは不当な告発と暴力により、ふたたび無実の犠牲者となる。

物語の終わりで、ヨセフはファラオに次ぐ大臣となる。飢饉が長く続いたときに、兄弟たちはエジプトに助けを求めに来て、ヨセフとは気づかずに直接ヨセフに面会する。

ヨセフは暴力に暴力で返すことは望まなかった。アレクサンドル・デュマの『モンテ・クリスト伯』のように、自分をだました全員に復讐をたくらむようなことはしなかった。ヨセフは兄たちを許した。ただし、無条件にそうしたわけではなかった。

ヨセフは一計を講じ、弟のベニヤミンが泥棒として逮捕されるようにした。そして、無実のベニヤミンをとらえて、自分が望む罰を与えると兄弟たちに信じさせた。しかし、兄弟の一人ユダが、自分がベニヤミンの代わりになると申し出た。それでヨセフは彼らが変わったことを知った。破滅的なサイクルは壊された。この行ないに心を打たれ、ヨセフは自分の正体を明かした。ヨセフもユダもスケープゴート・メカニズムには乗らなかった。

つまり、ジラールは創世記のなかにすでにスケープゴート・メカニズムを見いだしているのである。聖書のずっと後半に出てくる件の出来事に、完全な姿を見いだすのは当然だろう。


ジラールは、どのような信仰を持っていても（あるいは信仰がなくても）、イエスの磔で起きたことに注目すべきだとしている。彼はこの物語を主に人類学者として読んでいる。気づいたのは、人間の行動が、彼がほかで読んだどの歴史書のなかの行動とも違っているということだった。

人々はイエスをスケープゴートにしようとした。しかし、思惑は大きく外れる――この出来事が文化的に不朽の重要性を持つ理由の一つである。歴史的な視点だけから見ても同様だ。

イエスの磔は、スケープゴートに対してコミュニティを団結させることはできなかった。それどころか逆のことが起きたのである。大きな溝が発生したのだ。短期的には、磔は期待された効果をもたらしたように見えた。人々は鎮まり、秩序は一時的に回復した。しかし、その死後すぐにイエスをよく知る者が何人かあらわれて、イエスの無実を宣言し、イエスは生きていると言ったのである。

こうして犠牲の上に成りたつ古い秩序を維持したい人たちと、スケープゴート・メカニズムが不当な犠牲を伴うしくみだと理解した人たちのあいだに亀裂が生じた。

福音書はギリシャ神話やローマ神話、その他よくある神話とは大きく異なる。異教における全員による暴力を扱った話は、罪を犯した者に罰として与えるという印象を読み手あるいは聞き手に与える。なぜかと言えば、その話の語りを本来ゆだねるべきは、スケープゴートにされた者だけだからだ。こうした物語はスケープゴートの罪を心から信じる迫害者の視点で語られている。[36] イエスの磔の話は、読み手が群衆と一体化するようにつくられているが、同時に群衆の愚かさを理解し、さらに先に進み、最終的には人類の暴力についての真実をはじめて把握するようにもつくられている。

私はプールパーティーの話を、偏在する視点を持ち、ビールを取りにいった男は無実だと知っている者として語った。もし、私ではなく、男を殺した集団のなかの一人が語っていたら、読者の皆さんはスケープゴートが群衆の怒りを買ういわれはないことを知らずにいるだろう。この出来事に対する一つの解釈を読んで、ほかの解釈を求めることすらしないはずだ。プールのなかにいた全員は同じ話をするに違いない。犠牲者は罪を犯した。

私は、スケープゴート・メカニズムを知っている者として語った。これは福音書で行なわれたことと同じである。歴史上はじめて、物語が犠牲者の視点から語られたのだ。ジラールはこれを決定的な転換点だとしている――それはスケープゴート・メカニズムがその絶対的な力を失いはじめた瞬間だった。物語は人々に自身の暴力と正面から向きあうことを強いた。人類の歴史のなかで繰りかえされる暴力のサイクルにかかっていたベールが取り払われたのである[37]。

ベールが取り払われたからといって、私たちが知るとおり、暴力がなくなったわけではない。この開示は、ゆっくりと時間をかけて進んでいった。しかし、歩みは遅々としていても、開示をなかったことにはできない。現代の世界がおかしな状況に向かっているように見えるとしたら、無実の犠牲者が繰りかえし搾取され、暴力の対象となっていることを私たちは強く意識しながら、どうしたらいいのかわからないでいることが原因の一つだろう。知りたくない恐ろしいことを聞かされながら、独力で完全に解決するには力不足という状況だ。そして、それが集団の狂気を生み出す。

この歴史に影響された文化のなかで育った私たちは、無実の犠牲者への気遣いが浸透しているので、確固たる信念がそもそもどのように形づくられたのか忘れてしまいがちだ。
一度見てしまったものは、見なかったことにはできない。

自己認識、自己嫌悪

「昔の証言を調べ、すべてを調査し、地球の隅々を掘り出しても、犠牲者にたいする近代的な気遣いと似たものをどこにも見出すことはないだろう」とルネ・ジラールは述べている。[38] それがいかに奇妙なことか考えてみてほしい。

今の時代、私たちは無実の犠牲者にきわめて敏感になっているので、自分たちを責めるべき不正を日々目にする。無実かもしれないのにひどい扱いを受けていると思うだけで、私たちはいたたまれなくなる。犠牲者を守ろうとするこの精神はいったいどこから来たのか。

単に啓蒙された結果なのか——私たちはいまや賢く、合理的な人間で、啓蒙された高みから過去を正しく判断できるとうぬぼれていいのか。それともまったく違うところから来ているのか。

ジラールによれば、私たちの文化的な認識は聖書の物語から来ているという。一生懸命に考えたところで、その認識にはいたらなかっただろう。私たちはその罪の一部だったため、見えない部分があったからだ。聖書で語られた出来事は、どれだけ論じたところで到達しない、到達できないものを示してくれた。無実の犠牲者である。

私たちは頭にクギが刺さったまま、頭痛の原因を探している人のようだ——誰かが鏡を見せてくれるまで気づかない。こうした物語に何らかの形で関係してきた文化のなかで育った人なら、たとえ自分にはなじみがないと思っても、影響を受けるものだ。数千年をかけて私たちの人生という布にしみこんできたからだ。

西洋文化は犠牲者の保護を強固な軸として発展してきた。過去二〇〇〇年のあいだ、公法および私法、経済政策、刑罰法令は弱い人を守るために劇的な発展を遂げてきた。（軍病院ではない）民間の病院は四世紀にはできている。[39]中世の修道院は、高齢者や病人、旅人や孤児を保護した。今で言う社会のセーフティネットとして機能していたのである。彼らは犠牲者を守った。現代では、妊娠中絶の合法化をめぐって推進派も反対派も、それぞれ犠牲者として声をあげる。それ以上力のある言葉はないだろう。

現代社会の大きな矛盾の一つは、教会と国家が分離しているアメリカのような西洋の民主主義社会が、公的な活動から宗教をかなり排除したにもかかわらず、犠牲者の保護を絶対的な道徳上の要請としてきたことだ。まるでこう言っているかのようである。「私たちは無実の犠牲者の保護を、あなたたちユダヤ教徒やキリスト教徒から引き継ぎます。そして、あなたたちの面倒を見ます――犠牲者の保護については、あなたたちよりもうまくやれるでしょう」。そして多くの場でそれを実践している。

それに対して、宗教関係者の多くが世俗の文化を模倣の競争相手として受けいれてきた。この文化戦争は巨大な模倣の競争で、千の頭を持つヒドラのようにたくさんの顔を持っている。どちらの側も賢明であれば抜け出せる競争である。

私たちが知っている人権の発達は、誰でも状況次第でスケープゴートになりうると間接的に知ったことが一因となっている。第二次世界大戦でおよそ七五〇〇万人が犠牲となったあと、国連は世界人権宣言を公布し、すべての人に適用される基本的人権を保護した。宣言は五〇〇以上の言語や方言に翻訳されている。戦争中に恐ろしい数の無実の犠牲者が生まれたことが、宣言がつくられた大きな要因となっている。

これらの発展は、力のバランスを大きく変えた。それまでは、犠牲者のほとんどは自分を守る力を持たなかった。今では、犠牲者と認識された人はもっとも強い文化的影響力を持つ。それは数十万年おきに発生する地球の磁極の移動が起こす変化に匹敵するかもしれない。スケープゴート・メカニズムが完全に覆されてしまったので、逆スケープゴート・メカニズムともいうべき状況が生まれているのだ。それによって、無実の犠牲者はひどい扱いを受けたと認識され、それからふくれあがった支援に囲まれることになる。

もともとのスケープゴート・メカニズムは混乱したところに秩序をもたらしたが、その秩序は暴力によるものだった。逆のプロセスは、秩序があるところに混乱をもたらす。暴力を前提に、混乱は「秩序だった」体制を揺るがし、最終的には状況を変える重大なことが起こる。二〇二〇年五月にアメリカで起きたジョージ・フロイドの死は、その典型的な例だ。

当然ながら、犠牲者の保護は良いことだ。だが、同時に新しい危機をもたらす。初期の宗教におけるスケープゴートの儀式が完全に実用的なものだった――つまり、実際的な目標を達成するために行なわれた――ように、犠牲者の保護も実用的な目的のために利用できる。ジェームズ・G・ウィリアムズは、ジラールの有名な著作『サタンが稲妻のように落ちるのが見える』の序文で、ジラールのこの点に関する考えを次のようにまとめている。「犠牲者主義は政治、経済、精神の力を得るために、犠牲者を気遣うイデオロギーを利用する。自分の行動の優位性や正当性を得る手段として、犠牲者の地位を主張するのである」[40]。犠牲者はいまや自分で新しいスケープゴートを選ぶ力を持っている。その力が暴走しないように公正な記憶が必要とされている。

古代イスラエルの預言者たちは組織的に愚弄され、スケープゴートとされた。その多くは殺された。一世紀のパレスチナにあったユダヤ教の一派、パリサイ人《びと》はこうした古代の預言者を崇拝し、記念碑を建てた。パリサイ人は暴力を非難し、律法を厳守した。自分たちが古代に生きていたら、預言者を殺害しなかっただろうと主張した[41]。

そして、彼らはイエスの殺害に協力したのである。

これは現代に生きる人が、ナチスドイツ、ソ連、一九五〇年代のアメリカ、キリストの時代を見て、自分はそんなイデオロギーや人種差別、政治的扇動に加わらないと言うときのあてにならない心持ちである。これこそ——自分にそんなことはできないという考え——がまさにスケープゴート・メカニズムを可能にしている。私たちは自分が模倣的プロセスにとらわれていると考える謙虚さを持ちあわせていないのだ。

アレクサンドル・ソルジェニーツィンは、ソ連の強制収容所（グラーグ）で八年を過ごし、自国が矛盾と悪に落ちていくのを目撃して、後年こう述べている。「もし物事が次のように簡単だったら、どんなに楽なことか！　どこかに悪党がいて、悪賢く悪事を働いており、この悪党どもをただ他の人びとから区別して、抹殺さえすればよいのだったら。ところが、善と悪とを区別する境界線は各人の心のなかを横切っているのであり、いったい、誰が自分の心の一部を抹殺することができるだろうか」[42]

矛盾のあらわれ

前述したジェニー・ホルツァーのタイムズスクエアの掲示板はこう訴える。「私を守ってほしい、私が欲しいものから」。注目を集めるのは、それが矛盾を示しているからだ。周囲からはっきり浮かびあがるホルツァーの作品は、そのメッセージで人をひきつける。そして、それによって人は自分自身を素直な気持ちで振りかえる。メッセージは競争や避難や暴力ではなく内省を、そしておそらくは変容までもを促す。消費者文化が最終決定権を持つ必要はない。

イエスの磔も同じように、人類の歴史の中心にあってその周囲のすべて——ローマ帝国の政治、犯罪者の処刑、支配的な語り——と明確な対照を成している。それは、持続的な暴力のサイクルのなかで私たちが果たす役割を率直に検証するように促している。世界中で日々生まれる新しいスケープゴート——もし私たちに見る目があれば見えるはず——に対しても同様である。

アメリカ人作家アーシュラ・K・ル・グィンは、一九七三年に『オメラスから歩み去る人々』という短篇小説を書いた。物語の舞台は、ユートピアにある「幸福」都市オメラス。それがどこにあるのか、いつの時代の話なのかは語られない。読者に知らされるのは、都に住む全員が、全市民の幸福が最大になるように社会をつくる方法を知っているということだ。

ただ一人を除いて。

夏の祭りの話の途中で、語り手は暗い秘密を明らかにする。都が成りたっているのも、すべての住人が幸せなのも、都の地下牢にいる一人の子供の排除、幽閉、隔離、終わりなき苦悩があってのことなのだ。

オメラスの子どもは大きくなって都の真実を知らされると、衝撃を受けて嫌悪感を抱く。だが、やがてほとんどの者は都の幸福のために、この不当な行為を受けいれるようになる。

それでも、なかには都を出る者がいる。物語は、語り手がそうした少数の者が向かう先について述べて終わる。「彼らがおもむく土地は、私たちの大半にとって、幸福の都よりもなお想像にかたい土地だ。私にはそれを描写することさえできない。それが存在しないことさえありうる。しかし、彼らはみずからの行先を心得ているらしいのだ。彼ら――オメラスから歩み去る人びとは[43]」

市民はみな地下牢の子供のことを知っているが、都を出るのはごく少数だ。残りの者は妥協することを受けいれる。ほとんどの人間はそうする。

ルネ・ジラールはこう述べる。「誰しも自分で自分に問いかけてみなければならない。身代りの山羊とのかかわりで自身がどのような立場にあるのか、と。自分がどうであるのか私にはわからない。読者のあなた方にしても同じことだろう。われわれはたがいに正当な敵意しか抱かないので、身代りの山羊など必要ではないと思っている。にもかかわらず、身代りの山羊は世界全体にあふれんばかりである[44]」

パート2
欲望の変容

さて、これで私たちは外に出て、あらゆるスケープゴート、そして競争を指摘できるようになった。模倣の欲望がもたらすドン・キホーテ的な苦しみにとらわれた人を笑い飛ばすことさえできるかもしれない。だが、気をつけてほしい。スケープゴート・メカニズムは陽動作戦が得意だ。他人のなかに見れば見るほど、自分のなかには見つけられなくなる。

確かに私たちは模倣の欲望を「利用」できる。他人の信頼、心、身体を利用できるのと同じように。それは次のフェイスブックを見つけるのに役立つかもしれない。あるいは、才能あるアーティストを発掘できるようになるかもしれない。不安定な株式市場で金を稼げるかもしれない。

しかし、それはファウスト的な取引になるだろう。競争にどっぷりはまり、最終的には充足につながる欲望を見つけて追いかけることはできなくなる。

デヴィッド・フォスター・ウォレスは、インターネットに包囲され、洗練されたポルノ（バーチャル・リアリティ版など）が増える世界で生きることについてこう言っている。「私たちはこれに対処するために、何らかの本物の装置を腹のなかにつくらなければならなくなるだろう」[1]

装置はほかにも役立つかもしれない。二四時間流れているニュース映像や、分極化した政治環境、それから抑制する壁をすべて取りのぞくフリクションレス・テクノロジーといった模倣の促進剤に対しても賢く反応できるようになるかもしれない。

危険な模倣に対抗するために、私たちは腹のなかに何らかの装置を持つ必要がある。それは反模倣的なものでなければならず、それをこのパート2で見ていく。

反模倣的というのは、どういう意味だろうか。模倣の欲望と完全に手を切るべき、あるいはそれが可能であるという話ではない。反模倣的であるというのは、ナシーム・ニコラス・タレブの「反脆弱性」と違って、単に模倣の反対を示すものではない。反模倣的であるというのは、欲望の破滅的な力に対抗する能力、自由を持つことである。模倣的なものは促進剤であり、反模倣的なものは抑制剤である。反模倣的な行動——あるいは人——は、流れに乗るのを好む文化の否定の証である。

本書の後半では、腹のなかに何をつくればいいのかについて述べる。それは社会の条件反射的な反応に抵抗し、騒々しい群衆から離れ、違うものをもっと欲しいと思う安直な欲望を絶つ能力である。

第５章　反模倣的であること——システムではなく人を満足させる

欲望に問いかける　原点を探る　身を引く

「姫よ、あなたには何が恐ろしいのですか？」とかれはたずねました。
「檻です。」と姫はいいました。「柵の後ろに留まることです。慣れと老年がそれを容認し、すぐれた功を立てる機会がまったく去って呼び戻すことも望むこともできなくなるまで、柵の後ろに留まっていることです。」

J・R・R・トールキン
（『指輪物語８　王の帰還』瀬田貞二・田中明子訳、評論社）

「人生には自分自身に問いかける重要なときがある」とセバスチャン・ブラスは言う。ブラスは有名シェフで、本店のル・スーケは辺鄙《へんぴ》な場所にあるにもかかわらず、大勢の客を集めている。「たとえば『過去に自分は何をしてきたか、今どこにいるのか、明日何を望むのか』といった問いかけだ」

オフィスの窓からは厨房が一望できる。スタッフがその夜のディナーに向けて忙しく働いている。だが、私の注意はそちらには向かわない。ブラスは堂々としていて、慎重に話す。私がしたいくつかの質問に対して、彼は話したい要点の数をあげてから答えはじめる——ブラスはリストをつくって考える。そう、レシピのように。

ブラスは自分のキャリアのなかの三つの出来事について話したいという。一つ目。父ミシェル・ブラスが一九九二年に南フランスのオーブラック高原にレストランを開いたとき。二つ目。ミシェルが一九九九年にはじめてミシュランの三つ星を獲得したとき。そして三つ目。二〇〇九年にセバスチャンが今すわっている椅子——かつては父のものだった——にはじめて腰をおろし、レストランを承継したとき。

しかしその後、四つ目の出来事があった。二〇一七年六月、セバスチャンは一二〇年の歴史を持つ神聖なミシュランガイド——ル・スーケに最高評価の三つ星を一九年連続で付与してきた——に対して、星の数にも評価にも関心がないと告げた。自分のレストランは載せないでほしいと願いでたのである。

皆が生涯欲しがっているものをどうしてやめられるのか。

移動するゴールポスト

作家のジェームズ・クリアーはその著書『ジェームズ・クリアー式　複利で伸びる一つの習慣』のなかで「目標ばかり追っていてはいけない。仕組みから取りかかろう」と述べている。[1] 欲望の視点から見れば、目標はシステムの産物である。自分たちが持つ欲望のシステムの外にあるものを欲しがることはできない。

目標設定に執着するのは的外れで、逆効果ですらある。目標を設定するのは悪いことではない。しかし、目標の選び方を差しおいて目標の設定方法にこだわれば、目標は容易に自虐の道具になる。ほとんどの人は自分の目標の選択に一〇〇％の責任を負っていない。欲望のシステムのなかで提示される目標を追いかけているのだ。私たちの目標は多くの場合、モデルによって選ばれる。つまり、ゴールポストは常に動いているということだ。

目標設定には流行のスタイルがある。目標は明確にしよう、複雑なのも細かすぎるのもだめだ。目標はＳＭＡＲＴにしよう、すなわち具体的で（specific）、測定可能で（measurable）、割りあてが可能で（assignable）、関連性があり（relevant）、期限がある（time-based）ものだ。[2] あるいは、高頻度（frequent）、野心的（ambitious）、具体的（specific）、透明性（transparent）の頭文字をとって、ＦＡＳＴでなければならない。[3] もしくは、ＯＫＲ（目標と主要な成果）を設定しよう。[4] 目標は紙に書くといい。ほかの人に説明して共有しよう。要するに、目標設定にはいろいろあって一筋縄ではいかなくなっている。もし最新の方法をすべて取りいれようとするなら、目標を設定できただけで奇跡だと言っていい。[5]

誤解しないでもらいたい。こうしたやりかたのなかには有用なものもあるだろう。もし私が減量したいなら、具体的で、測定可能で、割りあて可能で、関連性があり、期限を定めた目標を設定するのは意味がある。しかし、そもそも減量が私にとって良い目標なのかどうかは明確になっていない。な

ぜ私は痩せたいのか。すでに理想的な体重なのに、インスタグラムで見た誰かのようになりたいから痩せたいと思ったとしたらどうだろう？

人々は目標を設定し、「進歩」した未来に到達するための計画を立てる。だが、それは進歩なのだろうか。なぜ確信できるのか。セバスチャン・ブラスはミシュランの三つ星を維持するという目標を立て、ひたむきに突き進んだ。そしてある日、この目標を追求することは自分を殺すことだと気づいた。目標のなかには――たとえ良い目標であっても――歓迎される期間を超えて居すわってしまうものもある。

気づかれただろうか。目標そのものに落ち度はなく、目標が責められることはない。ウルトラマラソンに参加したい？

みんな称賛してくれるだろう。市政に立候補する？　支援が得られるはずだ。家を売ってバンの後部に寝泊まりする？　かっこいいね、本質主義って感じ。誰もあなたの目標に疑問を持たないだろう。

しかし、そもそもその目標がどこから生まれたのか問う価値はある。すべての目標はシステムのなかに組みこまれている。

模倣の欲望は一般には気づかれていないシステムで、目に見える目標の背後にある。[6]このシステムに光をあてればあてるほど、間違った目標を選んで追い求めるようなことは起こらなくなる。

模倣システム

アメリカの教育システム、ベンチャーキャピタル業界、出版か死かで大騒ぎする学問の世界、ソーシャルメディアは模倣システムの代表例だ。模倣の欲望がこれらを支えている。

アメリカの高校では、ほとんどの生徒が大学入学に向けて成績評価平均値（ＧＰＡ）や標準テスト（ＳＡＴ）のスコア、課外活動といったものにエネルギーを注いでいる。多くの高校は、進学率一〇〇％という目標を掲げている。大学生の多くは授業料に見合った価値を感じることなく、最終的には借金に苦しむことになるというのに。

学生は教育システムの目的を見失っている。[7]あなたが五年生のときには、自分の目標が六年生になることだとわかっている。それが一二年生まで続く。最後の四年間は「大学」と呼ばれるもののために、既定路線に沿って慎重に準備する（あなたのデータをもとに、どの大学を目指せばいいか教えてくれるアドバイザーの助言を仰いだかもしれない）。

大学はさらに目的がぼやけてくる場所だ。目標はいい仕事に就くことだろうか。それとも大学院進学だろうか。あるいは、批判的にものを考えられる多才な人間になることか。それともよき市民になることか。私自身、スターン経営大学院に進んだときにはまったくわかっていなかった。それでどうしたか。私はまわりのみんながしていることを観察した。みんなは何を求めているのか。欲望の対象は明らかだった。ウォールストリートだ。それで私もそれを目指し、自分が求めていると思ったものを手に入れた。そして、それは上級エクセルとパワーポイントと格闘する一五カ月間のみじめなキャリアのはじまりだった。

従来のベンチャーキャピタルは模倣システムによって動いている。彼らは背負うリスクを正当化するために、投資に対して並外れたリターンを求める。多くの場合、五年から七年で投資額が一〇倍になる可能性のある企業にしか資金を提供しない。その投資の時間軸から、着実に成長するかもしれないが二〇年三〇年かかるような飲食業ではなく、すぐに規模を拡大できるテクノロジー企業を好む。彼らが求めているのはインスタントラーメンであって、リゾットではない。

ベンチャーキャピタルの短期で収益を上げることを求める姿勢は、起業家から見ればテクノロジー関連のスタートアップの魅力を高めている。模倣システムが形を成す。経済的なインセンティブや財政的なリターンだけではなく——もちろんそれらは欠かせない要因だ——、正しいベンチャーキャピタルによる資金提供に伴う名声や証明も原動力となる。ベンチャーキャピタルは投資先の選定という形でミシュランの星を与えているのだ。そして、ベンチャーキャピタルも、魅力的な企業や話題のCEOに投資することから利を得る。

ソーシャルメディアのプラットフォームは模倣によって繁栄する。ツイッターは投稿がリツイートされた回数によって真似を促し、計測する。フェイスブックでは、その投稿を追ってコメントできる模倣のモデルつまり競争相手に執着すればするほど、その利用回数は増える。

ソーシャルメディアのプラットフォームにおける模倣の力が大きくなればなるほど、人々はそれを利用したくなる。もしソーシャルメディアが模倣的な行動をとるのに摩擦があってブレーキがかかるようなつくりになっていたら、ユーザーの利用は減り、最終的には企業の収入減につながるだろう。つまり、ソーシャルメディアの運営会社には、模倣的行動を促す強い経済的インセンティブが働いている。ソーシャルメディア上で、ある二人の人間が議論すれば、大勢が参加する。勝者を見分けるのは造作もない。プラットフォームである。

欲望のシステムは、ポジティブなものもネガティブなものもいたるところにある。刑務所、修道院、家族、学校、友人のグループは欲望のシステムとして機能している。そして、強い欲望のシステムがあるとき、それはより強いシステムに倒されるまでそこにあり続ける。[8]

高級フランス料理の世界における模倣システムを経験した人はほとんどいないだろうが、それは私たちにも光を投げかける。ここで、シェフのセバスチャン・ブラスがどのようにしてこのシステムのなかに入り、どのようにして抜け出したか見ていこう。

観察されて格付けされる

セバスチャン・ブラスのレストラン、ル・スーケはフランスのラギオール郊外の美しい丘の中腹にある。もっとも近い三つの主要都市（クレルモン＝フェラン、トゥールーズ、モンペリエ）からは車で二時間半ほどかかる。それでも、ランチにしてもディナーにしてもテーブルが空いていることはない——パリの真ん中にあるミシュラン三つ星レストランでも、これはなかなか言えないことだ。

ラギオールは小さな町で、フランス南部中央に一二〇〇平方キロメートル以上広がる花崗岩質の高原地帯であるオーブラック地方にある。この地方はこの国でも特に多様な植物や野生生物を誇っている。同じように手づくりのナイフ、丘陵を歩きまわるたくましくて威厳のあるオーブラック牛、その牛からとれるミルクでつくられるチーズも有名だ。

私はラギオールの中心にあるホテルから車で移動し、町の郊外に延びる静かな道を登っていった。ドライブウェイの終わりにはブラスと書かれた看板がある。細い文字が白い曇りガラスに刻まれ、地面に立てられている。地面は野の花、草、フェンネルなど普通の人なら「雑草」と呼ぶかもしれないようなもので覆われている。そして、そのすべてがメニューにある。

セバスチャンの父ミシェル・ブラスは、この地域でもっとも標高の高い高原にこのレストランを建てた。急な坂道のドライブウェイの先にル・スーケは浮かんでいる。レストランは一部を非対称のつくりにした現代的な建築物で、丘の斜面に鎮座している。床から天井まですべてがガラス張りで、まるで別世界からフォアグラやアリゴを調べに来た調査隊を乗せた宇宙船の展望台のように見える。

一九八〇年、この新しい建物が高原に建てられるずっと昔、ミシェル・ブラスは世界に「ガルグイユ」を知らしめた。オーブラックの摘みたての野菜、ハーブ、食用花を五〇から八〇種類、それぞれ下ごしらえして、ブイヨンで調理した塩漬けハムといっしょに皿に散りばめた一品だ。今では地元の食材にこだわるのはトレンドとなっている。ここではディナーにさまざまな葉物を出すのがそれにあたった。[9]

ミシェル・ブラスはイノベーターだったが、ミシュランガイドの星をつけるシステムのなかでプレーしていた。息子のセバスチャンはその枠から出た。実行した人はきわめて少ない。

フランスのシェフが新しいレストランを開くと、たいてい恐怖を抱きながらミシュランの調査員――調査員だとわかるときもわからないときもある――が店に入ってくるのを待つ。厨房から運ばれる数百の皿の一枚が、いつなんどき調査員の前に置かれるかもしない。その料理を味わったあと、調査員は身分証明書を見せて、厨房を見せてほしいと言うかもしれない。あるいは何も言わずに店を出るかもしれない。

調査員の宣告は人生を変える力がある。ミシュランの星を得るということは、シェフのキャリアになり、レストランの財政面を助ける。星を一つ失うことは死のスパイラルのはじまりになりかねない。調査員は、オースン・スコット・カードの短篇『無伴奏ソナタ』に出てくる「ウォッチャー」という謎の人物のようなものだ。暗黒の独裁社会に生きるある少年は、音楽の才能があると言い渡される。そして、その才能を開花させるために守らなければならないルールが与えられる。少年がそのルールを破ったとき、ウォッチャーの集団が前触れもなくやってきて、ナイフを振りかざし、少年の指をすべて切り落とす。ルールを守って演奏するか、演奏する能力を失うかしかなかったのだ。[10]

二〇〇三年、ミシュランのウォッチャーは、フランスの三つ星シェフ、ベルナール・ロワゾーのもとに舞い降りた。そして、最近のレストランの創造性と芸術的な方向性を心配していると告げ、星を一つ落とすかもしれないと示唆した（フランスのもう一つのレストランガイドのゴ・エ・ミヨはロワゾーのレストラン、ラ・コート・ドールの評価を一九／二〇から一七／二〇に落としたところだった)。ほどなくして、厨房で一日の仕事を終えたあと、ロワゾーは自殺した。

そこからさかのぼって一九九四年、三三歳のイギリス人、マルコ・ピエール・ホワイトは最年少三つ星シェフとなった。そのわずか五年後、一九九九年、彼は引退した。「ミシュランの調査員を尊重しすぎて、自分を大切にしてこなかった。私には三つの選択肢があった。自分の世界の囚人となり、週に六日働きつづける。偽りの人生を生き、高い金をとって自分は厨房に立たない。あるいは星を返上し、子供たちと過ごす時間をとり、自分を再生させる」[11]。ホワイトは星を捨てたはじめての三つ星シェフとなった。

パリのシェフ、アラン・サンドランスは星を維持しようとすることに疲れ、自分の三つ星レストランを閉めて改装した。それで一時的にミュシュランから離れた。「楽しみたい気分なんだ」と彼は二〇〇五年に《ニューヨーク・タイムズ》に語っている。「もう自分のエゴを満たしたいとは思わない。それには年を取りすぎた。人目をひく派手さがなくてもおいしい料理はつくれるし、金は皿の上にかけたいと思う」

模倣の欲望に対処するコツ8

私たちは誰もが自分なりのミシュランの格付けシステムを持っている。フランスのシェフと同じように「星」——地位や名声、名誉の証——を欲しがる自分に容易に気づくことができる。自分がいるシステム内で働く模倣の力に名前をつけることは、意識的な選択をするための最初の重要な一歩となる。

あなたの世界に欲望のシステムの地図をつくる

どの業界、どの学校、どの家庭にも、あるものを欲しい、あるいは欲しくないと思わせる特定の欲望のシステムがある。どんなシステムがあるか知ったほうがいい。それはおそらく一つではない。

起業家でベンチャーキャピタリストであるマーク・アンドリーセンは、二〇二〇年四月、「It's Time to Build（今こそつくるときだ）」と題された会社のウェブサイトに載せた記事のなかで、なぜこんなに多くの西側諸国が、二〇二〇年の新型コロナのパンデミックに対して――製品の観点から――備えていなかったのか不思議だと述べた。一時期は人工呼吸器、検査キット、綿棒から病院のガウンさえ深刻な不足状態にあった。パンデミック以前も自己満足と停滞感はほかの多くの分野――教育、製造業、運輸など――に広がっていたように見える。アメリカ人はなぜ未来のモノをつくらなくなったのか、と彼は問いかけた。[12]

問題は資本でも能力でもなければ、必要なものがわからないことでもない。「問題は欲望である」とアンドリーセンはいう。「私たちはこれらのモノを欲しがらなければならないのだ」。しかし、彼は私たちが必要なモノをつくりたいと思う気持ちを妨げる力があることを理解している。規制があり、既得権益があり、停滞した政治がある。「問題は惰性である」と彼は続ける。「私たちは阻止したいと思う気持ち以上に強く欲しがる必要がある」

機能不全に陥って適応できなくなった欲望のシステムは、抵抗の少ない道へと私たちを導き――たとえば、ほかの動画に反応した人の動画が収益化されるなど――、人類が生き抜いて繁栄するために必要不可欠なツールをつくる意思を挫く。
自分のまわりの人の選択に影響を与える欲望のシステムを理解すれば、あえて違う方向を向くことで大きな可能性が見えてくるだろう。
見えないものを見えるようにしよう。いま自分が置かれている欲望の世界の境界線を把握すれば、それを越える能力——少なくともその可能性が——得られるだろう。

人目をひく派手さ

ミシュランガイドは欲望の媒介者で、幾多のシェフがそのお墨付きを求めている。一九〇〇年に初のミシュランガイドが出版されてから、ミシュラン兄弟は欲望の弾み車を回しつづけてきた。

ミシュランが採用したのは模倣のマーケティングだった。どのレストランに行くべきかに関して、もし自社が欲望のモデルとなれれば、タイヤを売る会社から欲望を売る会社になれる。要するにコンパックからアップルになれるということだ。

世紀が変わるころ、路上に車はほとんどなかった。ミシュランの計画は、車を運転したいという人々の未来の欲望をもとにしていた。ガイドを作成した人たちは欲望の反射的な性質を理解していたのだろう。ガイドは自分たちが根拠にした欲望をかきたてる重要な役割を果たすと直感した。

一九二〇年には、ミシュランガイドは国でもっとも広く流通する刊行物に数えられるようになった。今では印刷物のなかでもっとも崇められているといってもいい。

忘れられない食事体験や単においしい食事を求めて本を手にした大勢の人々に、ミシュランガイド

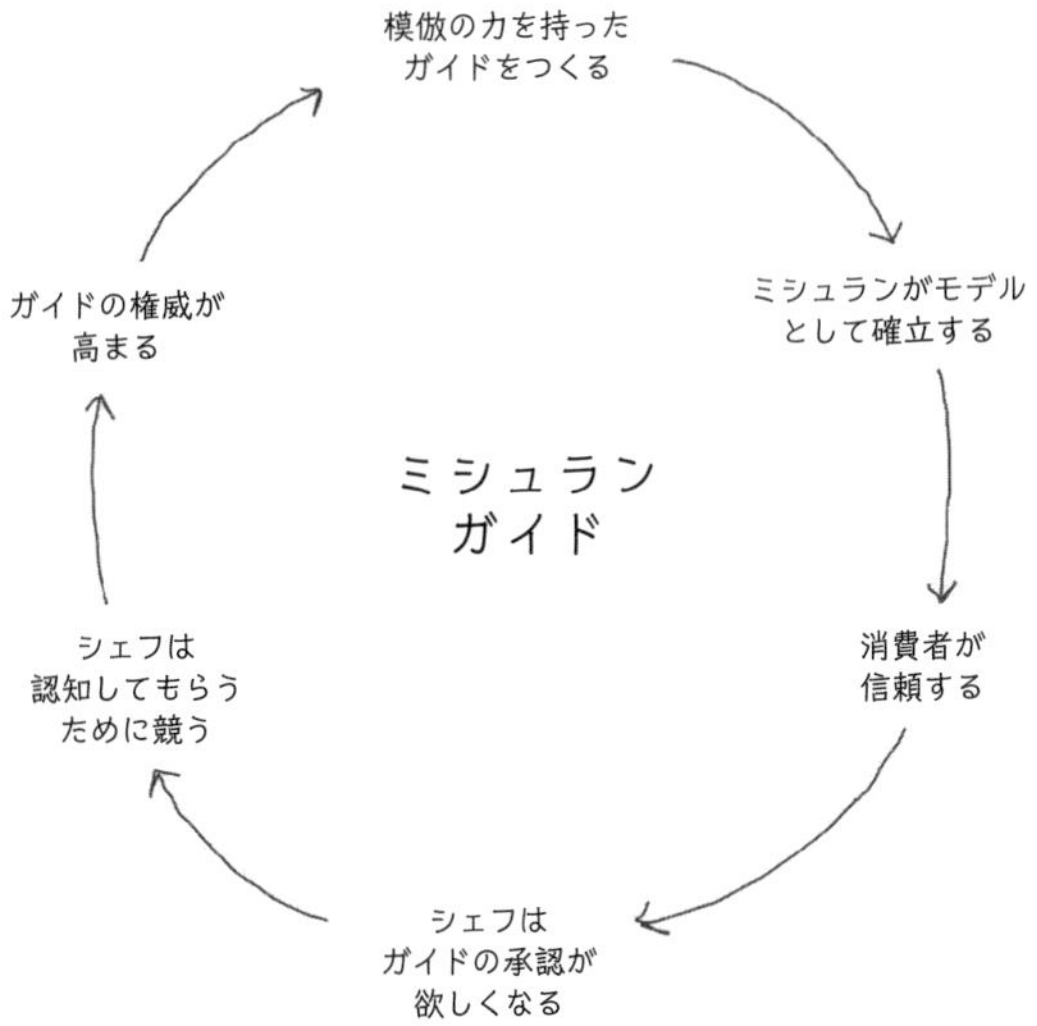
ミシュラン
ガイド
模倣の力を持った
ガイドをつくる
ミシュランがモデル
として確立する
消費者が
信頼する
シェフは
ガイドの承認が
欲しくなる
シェフは
認知してもらう
ために競う
ガイドの権威が
高まる

が価値を提供したのは間違いない。フランソワ・ミシュランは一九五五年から一九九九年までCEOをつとめたすばらしいリーダーで、ビジネスに対して人間中心のアプローチをとった。しかし、ガイドはミシュランの誰も――初期には間違いなく誰も――想像しなかったものになった。窮屈で息苦しい欲望のシステムになったのである。[13]

「恐ろしいシステムにはまってしまうんだ」。ブラスは言う。「公式、非公式の規範や慣行を尊重しなければ、星を落としてしまうかもしれない。そうなればレストランの評判は落ちるし、シェフの士気も落ちて、チーム全体にも悪影響をおよぼす。星を失うことは失敗を意味する」

ブラスは逃げるために、出発点に戻った。

人があまり通らない道

真実には歴史がある。人は自分の欲望の歴史を知らずに自分を知ることはできない。

セバスチャンのオフィスで打ちとけて話をするなかで、セバスチャンは自分の歴史を振りかえる。

「子供のとき、私の部屋は両親のレストランの厨房のちょうど真上にあった。目が覚めたときも、眠りにつくときも、午後のあいだもずっと厨房の音を聞いていた。接客サービス、市場《いちば》から運びこまれる材料、緊張感漂う営業時間、夜笑いながら帰っていく調理人たち」。厨房の懐かしい記憶は彼に大きな影響を与えた。

「それからオーブラック高原には両親とよくハイキングに行った。進路を決める時期になって思ったんだ。『料理人になればここにいられて、ずっと楽しくやれるだろう』って。自分の遊び場から離れたくなかった」

セバスチャンは自分の欲望を試した。中等学校に進み、一般教育プログラムを選択した。「シェフの仕事が自分の求めるものだとはっきりさせるために、経済系のバカロレア〔中等教育終了試験。合格すると大学入学資格が与えられる〕を受けて合格した。安直に選んだわけではないことを証明したかったんだ」

確認すべきことは確認した——シェフになりたいという気持ちはなくならなかったし、中等学校を通じて次第に大きくなっていった。この先自分の役割を受けいれるたびに繰りかえし問いかけることになるだろうが、とりあえず確認できて自信が持てた。

その後は家のレストランで働いた。料理は好きだったし、自分がすべきことはわかっていた。「当時の私の目標は、父がミシュランの三つ星をとって、それを維持するのを助けることだった」

セバスチャンが父の手伝いを始めたとき、ル・スーケは星二つだった。三つ目を獲得できるかどうかは大きな分かれ目だった。ミシュランが三つ星を与えるのは、世界最高のレストランで、「わざわざそのために旅に出る」価値がある場所とされている。ル・スーケは人里離れた場所にあるため、どのレストランよりもこの称号をあてにしていた。ミシュランの星があれば、ブラス家はビジネスの基盤をつくることができ、この地方の外でも名を売ることができるだろう。

ル・スーケは一九九九年に三つ星を獲得した。その後の一〇年で店の評判は高まっていった。しかし、二〇〇九年にセバスチャンが正式に父からレストランを継いだあと、しばらくして彼とその妻はミシュランのシステムを、極上のものを奨励するしくみではなく、プレッシャーをかけて従順を求めるしくみだと感じるようになった。

模倣の欲望に対処するコツ9
欲望を検証する

欲望は額面通りに受けとってはいけない。それがどこに向かうのか確認しよう。対立する複数の欲望に向きあい、それによって将来どうなるかを考えてみる。たとえば、A社とB社の二社から仕事のオファーをもらっているとする。もし決断するまでに二日あるとしたら、一社につき一日かけて想像しよう。一日目はA社で働いて、その地位に伴う欲望が満たされるところをできるだけ詳細に想像する——おそらく新しい街に住んで、優秀な人たちと仕事をして、家族の近くにいられる。そのときの感情と、あなたの腹のなかで起きることに注目しよう。二日目は一日かけてまったく同じことをB社について行なう。そして比較する。

欲望を検証する究極の方法——特に結婚、転職、起業といった人生の重大な選択をするとき——は、これと同じことを自分が死の床にいると想像して行なうことだ。どちらの選択のほうが慰めを感じるだろうか。どちらのほうが不安になるだろうか。

スティーブ・ジョブズは二〇〇五年にスタンフォード大学の卒業式で行なったスピーチでこう述べた。「おそらく死は命の唯一にして最高の発明だろう。それは生き物に変化を起こす担い手だ。古いものを取りのぞき、新しいものに道をあける」。死の床はむなしい欲望が明らかになる場所だ。手遅れになるまで待つことなく、今すぐその場に自分の身を置いてみよう。

三つ星レストランの殿堂入りをしてから、創造性の探求に重石を感じるようになる有名シェフは多い。星を維持することが最優先となるからだ。リスクは避けるようになる。ミシュランの調査員には求めるものがある。その期待から外れるかもしれないものをつくって、リスクを冒す意味があるだろうか。

メニューには必ず載せなければならない品がある。地元の食材を使った料理、厳選されたチーズ、複数のデザート、長いワインリストは外せない。世界一流のソムリエに、熟練した給仕人やスタッフ（コストがかかる）も求められている。

さらに、食事は始まりにすぎない。レストランが大きな街にない場合、宿泊施設を併設していなければ、ミシュランの星は望めない。戦い抜くためにはシェフはホテルも運営しなければならない。メゾン・ブラスはルレ・エ・シャトーに加盟しており、レストランに併設された建物に一一のゲストルームと二つのアパートメントを備えている。

話は進み、私はついにブラスに訊く。なぜ星を返上することにしたのか。答えは、ミシュランは「裁判長と陪審の両方」ができるようにお膳立てしているように思えたからだという。

「六年か七年前、彼らはこのオフィスに来て、新しいマーケティング戦略について話していった。さまざまな商業サービスやツールを購入してほしいということだった」。ミシュランの新しいツールを使うかどうかは建前上は自由だが、ブラスは気に入らなかった。「ミシュランはどのレストランに対しても評価する力と、評判を落とす力を持っている——そして同時にマーケティング・ツールを売るという。私には受けいれられなかった」

終わりのないゲームに参加して、疲れ果てていた。「いずれは終わりにしなければならない。しまいには自分のためでも顧客のためでもなく、いわゆるガイドブックの期待に応えるために働くようになるのだから」

こうしてブラスは問いかけるようになった。「私はこのレストランの評価をほかの組織にゆだねるためにこの仕事を選んだのだろうか。この先一五年、ストレスとプレッシャーにさらされて生きていきたいか」

新しい考え方のモデルとなる

二〇一七年の父の日に、オーブラックの高原をマウンテンバイクで走りながら、ブラスはミシュランガイドの星よりも欲しいものがあることに気づいた。この土地を皆と分かちあえる新しい一皿をつくりたかった。ミシュランの調査員がどう思うかはどうでもよかった。

ブラスは長年、完全に自由な気持ちで新しい料理に挑戦できていなかったと言った。オーブラックへの愛を食べ物を通じて創造的に表現することは、記憶にあるかぎり、彼にとって最大の果てなき欲望だった。それが自分にとってどれだけ大切なことか忘れていた。それを取りもどしたかった。

サイクリングから戻ったときには気持ちは決まっていた。ミシュランガイドからの撤退については、ほかのシェフに相談しなかったし、妻以外の誰とも話しあわなかったが、行動するときだとわかっていた。ブラスはミシュランガイドの国際責任者グウェンダル・プレネックに電話をかけて、ル・スーケを削除してほしいと伝えた。

ミシュランガイドの一二〇年の歴史のなかで、ブラスの決断は先例がなかった。閉店、移転、コンセプトの刷新が理由でミシュランから離れようとするシェフはいた。しかし、ブラスはレストランについて何も変えなかった。メニューも価格も変わらない。ミシュランに来てほしくないだけだった。

反応は丁寧だったが、はっきりしなかった。ブラスの希望が受けいれられたのかどうか、返事らしきものはもらえなかった。

二〇一七年九月、ブラスはフェイスブックに動画を載せて、削除の依頼を公にした。「今日、私は四六歳で、人生に新しい意味を与えたいと思っている……何がいちばん大切なのか、あらためて明らかにしたい」。シェフの白いユニフォームを着て、なだらかな起伏が広がるラギオールの風景を背に、彼はそう語った。[14]

「私は彼らに選択の余地を与えなかった」と、ブラスは言う。ソーシャルメディアの力を使って、世論を自分の味方にしようとした。効果はあった。一週間もしないうちに、動画の再生回数は一〇〇万回を超えた。

ミシュランからは何カ月ものあいだ連絡がなかった。さまざまな問題が持ちあがっていたであろうことは想像に難くない。ほかのシェフも星を返上したいと言ってきたらどうするか。ブランドの価値に長期的にはどのような影響があるだろうか。ブラスが前例になったらどうするか。モデルとなるだろうか。

二〇一八年二月、新しいガイドが発売になった。そのなかにル・スーケの名前はなかった。ブラスは自由になった。

「その年はどんな年でした？」私は訊いた。

「完璧《パルフェ》だったよ」

その年、ブラスは妻と二人の子供と過ごす時間を増やした。肩の荷は少し軽くなった。自由にやっていいんだと感じた。自分にとって「もっと」が意味するものに一線を引いたのだった。

ブラスはすでに三つ星を取っていたから、容易に決断できたのだろうか。そうかもしれない。確かに酸っぱいブドウ、つまり、負け惜しみだと非難されることはないだろう。

「酸っぱいブドウ」という言葉は、イソップ物語から広まった。一匹のキツネが高い木になる熟したブドウの房を見つける。ブドウは今にも果汁が滴りそうだ。キツネの口からはよだれが落ちる。跳びあがってブドウを取ろうとするが、手が届かない。繰りかえしチャレンジするが、何度やってもほんのちょっとだけ足りない。やがて、キツネはすわりこみ、ブドウは酸っぱいから取ろうと努力するに値しないと結論づける。そしてばかばかしいといって歩きさる。ブドウを「酸っぱい」ということで、キツネは思い通りにならなくて負った傷をいやす物語をつくりあげたのである。

もしこの考え方をそのまま受けいれるなら、金持ち以外は金持ちを軽蔑する資格はない、アイビーリーグに入れないなら、アイビーリークをばかにすることはできない、ミシュランの三つ星を持っていなければ、三つ星を求める気持ちを否定できない、と思うかもしれない。そうするのは、自己欺瞞であり、敵意であり、弱さである。

模倣のゲームからやましさを感じずに抜け出すためには、ゲームに参加してまず勝たなければならない、という主張を信じてはいけない。

リアリティ番組の「ザ・バチェラー」からの出演依頼に対して、くだらないと思って拒否すれば、それは酸っぱいブドウなのだろうか。出演して勝ち抜いてからでなければ批判してはいけないのだろうか。もちろん、そんなことはない。「文句があるなら自分でやってから言え」というのは青臭い言い分だ。

ジラールは敵意が存在するのはわかっていた——それは主に内的媒介の世界（一年生の国）で発生する。欲望のシステムのなかにいて、そこから社会的距離、言うなれば臨界距離がとれない場合である。しかし、あらゆる拒絶を敵意と結びつけなければ気がすまないのは、最悪の冷笑家だけだ。

もし獲得していた星が二つで、はじめて三つ星をとれるかどうかの瀬戸際にいたとしたら、ブラスが星を返上するのは難しかっただろうか。それはほぼ間違いなく、そのとおりだろう。この問題は、模倣のシステムの一部になっている人——つまり全員——が直面する。

大人になると、私たちは自分がその一部となる欲望のシステムを複数のなかから自由に選び、ほかのシステムとの関係のありかたを変えることができる。この過程の早い段階で自分の主体性を発揮すれば、事は簡単になる。

イソップ物語のある細かい点についてはほとんど語られていない。キツネが一匹だったことだ。キツネに影響を与える模倣の力は存在しなかった。もし、ブドウを眺めるキツネがもう一匹いたら、そんなに簡単に「酸っぱいブドウ」と断じることはなかっただろう。もしキツネの群れがブドウを欲していたら、そんなことはきっと起こらなかったと思われる。だが、単独でいたキツネは、ロマンチックな虚偽を言った。

本書をここまで読んだ読者の皆さんには、そんな贅沢は許されない。

私たちは良いものを悪いものだと偽ることができる。悪いものを良いものだと言うことさえできる。しかし、それはキツネにとってよりもはるかに難しい。私たちは良いものと悪いもの両方の価値を発信する他者と競わなければならないからだ。

セバスチャン・ブラスはブドウを味わい、それは酸っぱかった。あなたは自分で味わうまで信じないだろうか。

ブラスは抜け出すことができた。ゲームとのかかわりかたを変えたからだ。

「私たちは常にもっと求める社会に生きている」。ブラスは言った。「もっと強く、もっと上へ、もっと数字を、常にもっと大きく、常にもっと高く。でも、人々のなかには、人生で本当に価値あるものを見直して手に入れたいという深い欲求があると思う」。ブラスにとって本当に価値あるものの中心には家族と、報復を恐れることなくオーブラックの食を創造して広めたいという欲求があった。

セバスチャンが三つ星獲得という欲望のモデルだとすれば、三つ星返上のモデルでもあるだろう。

「私の決断は、多くのシェフが深いところに抱いている欲望を明らかにしたと思う。『何だって？　このシステムにノーと言ったやつがいるって？　もしかしたら、自分も言えるんじゃないだろうか。自分の人生を生きられるじゃないだろうか』って」

　フェイスブックで決意を発表してから一週間、朝の七時から夜の一〇時まで彼の電話は鳴りやまなかった。反応は二つに分かれていた。「私のしたことに一〇〇％の理解を示す三つ星シェフは多かった。一方で、星の追加を唯一の目標とする一つ星、二つ星のシェフもいる。彼らは私の決断を理解しなかった」


　二〇一九年二月、はじめての勝利を知ってからちょうど一年後、セバスチャンは一本の電話をもらった。「日曜日の夜八時くらいで、その日は二〇一九年版のミシュランガイドが発売される前日だった」。電話をかけてきたのはプレネックだった。「彼が言うには、二〇一九年のガイドに再掲載されるということだった。二つ星でね[16]」

「どう反応しましたか」私は訊いた。

「笑ったよ。大いに笑ったね」

第６章　破壊的な共感《エンパシー》――薄い欲望を乗りこえる

殺し屋との炉辺談話　セックスをすれば嫉妬が減る　共感しながら耳を傾ける

ヴィヴィアン・ワード　確かに魅力的な申し出よ。数カ月前だったら飛びついたはず。でも今は違う。あなたが変えたの。元には戻れない。私の望みはもっと大きいの。
エドワード・ルイス　もっと多くを望むのがどういうことか、ぼくはよく知っている。

映画「プリティ・ウーマン」

ただひとつ正真正銘の旅……は、新たな風景を求めて旅立つことではなく、ほかの多くの目を持つこと、ひとりの他者の目で、いや数多くの他者の目で世界を見ること、それぞれの他者が見ている数多くの世界、その他者が構成している数多くの世界を見ることであろう。

マルセル・プルースト
（『失われた時を求めて』吉川一義訳、岩波書店）

デイヴ・ロメロ（仮名）の名刺には、「カスタマーリレーションズ・スペシャリスト」と書かれていた。金曜日の朝、彼は私の自宅にあらわれた。ラスベガスのダウンタウン近くの私のオフィスで、私に会えなかったからだ。デイヴはいわゆる古い《オールド》ラスベガス――偽物の火山やミケロブ・ウルトラつきのカジノが生まれるまえ、治安の悪い西部地域だったころのラスベガス――の人間だった。

私の会社は一〇〇〇を超えるサプライヤーと取引していた。そのうちの一〇〇人くらいは個人的に知っていた。この会社を興した最初のころは、営業担当者とよく話をした。しかし、会社が成長するにつれて、私の時間の使いかたは変わった。サプライヤーのほとんどが私にとってブラックボックスになっていた――彼らは商品を送ってきて、うちはその商品をウェブサイトで売り、三〇日後に支払う。

そうしていた。うちが払えなくなるまでは。

それは二〇〇八年末、ザッポスとの取引が失敗に終わったあとのことだった。私は次の一手を見つけるまで会社を存続させようとして、自分の信用枠を使い果たしていた。ザッポスとの取引がなくなったとき、借り物の欲望から解き放たれてほっとしたが、その気持ちは続かなかった。激しく揺れる会社の舵を取るという苦しい現実に直面していたからだ。

時間稼ぎをするために、私は先に支払うサプライヤーを書きだした。支払い期日の厳守を求める会社――支払いが遅れたときには私に会いに来そうな会社――がリストの上位に来た。売掛金の回収担当者がおおらかだとわかっている会社は下のほうに入れた。しかし、大きな問題が一つあった。できあがったリストは、すべて私が個人的に知っている会社で埋められていた。ブラックボックスの会社は支払いリストに入っていなかった。どういう会社なのかわからないので評価のしようがなかったからだ。

　ファイア・ファーマシューティカルズ（仮名）という会社――デイヴ・ロメロが顧客関係を担当をする会社――はブラックボックスだった。支払いの優先リストからこの会社を外すという私の判断は、次のようなことを知っていれば、違うものになっていただろう――創業者は犯罪組織とのつながりがあると噂されている、銃の違法取引に関与していると言われている、この会社を欺いた競合者が人知れず姿を消した。

　こうしたことを私は、デイヴが私の人生に登場したあとに業界内で訊いてまわって知った。時すでに遅し、だった。


　デイヴ・ロメロは薄い髪を一つにまとめ、青白い顔をしていた。細い目と目じりの深いしわは、人の心を読めるような印象を与えている。歩き方は自信たっぷりで堂々としている。私は想像した。彼にはサイゴンのバーで、ベトコンのシンパ五人の指をビール瓶で入念に折った過去があり、それで今でも毎朝起きて鏡を見て、「デイヴ・ロメロをなめるなよ」と思っていたりするのではないか。

　デイヴは朝七時、私が犬の散歩に出かけようとしていたときに自宅を訪ねてきた。玄関のベルが鳴ったとき、私はモルモン教の伝道師がまた来たのかと思った。だが、彼らは朝の七時には来ない。代わりにそこにいたのがデイヴ・ロメロだった。

　デイヴとはそれまでに三回話をしていた。一回目は、支払いの遅延を伝えてきたうれしくない電話だった。むっとした私は、それまで問題のなかった支払履歴を盾に大声で言いかえした。二回目は予告もなくオフィスに訪ねてきた。自分は辛抱強い男ではないと言い、私の机の上に二つのサイコロを投げて出ていった。三回目は、日曜日の夜にアメリカンフットボールの試合を流す地元のバーにあらわれて――なぜ私がそこにいるとわかったのかは知らない――自分は言ったことは実行すると言った。まるで肉をやわらかくするかのように、片方の握りこぶしをもう片方の手のひらに打ちつけながら。このときは店の用心棒が出てきてデイヴは帰った。出ていくとき、彼は親指と人さし指でピストルの形をつくり、私に向けた。

そして四回目。この訪問が何を意味するのか、私にはわからなかった。

彼はそれまでとは違って見えた。彼は世間話をはじめた。調子はどうだい、と訊いてきて、それから天気を話題にした。いったいこれはどこへ向かうのか。「ザ・ソプラノス」で、あとで殺す男の背中を親しげに叩くようなものなのか。友好的な態度に私は警戒した。

私はもごもごと答えた。後ろで毛を逆立てている犬のアクセルが脇からすり抜けて出ていかないように、できるだけスペースを取るように立ちはだかった。デイヴとの距離は近く、向こうは隙あらば入りこみたいと思っているかのようだった。

デイヴはさらに距離を詰め、声を落とした。「ところで申し訳ないんだが、月曜の朝までに請求書を何とかしてくれないかな。そうしたら、もう来なくてすむんでね」。落ちついた様子で静かにそう言いながら、左手につけた派手な指輪の一つをいじっていた。

そんなに急に払えるはずがなかった。

私が口を開くまえに、向こうは続けた。「ああ、それから明日の夜、君の会社のバーベキューパーティーをここでするって聞いたんだが」

そのとおりだった。毎月、従業員に順に声をかけてうちでパーティーをしていた。だが今回は全員を招待していた。事態が好転しなければ、みんなで集まるのは最後になるかもしれない。

しかし、なぜデイヴが知っているのか。

「それは……そうなんだけど……なぜ……」

「ぼくも来てもいいかな？」

それは頼んでいるようには聞こえなかった。私は訳がわからず、不安が募った。とにかくデイヴに帰ってほしかった。「もちろん。七時にはじめるから、そのころに来てくれれば」。思わずそう言っていた。パーティーに来たいと言われて、面と向かって断ったことは一度もなかった。そういう性分なのだ。

そんなわけで、私は殺し屋を自宅に招いてしまった。


デイヴはフォアローゼズ・シングルバレルを一本持ってあらわれ、グラスに氷は一つだけにするように言い張った。パーティーは盛りあがった。最後の一滴まで飲み干し、グリルの火が消えても、誰も帰ろうとしなかった。デイヴ・ロメロも含めて。

デイヴは私たち数人といっしょにグリルを囲んですわっていた。私はその日二枚目のシャツをすでに汗まみれにしていて、夜が終わるまでにもう一度着替えが必要かもしれないと思っていた。

デイヴはここに来た本当の理由を言わなかった。前日に彼が来て話したことは、誰にも言っていなかった。ファイア・ファーマシューティカルズとやりとりをしているのは、私のほかには数人しかいなかった。ほとんどの者は彼が何者か知らなかった。「ルークと仕事をしているんだ」と彼は訊かれて答えていた。それで終わりだった。誰も仕事の話はしなかったし、誰も気にしなかった。このバーベキューパーティーにはときどき外部の人も招いていたので、デイヴについても私の変わった友人の一人だろうとみな思っていたようだ。

デイヴはほとんどしゃべらずに私たちといっしょにいたが、話が途切れたときに口を開いた。「今までにしたことで、いちばん不健康なことって何だった？」

私は大学生のときに、酔っぱらって砂糖たっぷりのクリスピー・クリーム・ドーナツにダブルチーズバーガーをはさんで食べたと告白した。ポールはタイにいたとき、コンドームなしで何回もセックスしたと言った。ジェシカは亜酸化窒素を吸ってハイになったことがあるという。その夫のトムは、最初の子供ができたとき、内緒で家を抵当に入れてリスクの高い株式に投資したことがあった。

「ぼくは男を殺した」デイヴが言った。

私は自分の耳を疑いながら、炎が薪を舐めるのを見つめた。デイヴが私を見て、皆がデイヴを見ているのがわかった。火は消えかかっていた。私は残っていたマシュマロを投げこんで焼けるのを眺めた。

デイヴは椅子のなかで体を起こし、身を乗りだした。「もし金の心配がなくなったら、みんなは何をしたい？」

「わからないな」と私は言った。「まずは金の心配をするのをやめてみないと」

その後の一時間、デイヴは次第に皆に対して個人的な質問をするようになっていった。それは弔辞で語られるような話で、仕事の集まりでするような質問ではなかった。これまでにもっとも満たされたのは、何をしたときか？　深く愛した人は誰か？　痛みを和らげたいとき、どこへ行くか？

デイヴは弱々しく見えたし、ほかのみんなもそうだった。デイヴは人生最後の一〇年――すでに自分がその期間にいることを確信していた――は、人との約束を果たしながら過ごしたいと語った。たとえば、甥をスカイダイビングに連れていく、月に一度刑務所を訪ねる、今の仕事をやめる、といったことだ。

真夜中をすぎて少しずつ人が減っていった。デイヴは最後まで残った一人だった。私は彼の手を握り、きちんと対処できるように連絡すると言った。デイヴは笑って私の肩に手を置いた。「よろしく頼むよ、ルーク」。それから私の背中を叩いて、タクシーをつかまえにふらふらと出ていった。

その週の後半になって、デイヴが心臓麻痺で亡くなったことを知った。ファイア・ファーマシューティカルズの人が、デイヴは従業員ではなくパートナーで、私とは「話がついた」と言っていた、と教えてくれた。それ以来、同社から連絡はない。

その夜起きたことは「破壊的な共感《エンパシー》」だったと今ならわかる。[1] とまらない模倣から生まれる争いのサイクル――たとえば借金取りと債務者が相手の攻撃性を模倣しながら互いに反応する――が途切れたのである。予期せぬ共感――その瞬間を超越した何か――が入りこんだのだ。

恐怖、不安、怒りは模倣によって簡単に増幅する。同僚がぶっきらぼうで敬意の感じられないメールを送ってきたら、私も同じようなメールを返す。友人と議論をしていて相手が声を荒らげれば、私も大声で言いかえす。受動的な攻撃は山火事のように広がっていく。当事者の二人のあいだにとどまらず、組織文化の隅々にまで広がるだろう。

ルネ・ジラールは握手の失敗例を用いて、どれだけ模倣が浸透しているか、そして、私たちがふだん単なる〝反動〟だと思っていることをどのように説明すればよいか示している。握手は些細なものではない。たとえば、あなたが私に手を出して、私がその手を放っておいたとしよう。私はあなたの儀式的なジェスチャーを真似しない。何が起きるか。あなたは出鼻を挫かれたと思い、手を引っこめるだろう――おそらく私の行動からあなたが感じ取ったのと同じ形で、たぶんもっと激しく。「私たちは、これ以上に普通で自然な反応はないと思っている。しかし、少し考えれば、その矛盾する性質が明らかになるだろう」とジラールは書いている。「もし私があなたの握手を拒んだら、つまり、あなたを真似るのを拒否したら、今度はあなたが私を真似る立場になり、私を拒絶し、私と同じことをする。この場合、普通なら意見の一致をあらわす真似は意見の相違を明らかにし、それを強化する役割を果たす。繰りかえしになるが、要するに真似は征服する。このように、互いを真似る行動はもっとも単純な人間関係でさえ、厳格に容赦なく構築するのである[2]」

こうしてネガティブな模倣サイクルは始まる。だが、私たちはそうなるように運命づけられているわけではない。

この章では、人を根本から知るための具体的な方法を学ぶ。そうすれば安っぽい模倣の応酬を減らすことができるだろう。この方法では特定の経験に耳を傾けてそれを共有する。語るべきは、深い満足感を得た行動の話である。こうした話を聴いて心を寄せれば、共感が生まれ、人間の行動を深く理解できるようになるだろう。

ネガティブな模倣サイクルは、二人の人間が共感を通じて、互いを競争相手と見なすのをやめたときに破壊される。デイヴは異なるモデルを示すことで、私の考え方と反動的な衝動を変えた――デイヴがモデルとして示したのは、誰にでもあるが満たされないことが多い根本的な欲望だ。他者を知り、他者に知ってもらうことである。

　私たちは経営戦略も真似できるし、共感も真似できる。前者は枠組み、後者はプロセスだ。これから説明するプロセスでは、どんな枠組みにも収まらない、他者および自分の人間性に注目することが大切になってくる。

シンパシーにまつわる問題

「その理念にシンパシーを感じる」。そんなフレーズを聞いたことがあると思う。シンパシーはどこにでもある。その理由の一つは、シンパシーのほうが共感《エンパシー》よりも実践がはるかに容易だからだろう。sympathy（シンパシー）と、empathy（エンパシー）の語源は同じだ。どちらも元をたどればギリシャ語の pathos（パトス）に行きつく。アリストテレスの使いかたを見れば、この言葉は大まかに言って「気持ち」あるいは感情に訴える何らかのものを意味している。両者の違いは接頭辞にある。sympathy は、「いっしょに」を意味する sym- で始まっている。だから、sympathy は「いっしょに感じる」という意味だ。自分の感情がシンパシーの対象となる人の感情ととけあう。相手の視点で物事が見える。そこにはある程度の同意の存在が想定される。

　シンパシーは容易に模倣に乗っとられる。みんなで何かについて話しはじめて、あっという間に意見の一致にいたったことはないだろうか。たとえば政治について話しているときとか、仕事の決断をするときとか、店でメニューを見ながらおいしそうな料理を選ぶときとか。あなたは笑みをうかべてうなずき、ときには声に出して賛成しているかもしれない。しかし、数分後、あるいはその夜家に帰ってから、ふと思う。「待てよ……自分は本当に賛成していたのだろうか」
共感は違う。Empathy の em- は「なかに入る」ことを意味する。それは他者の経験や感情に入りこむ能力である——ただし、冷静さは失わない。つまり、自分の核心から離れても、自分の反応をコントロールする力や、自由に行動する力を失わない。

本物の共感は意図を持った旅に乗りだす。二〇一八年にタイのタムルアン洞窟に閉じこめられたサッカーチームの子供たちを救ったダイバーのように。彼らは自らの意志で洞窟に入った。子供たちを救いに行く途中、道に迷ったり、命を落としたりしないように、周囲の状況と自分の反応に意識を集中しながら、自分を制御していた。

共感とは、他者の経験を共有する能力である——ただし、相手の話、信念、行動、感情を真似ることはなく、自分自身の人格や冷静さを失うまで共鳴することはない。この意味において、共感は反模倣的である。

共感があれば、あなたは署名する気がない嘆願書の署名を集めている人に微笑みかけ、冷たい水を差しいれることができる。炎天下で彼らがどれだけ暑い思いをしているか、自分が大切するものに情熱を注ぐことがどういうことか、よくわかっているからだ。賛成できない人に対して私たちがよくかける、うわべだけの礼儀正しい言葉は必要ない。そうではなく、共感する過程において自分を犠牲にすることなくつながれるように、人としての共通点を見つけることだ。

共感は模倣のネガティブなサイクルを破壊する。共感する能力がある人は、他者の経験に入りこんでその人の欲望を共有することなく、その人の考えや感情を共有できる。共感力のある人は、自分が欲しくないものをなぜ欲しがる人がいるのか理解できる。つまり、共感できれば、ほかの人のようにならなくてもほかの人と深くつながれる。

模倣のサイクルを思い出してほしい。誰もが誰かのようになりたいと思う。そうして冷静さと自由を失う。多数の手紙を書いたトラピスト修道会の修道士トマス・マートンは、コロンビア大学に在学中に自分の身にそれが起きていることに気づいた。後年、彼はこう書いている。「真の内なる自己は、海底から宝石のように引きあげなければならない。混乱から、無個性から、平凡で、目立たず、些細で、あさましく、はかないものにつかった状態から救われなければならない[3]」

共感力があれば、私たちは宝石である内なる自分を犠牲にすることも、海にのみこまれることもなく、他者と交流できる。濃い欲望を見つけて育むのに役立てることができるだろう。それは模倣的ではない欲望であり、良い人生の基盤をつくる欲望である。

濃い欲望

濃い欲望を見つけて育めば、安っぽい模倣の欲望から身を守ることができ、最終的には今よりも充実した人生につながる。

濃い欲望とは、表面からは見えない奥深く、地球の中心に近いところでつくられるダイヤモンドのようなものだ。それは人生において変化しつづける環境に影響されない。一方、薄い欲望はきわめて模倣的で伝染しやすく、たいてい底が浅い。

欲望は年齢を重ねるにつれて濃くなっていくと言えればいいが、必ずしもそうとはかぎらない。少なくとも意図的に努力しなければそうはならない。自分の欲望が薄いことに気づくのが遅すぎたという高齢者はめずらしくない。たとえば、何十年も引退を楽しみにしてきて、いざ引退してみたら満たされなかったという人だ。引退したいという望み（ちなみに第二次世界大戦前は一般的ではなかった）は薄い欲望であり、理想的な状況のなかでこれをしたい、これはしたくないという模倣的に得た考えでいっぱいだからだ。一方で、家族と過ごす時間を増やしたいというのは濃い欲望だ。そう言えるのは、今日から欲望を満たすことができ、引退するまでそれを続けられるからだ。それは長い年月をかけて複利のように成長する。時間をかけて確かなものとなる。

濃い欲望と薄い欲望の違いは、感情の違いだけで簡単に区別できるものではない。若いころには人は強く欲望を感じる――お金を稼ぎたい、特定の容姿を持った人とつきあいたい、有名になりたいといったように。感情が強ければ強いほど、欲望が薄まることはめずらしくない。年をとるにつれて、こうした若いときの強い感情の多くは消えていく。欲しいものが手に入らないと気づいたからではない。パターン認識ができるようになり、自分が満たされない欲望を認識できるようになるからだ。その結果、多くの人が年齢を重ねるにつれて濃いほうの欲望を育むようになる。

しかし、濃い欲望と薄い欲望は常にせめぎあっている。芸術家なら誰でも経験しているはずだ。彼らには真実を伝えたい、重要な何かを表現したいという生涯にわたる欲望がある。その一方で、市場で作品を売りたい、受けいれられたい、称賛されたい、評価されたい、年ごと月ごと日ごとに変化する流行の頂点にいたい、という相反する欲望もある。後者は浅薄な欲望で、積み重なれば、濃い欲望を見えなくしてしまうだろう。

こうした薄い欲望を振りはらうには何かしらの出来事が必要になることもある。

ほこりを払う

二〇〇八年にザッポスに会社を売却するのを失敗したとき、私は自分に問いかけた。自分はそもそもなぜこの会社を興したいと思ったのか。薄い欲望に覆われて見えなくなったり、捨ててしまったりした濃い欲望が少なくとも三つあった。

一つ目。起業したとき、私は世界に価値を提供する会社がつくれるなら、自分の名前が世に知られるかどうかはどうでもよかった。それなのになぜ名声にこだわるようになったのか。私は何らかの賞を取ったり、多くのフォロワーを獲得したりして注目されたいと思うようになった。数年前にはなじみのない欲望だった。しかし、まわりが注目を求めていたので、私も欲しいと思うようになった。それで「もっとも働きやすい会社」のランキング入りなど、まやかしの栄誉を求めるようになった。

名誉を意味する prestige はラテン語で「幻想」や「奇術」を意味する praestigium に語源がある（ちなみに二〇〇六年の映画「プレステージ」は、二人の奇術師のあいだの模倣の競争を描いており、タイトルがぴったりだ）。人は職業上の名声――その手腕に対する尊敬や称賛――を求めるが、それを求めるのは蜃気楼を求めるようなものだと気づかない。

最初の会社を立ちあげて数年で、私は正面よりも脇を見て時間を費やすようになった。探したのは成功を測る方法で、それはいたるところにあった。カフェで高価なラップトップをのぞきこむ若者。有名なベンチャーキャピタルの後ろ盾を持つ創業者。苦労することなく成功すべくして成功したように見える起業家。私はひそかにこうした人たちを腹立たしく思った。

この経験を古い言葉で言えば「嫉妬」である。ジラールはこう言っている。「私たちがセックスについてよく話すのは、嫉妬について話す勇気がないからだと思う」[4]。嫉妬は破滅的な模倣の欲望の原動力で、地下で動いているので、それをとめる手立てはあまりない。名声は誰かが持っている自分にはないものに対して発生するため、嫉妬の温床となる。

起業家にはたくさんの職業上の危険がある。心の健康の問題、燃え尽き症候群、薬物やアルコールの濫用、経済的な不安定性などだ。嫉妬が話題にのぼることはない。

二つ目。私は自分なりのライフスタイルをつくりたいと思っていた――起業家の特典の一つだ――が、いつのまにかほかの起業家に倣っていた。

金融の仕事をやめて起業した当初は、明確な境界線が引かれたバランスのとれた生活を望んでいた。毎晩一時間は読書をして、犬の散歩の時間をたっぷりとり、友人と過ごす時間を増やし、恋愛関係を大切にしたい。しかし、スタートアップ企業のＣＥＯとして、気づくと私は一週間に八〇時間働き、境界線もバランスも完全に無視していた。どうしてそんなことになったのか。

シリコンヴァレー、そしてスタートアップの世界の生活は総じて模倣によって成りたっている。メンローパークに移り住んで、皆が同時にロゴ入りのパーカーを着てヴァンズを履こうと決意するわけではない。無味乾燥でつまらないメールを全部小文字で書いて、忙しさと自分がいかにすごいかをアピールしようと皆が同時に決意するわけでもない（反模倣的になるコツがここに一つある。こういうメールをもらったら、敬意と思慮を備えた美しい返事を書くことだ）。

私の場合、ザッポスの文化に染まった。トニー・シェイはザッポスの文化を「積み荷崇拝《カーゴカルト》」のように語っていた――同じレシピを使えば、成功する文化を築きあげることができる[5]。経済的な成功もそれについてくる。私の会社のオフィスがザッポスのようになるまでに時間はかからなかった。奇妙な飾りが壁からぶら下がり、奇抜なお祝いの会が開かれ、訪問者のラウンジにはビジネス書が並んだ。私はほぼ毎晩ハッピーアワーに顔を出した。そうしなければ遅れをとって、「文化になじまない」人だと思われるような気がした。

三つ目。昔からある英知を求めずに、ミームやツイート、ＩＴ情報を消費するようになった。そうして知らず知らずのうちに真似る思考を持つようになった。アリストテレスよりも、ブロガーのゲイリー・ヴェイナチャックが語る幸せのほうが詳しくなった。私がそのなかで暮らして働いた生態系は、日に日に同質化していくように思えた。この思考システムの外に出る勇気はあったかもしれないが、それはできなかった。システムの外のことは何も知らなかったのだから。

自分の世界を支配していた思考を振りかえってみれば、それらは浅はかなものだった。若いころの自分のなかにあった、時の試練に耐えて生き残った思考を探究したいという欲望はどうなったのか。

何かを変えなければならなかった。火を囲んで語りあったデイヴ・ロメロとの対話が、特に彼の声ににじみ出ていた後悔の念が、私に教えてくれた。それまで自分が戯れてきた欲望のほとんどが薄っぺらくてもろいものだったと。それは吹けば飛ぶほこりのようなものだった。人生の土台になる堅固なものではなかった。

デイヴの訃報を聞いてからまもなく、私は会社を縮小しはじめた。デイヴのことがあったからではなく、このとき徐々に進んでいた変化を形にするためにしなければならないと思ったからだ。

このとき私は自覚した。自分の心の奥底には、人生の大きな疑問を探究したいという欲望がある。まずは自分から始めて、人間を深いところまで理解したい。[6]

欲　　望

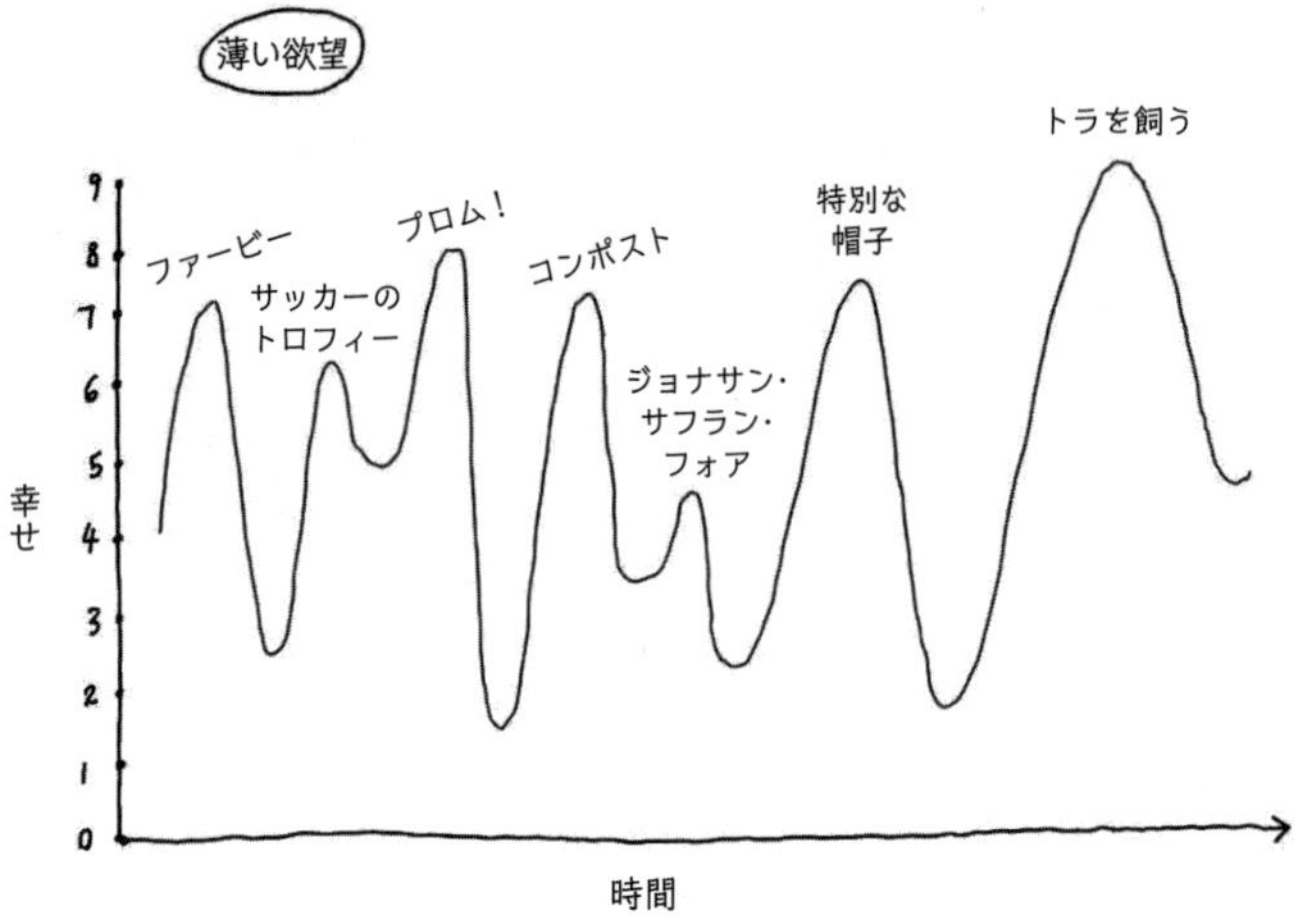
薄い欲望
トラを飼う
9
8
7
6
5
4
3
2
1
0
ファービー
サッカーの
トロフィー
プロム！
コンポスト
ジョナサン・
サフラン・
フォア
特別な
帽子
幸せ
時間

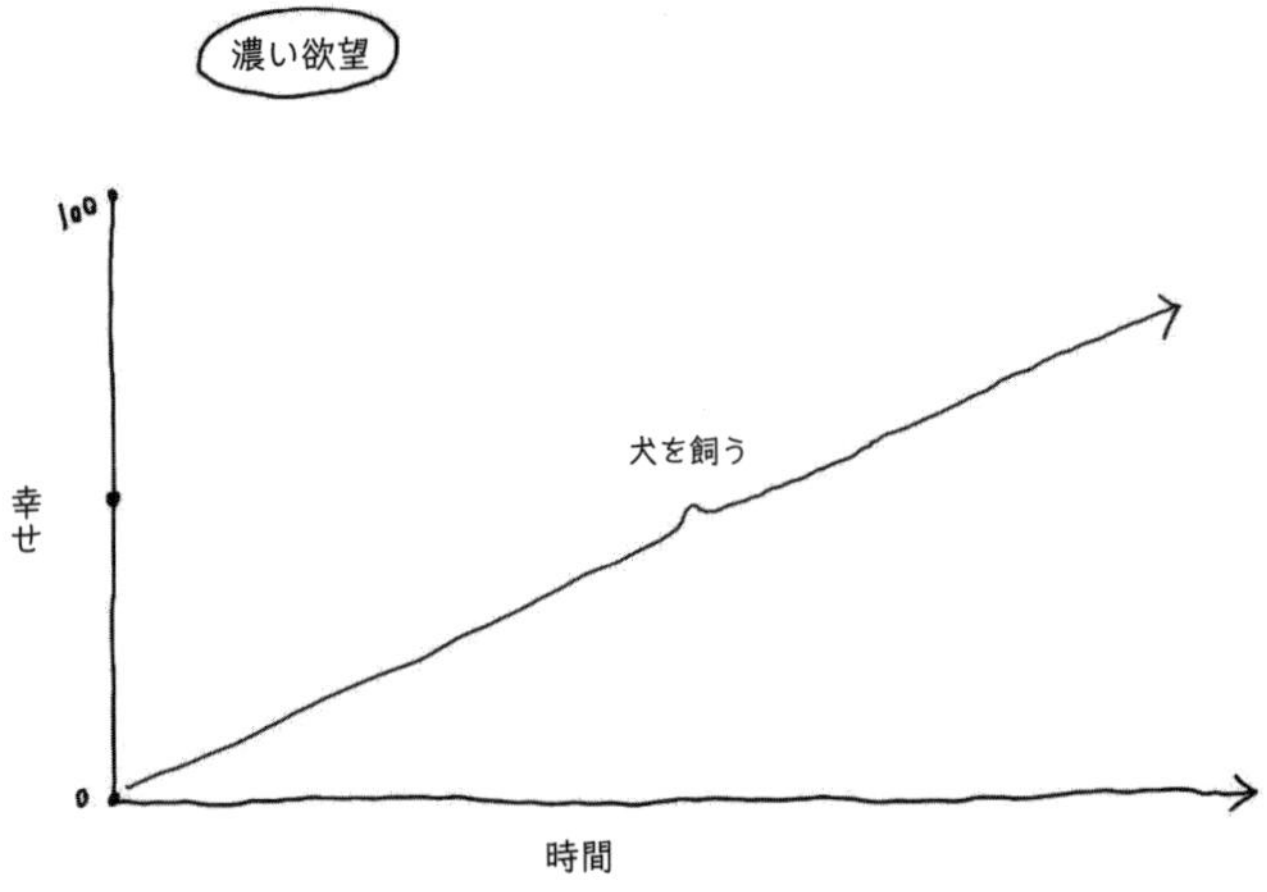
濃い欲望
100
0
犬を飼う
幸せ
時間

倉庫業務の効率を追求したり、現金残高を維持する方法を考えたり、もう率いたくないと思っている会社を存続させるために週に九〇時間働くより、したいことがあった。

私は次に進むまえにスタートアップの世界から三カ月離れて、自分自分――主に自分の欲望――を見つめなおすことに決めた。それは模倣から少し距離を置いた人生の最初の三カ月だった。

充足の物語

たとえば、私が薄い欲望を捨てて、反模倣的で地に足の着いた堅固な欲望に意識を向けようとしたとする。それは大変な作業のはじまりだ。薄い欲望はそう簡単に消えないし、濃い欲望は、薄い空気のなかで自然に発生するものではない。育てるには月単位、年単位の時間がかかる。

まずは、あなたがすでに持っている濃い欲望から始めるといいだろう。簡単には見つけられないかもしれない。濃い欲望は、日常を支配するはかなくて衝動的な欲望の下に隠れているからだ。アメリカ人作家で教育者のパーカー・パルマーはこう述べている。「人生で何がしたいのかを自分のいのちに語る前に、自分がだれなのかをいのちに聴かなければいけない」[7]

私がこれから述べる方法は、人類学、哲学にもとづいたものであり、実用的で、精神的《スピリチュアル》でさえある。精神性《スピリチュアリティ》については、ラビのジョナサン・サックスの定義が気に入っている。精神性とは単純に「自分より偉大なものに対して自分を開放したときに起こるもの」だという。「それを自然や芸術、音楽の美しさのなかに見いだす者もいる。祈りを捧げているとき、善行を行なっているとき、聖典を学んでいるときに見いだす者もいる。さらに、他者への手助けや友情、愛のなかに見つける者もいるだろう」[8]。自分自身、他者そして世界との連帯感と言ってもいいかもしれない。

　これまで見てきたように、欲望とは社会的なものだ。欲望とはつながりである。だから、もしあなたが自分は精神的な人間ではないと思っていたとしても、この方法はきっと役に立つだろうと思う。私たちは一人でいるのではなく、欲望によって結ばれた関係のなかに存在しているという、人間としての根源的な真理をもとにしているからだ。

　この章で焦点をあてる濃い欲望を見つける方法として私が勧めるのは、時間をかけて同僚（あるいはパートナー、友人、クラスメート）から、人生でもっとも満たされた経験について聴き、自分も同じように語るというものだ。相手が達成感を覚えた経験について理解を深めれば深めるほど、互いにどのように協力しあえばいいかわかってくるだろう。仕事において相手を動かすもの、動機づけるもの、満足感につながるものがわかってくる。

　単純な話に聞こえるだろうが、実践している人はいない。自身に問いかけてみてほしい。あなたにとってもっとも意義ある成果と、なぜそれがあなたにとって意義があるのか、一つでも説明できる同僚が何人いるだろうか。

　これを実践して目指すのは、核となる動機づけの原動力《コア・モチベーショナル・ドライブ》を特定することだ。動機づけの原動力とは、その人特有の変わらない行動のエネルギーで、人生において確かな形の結果を出そうという気にさせるものである。たとえば、あなたにとっては「管理する」ことが根本的な動機になるかもしれない。あるいは「認識を促す」もしくは「障害を乗りこえる」ことに意欲を感じるかもしれない。動機づけの本質について真剣に考えたことがある人は少ないので、私たちは核となる動機づけの原動力を正確に表現する言葉を知らない。この方法を実践することで、それができるようになる。

核となる動機づけの原動力は、不朽かつ圧倒的で飽くことを知らない。子供のときからの行動の大半もこれが説明してくれるだろう。動機づけのエネルギーとして考えてみてほしい――どうしていつも同じ種類のプロジェクト（チームか個人か、重視するのは結果か過程か）や活動（スポーツ、アート、劇場、さまざまなフィットネス）に引き寄せられるのか。

動機づけにはパターンがある。それを特定する手がかりがあれば、濃い欲望の理解に向けて大きく前進するだろう。パターンを明らかにするのにいちばん有効なのが、物語を分かちあうことだ。

これを語るときには、その行動をとったことで最終的に深く満たされたときの話をする。私自身、今では採用面接で最初にこの質問をするようにしている。上っ面ではなく、その人の本質に切りこめるからだ。「人生で何かをうまくやって、それで満たされたときのことを話してください」

これまでこのシンプルな質問によって、個人や組織全体の相互関係が変わるのを見てきた。人の話を上手に聞ける二人のあいだで物語が共有されるとき、その経験は語り手と聴き手の両方を、欲望が大きな充足感をもたらした現場に連れていく。だから、こうした物語を語りあうのは楽しい経験となる。

私が言う充足の物語には三つの要件がある。

1　**行動であること。**受動的に経験したことではなく、あなたが具体的に行動して、あなたが主役でなければならない。ストーン・ポニーで開かれたブルース・スプリングスティーンのコンサートはあなたの人生を変えたかもしれないが、それは充足の物語ではない。スプリングスティーンにとっては充足の物語かもしれないが、あなたにとっては違う。一方で、あるアーティストとその作品についてすべて調べたというなら、充足の物語になるかもしれない。

2　**自分でうまくやったと思っていること。**ほかの誰でもなく自分で評価して、非常にうまくやったと思えることでなければならない。探しているのはあなたにとって重要な成果である。このあいだの夜、完璧なリブアイステーキが焼けたと思うなら、あなたはうまくやって何かを達成したことになる。人から見てその成果が大きいか小さいかは気にする必要はない。

3　**充足感をもたらすこと。**行動した結果、深い充足感を覚えなければならない。喜びさえ感じるかもしれない。エンドルフィンのように束の間のものではない。充足感。翌朝になっても満足感を味わえるもので、今でも感じられるもの。考えるだけでその一部がよみがえるものだ。

深い意味と満足感を得た瞬間が大切なのである。それはあなたが何者であるかについて、きわめて重要なことを明らかにしている。

「行為は本質に従う」とアリストテレスは二三世紀前に書いた。物事はその本質に従ってのみ作動するという意味だ。私たちはその動きをもとにそのものの本質を知ることができる。しかし、人間の場合、さらに行為の内側ものぞきこむ必要がある。その人がその行動をとった動機は何か。どのような状況だったのか。行動は感情にどのような影響を与えたか。

三人のアーティストがザイオン国立公園の高原で、肩を並べて同じ夕日を描いているところを想像してほしい。一人は賞を目指して腕を磨きたい。一人は、はじめてデートした思い出の場所なので、できあがった絵を記念日に夫にプレゼントしたいと思っている。最後の一人は美しい光景を記憶に残したくて描いている。外から見れば、三人はまったく同じことをしているように見える。内から見れば、それぞれまったく違うことをしている。

犬や猫の行動は外から見ておおむね理解できる。しかし、人間は違う。なぜそれを行なうのか、それがその人にとってどういう意味があるのか理解するためには、その人の内側を知る必要がある。充足の物語は行動を内側から見ることでその核心をつく。充足の物語は問う。「しかし、なぜその行動はあなたにとって、そんなに重要なのか」

この問いと答えはポジティブな模倣のサイクルのはじまりとなる。あなたは充足の物語を一つ語る。私は共感しながら話を聴き、そのなかで聞いたこと、見たこと、感じたことを振りかえってあなたに伝える。それからあなたは私と同じことをする。共感は共感を真似、心は心に語りかける。

一〇年ほど前、はじめてこうした話を語るように言われたのは、ナラティブ心理学の専門家である友人がこのプロセスを実践してくれたときだった。充足の物語を語るたびに、別の物語が浮かびあがってきた。過去に深くもぐればもぐるほど、長いあいだ忘れていた物語を発見した。忘れていただけではない。当時はそれを充足の物語だと認識もしていなかった。

リトルリーグで投げてノーヒット・ノーランを達成した。
最初の会社を立ちあげた。
三〇日間毎日文章を書いた。

なかには自分で驚いたものもある。

祖母のレシピで夕食にピエロギ〔ポーランドの伝統料理〕をつくった。
五年生のときの科学のクラスで、オレンジの皮をむく装置を開発した。
ＰＨＰとＭｙＳＱＬを独学して、会社のウェブサイトのバグを修正した。

当時、まわりから見れば「成果」とは言えないものもあっただろう。だが、私にとっては成果だった――大きな満足感を得たのだから。こうして話していたとき、濃い欲望のパターンが浮かんできた。

動機づけのパターン

私が述べるこの方法は、善意と共感力さえあれば、場所を問わず誰でも実践できる。

とはいえ、私が長年いっしょに仕事をしてきたある組織が、評価のために一般的な動機づけのパターンを体系化してまとめたものがある（Motivation CodeおよびMCODEで商標登録している）。そこでは二七のテーマが特定されて定義されている。[9] 評価するときには、その人の充足の物語について一連の質問を行ない、成果のなかで深い満足感を味わったと思う側面を特定してパターンを見つける。

人は核となる動機づけの原動力を複数持っている。重要なのは、それらがいっしょになって働くこと、そして状況によってほかより強く働く原動力があると知ることだ。

次にあげるのは、MCODEで定義された二七の動機づけテーマのうちの三つで、それぞれどのように働くのか例示した。もしほかのテーマにも興味があれば、補足資料Cを参照してほしい。テーマ名はMCODEで定義されたとおり太字で記載した。

探究する
探究に動機づけられる人は、今ある知識や経験の枠に収まらず、未知のものを見いだしたいと思う。

友人のベン（この名前もここで紹介するほかの名前もすべて仮名である）は、カウチサーフィンで新しい国を訪ねて、その国の言葉や食事を知るのが大好きだ。昔、トルコの市場《いちば》でさまざまなスパイスに魅了され、何時間もかけて味見をしながら、私にワッツアップで実況中継してきたことがある。スパイスが未知のものでなくなると、探究の対象は別のものに移る。カクテルづくり、一七世紀のフランス文学、暗号資産といったように。

興味の幅とその移り変わりの速さを見れば、軽薄に思えるかもしれない。だが、このように**探究**に強く動機づけられる人はいる――それはそれで問題ない。というより、核となる動機づけの原動力は本質的にすべて良いものである。単にどのように組みこまれているかということだ。

しかし、どの核となる動機づけの原動力にも影の部分はある。ベンは今では自分が基本的に**探究**に動機づけられる人だとわかっているので、新しい可能性に目を奪われて、今やっていることへの興味がしぼむときを意識できる。動機づけのエネルギーは、生産的で価値を創造するものに振りむけるよう努めている。現在彼は旅の本を書いている（有名な旅行作家リック・スティーブスもおそらく**探究**に動機づけられるだろう）。

注意してほしいのは、ベンは一つのことを**習得する**のには興味はないということだ。ベンといっしょにイタリアに旅行に行ったとき、二人ともイタリア語を少し学んだ。共通の友人のアレックスは語学習得に情熱を燃やしていた。二人が遊び半分で新しい言葉を覚えて楽しんでいたとき、アレックスは部屋にこもってイタリア語版のピノキオを相手に、すべての言葉の使いかたを覚えるまで満足しなかった。これはアレックスが基本的に**習得**に動機づけられる人だからだ。

習得する
習得に動機づけられる人は、技能、テーマ、手順、技術、プロセスを完全に自分のものにしたいと思っている。

ベンや私と違って、アレックスはイタリア人にお世辞で「イタリア語がお上手ですね」と言われても満足しなかった。イタリアの古典文学が読めて、カンポ・デイ・フィオーリのファーマーズ・マーケットで欲しいものを伝えられるようにならなければ満足できなかったのである。

その後アレックスは物理学の博士号を目指した。エリコット・シティのスネイル・メイルを紹介したときには、彼はその音楽に夢中になり、すべての歌詞を覚え、ギターで弾けるようにした。興味の対象は少ないが、興味を持ったものはとことん追求する。インディーロックもその一つだ。

アレックスは習得したことをほかの人に披露することに興味はない。ソーシャルメディアのアカウントは持っていない。ギターがうまくなってもバンドをつくろうとは思わない。彼にとっては習得はそれ自体が報酬なのである。

別の友人ローレンの核となる動機づけの原動力は、ベンともアレックスとも違う。彼女はノンフィクションを書くことが大好きだ。基本的な動機づけが**理解して表現する**ことだからだ。

理解して表現する
この原動力を核に持っている人は、理解して意味を明らかにして、それからその洞察を何らかの形で人に伝えたいと思っている。

ローレンは新しく何かを学んでも、それを表現する方法がなければ、やる気を失ってしまう。本を読めば、ブログにレビューを書かずにはいられない。表現する手段がなければ、新しい知識を得てもすぐに失われるか、十分には得られないような気がする。彼女の理解は表現するなかで明確になる。

彼女の場合、知識だけではなく、経験においてもそれは同じだ。新しい料理を試すとき、実際に食べるだけでは満足しない。寿司やパエリアは自分でつくってみる。これは単に学習スタイルの問題ではなく、核となる動機づけの原動力の問題だ。彼女の人生のあらゆる側面にあてはまるから核なのである。結婚生活においてもそれは見られる（家族全員から話を聴き、家族の歴史を理解して、一人一人にあててその人の才能だと思うことを伝えた）。職場で問題にあたるときもしかり（彼女はディベートの司会がうまく、重要な考えを引きだして皆に伝える）。さらにはフィットネスについても同じ姿勢でのぞんだ（ただヨガをやるだけでは飽きたらず、ヨガのインストラクターにならずにはいられなかった)。

自分の核となる動機づけの原動力を知れば、なぜある活動には深くひきつけられ、ある活動にはまったく興味がわかないのか、わかるようになるだろう。さらに大切なのは、それによって自分を力強く愛に向かわせるものを理解できるようになることだ。

充足の物語は、その人にとってもっとも意味あるものをのぞきこむ窓だ。そうした物語を共有するとき、人はもっとも深くかかわっていると感じる行動――ほとんどの場合、もっとも自分らしさを感じられる行動――を語る。

単に楽しかったことを話してほしいと言えば、あらゆる話を聞くことになる。だが、本当に充足したときのことについて訊けば、その人がもっとも良いときの話が聞ける。

模倣の欲望に対処するコツ10
深い充足感を得た行動を語る

心から満足した成果について語ってほしいと言われたことがある人は、ほとんどいないだろう。自分自身やほかの人のなかから、そうした成果を意図的に掘りおこさなければならない。こうした物語を語り、聴き、記録することで、共感の新しい窓が開かれ、濃い欲望が発見できる。

充足の物語を共有するのは、本人や同僚や組織全体のなかで、欲望がどのように生まれ、形

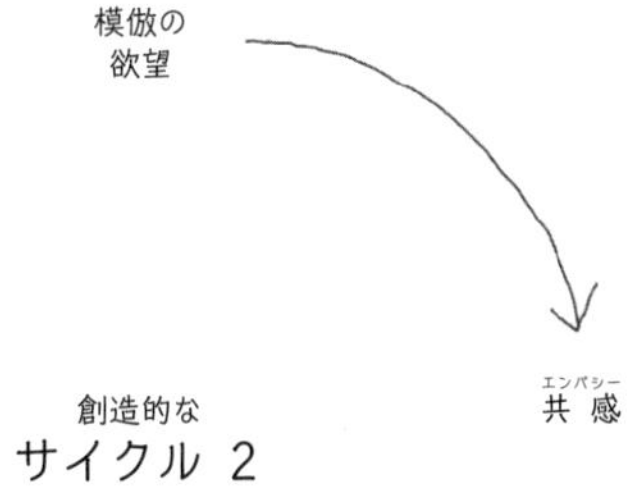

づくられたかを伝記風に描くようなものだ。ほかの人が何に意欲を感じるかを知れば、チームの連帯感が増し、全員の動機づけのエネルギーが最大となる組織がつくれるかもしれない。各メンバーは本来持っている動機づけに沿った行動に携わるようになるからだ。

私は充足の物語を一〇年以上聞いてきた。これまでに一〇〇〇人以上の話を聞いただろう。ほとんどは誰が聞いても良い行動だと思うような話だ。たとえば、ほかの人の役に立った、チームの成功に貢献した、不正と戦った、公益のための運動を組織化したといったようなものだ。利己的な楽しみはその瞬間、あるいは一日くらいは満足感を味わえるかもしれないが、数年後に覚えているようなものではない。

サイクル2は欲望のポジティブなサイクルである。それは誰かが異なる形の関係のありかたを示したときに始まる――競争することなく、増やすことができる良いものを共有するために欲望を真似る。

偉大なリーダーは欲望のポジティブなサイクルをつくり、維持する。そういうリーダーは他人の弱さに共感する。組織のあらゆるレベルで、相手を知りたいと思い、自分を知ってもらいたいと思う。濃い欲望を育てることに注力する。破滅的な模倣のサイクルを超越し、可能性の新しい世界を開く。それは目先の欲望を超えた世界だ。

第7章　超越したリーダーシップ
――優れたリーダーはどのように欲望を刺激し、形づくるのか

船をつくりたいなら、大勢の男に木を集めさせたり、仕事を分けて命令したりする必要はない。その代わり、果てしなく広がる海をあこがれるように説けばいい。

――アントワーヌ・ド・サン＝テグジュペリ

自分を舐めるアイスクリームコーン　ひそかな願望　実用最小限の欲望

厳しい時代が訪れようとしています。今の生活に変わるものや……ほかの生き方を見ることができ、希望の確かな礎まで想像できるような作家の声を求めるような時代です。私たちには自由を忘れない作家――詩人、先見者――が必要になるでしょう。もっと大きな現実を見つめる現実主義者が必要なのです。

――アーシュラ・K・ル・グィン

ホイットニー・ウルフ・ハードは数十億ドル規模のデート帝国を創業したＣＥＯだ。その会社がつくったデートアプリ、バンブルは画期的だった。異性愛者のマッチングにおいて、男性から動くのを禁じたのである。メッセージのやりとりは——もし始まるとすれば——女性からとなる。

二〇一九年末、ハードはもっとも重要なプロジェクトとして、インドのデート市場への参入を掲げた。トムソン・ロイター財団の二〇一八年のグローバル調査で、女性にとってもっとも危険な場所とされた国である。性的暴行の発生率はきわめて高い。「インドは女性を完全に無視し、敬意を払わない国であることを明らかにした」と、インド西部のカルナタカ州の州政府関係者マンジュナス・ガンガーダラは言っている。ハードはひるまなかった。「世界のほかの地域に比べて進歩的ではない側面があるからといって、それを求める欲望がないわけではない」とＣＮＮに語っている。[1]

十分に開発されていない欲望を活用するのは、偉大なリーダーがよくやることだ。トニ・モリスンは、白人読者が読みたいものを書いて満足するつもりはなかった。それで市場に存在しない本を書きはじめた。「そういう本——誰からも守られず、描かれることもなく、真剣に取りあげてもらえない黒人の女の子たちをテーマにしたもの——はそれまでの文学界には存在しなかったと思う。彼女たちを小道具以外のものとして書いた作家はいなかった」。モリスンは二〇一四年、《ＮＥＡアーツ・マガジン》のインタビューでそう答えている。「私は一作目を書いた。私がそれを読みたかったからだ」

もうおわかりだと思うが、欲望は魔法のように自然にわいてきたりはしない。人々が交流する動的な世界のなかで生まれ、形成される。そこでは誰かがモデルにならなければならない。

この章ではリーダーシップについて述べる。欲望の光をあててはじめて完全に理解できるリーダーシップとはどういうものか。リーダーは人々が以前より多く、あるいは少なく、もしくはまえとは違うものを望むようにするにはどうしたらいいかを考える。それしかすることはない。会社についても同じことが言える。ビジネスとは単に人々が望む製品やサービスについて「需要に応える」ことではない。欲望を生み出し、形成するなかで重要な役割を果たすものだ。

もちろん、欲望は利己的に、自分のためだけに形成されることもある。過去二〇年、ポルノほど人々の欲望に望ましくない影響を与えた業界はないだろう。オンラインポルノは数十億ドルの利益を生み出している。たとえあなたの欲望に関係なくても、あなたの子供の欲望に影響しているかもしれない。それに、ご存じのとおり、欲望は複雑にからみあっている。文化にはどのような影響があるだろうか。仲間を見る目には影響するだろうか。恋愛関係に望むものについてはどうだろう。多くのビジネスは次元の低い流行の欲望を満たそうとし、それらが変わらないことで利益を得ている。

しかし、脅威があるところにはチャンスがある。欲望は本当の姿を完全にはあらわさない。欲望とは本来、超越したものだ。私たちは常にもっと求めている。問題はこういうことだ。人々が最高の欲望を満たせるように、少しでも前進する手助けをするか。それとも知らないうちに、ばかげた欲望を広めるか。

本章では、模倣の欲望がなぜリーダーシップのなかで重要な要素であるのかを見ていく。臆病で志の低いリーダーは内在的な欲望——すべてのモデルが内的媒介者であるため、その欲望を発生させたシステムを参照し、循環しながらそこにあり続ける欲望——に動かされる。これは対立と争いをもたらす。うまくいったところで、どこにもたどりつかない。寛大で志の高いリーダーは超越した欲望——

―モデルが外的媒介者であるため、現状のパラダイムを超えて外に向かう欲望――に動かされる。このリーダーはみんなの欲望の世界を広げ、探究するのを助けてくれる。

内在的な欲望と超越した欲望、ひいては内在的なリーダーシップと超越したリーダーシップの違いを詳しく見ていこう。

内在する欲望

一一歳のとき、私はカーニバルのグラヴィトロンという乗り物が好きだった。まず空飛ぶ円盤のような形をした装置に入る。なかでは壁に沿って並ぶクッション入りのボードに背をあてて立つ。それからボードにくくりつけられる。

オペレーターは、回転盤とはつながっていない中心部にすわり、脂ぎった長髪をなでつけながら、次のタバコ休憩が待ち遠しい様子でいる。ボタンを押してスタートさせると、回転盤がオペレーターのまわりを回りだす。さあ、はじまりだ。メタリカが鳴り響き、照明が落ちて、回転が速くなる。回転速度が一分間あたり二四回転まで上がると、重力の三倍の遠心力で壁に背中が押しつけられる。背中のボードは天井まで上がっていく。

回転がとまるまで動くことはできない。隣で間抜けな顔をしている友達のほうに顔を向けるのも難しい。身動きはまったくとれない。

年を経て、多くの人がこの情けない状況に陥る。欲望のグラヴィトロンにはまるのは簡単だ――そこではみんなが回っていて壁に押しつけられて逃げることができず、同じパターンにはまって、同じものを欲しがっている。

シェフのセバスチャン・ブラスはミシュランの星をめぐって仕事をしていたとき、このシステムの内側にいた。グラヴィトロンそのものという会社はたくさんある。オペレーターのように真ん中にリーダーがいて、その人を中心にすべてが回る。すべての会社に目に見えるヒエラルキーがあるわけではないが、だいたいどこの会社でもそこを中心に回るという絶対的なセンターがいる。

これらは内在的な欲望のシステムである。システムの外にモデルはいない。モデルはすべて内側にいる（「システム的な欲望」と呼ぶこともできる。つまり、システムに内在する欲望だ）[2]。こうした力学が凝縮されているのが、架空のダンダー・ミフリン製紙会社を舞台にしたシットコムドラマ「ジ・オフィス」だ。地域マネジャーのマイケル・スコットはこの内在的な枠組みに閉じこめられているので、業界全体が足元から崩れていくのがまるで想像できない。ドラマの面白さは、いかに小さな問題でもめているか、登場人物の世界がいかに小さいかというところにある。

内在的な欲望は「自分を舐めるアイスクリームコーン」みたいなものだ。このフレーズはＮＡＳＡのエイムズ研究センター所長のピート・ウォーデンが、ＮＡＳＡの官僚的な組織を指して言ったものだ。今では、自分を維持するのが主目的であるシステムを表現するときに使われる[3]。宇宙の探究を目的とする組織が、身動きとれずに自分のへそを探究するようになるというのはおかしな話だ。超越したリーダーシップがなければ、それが普通となる。

超越した欲望

欲望別のリーダーシップ

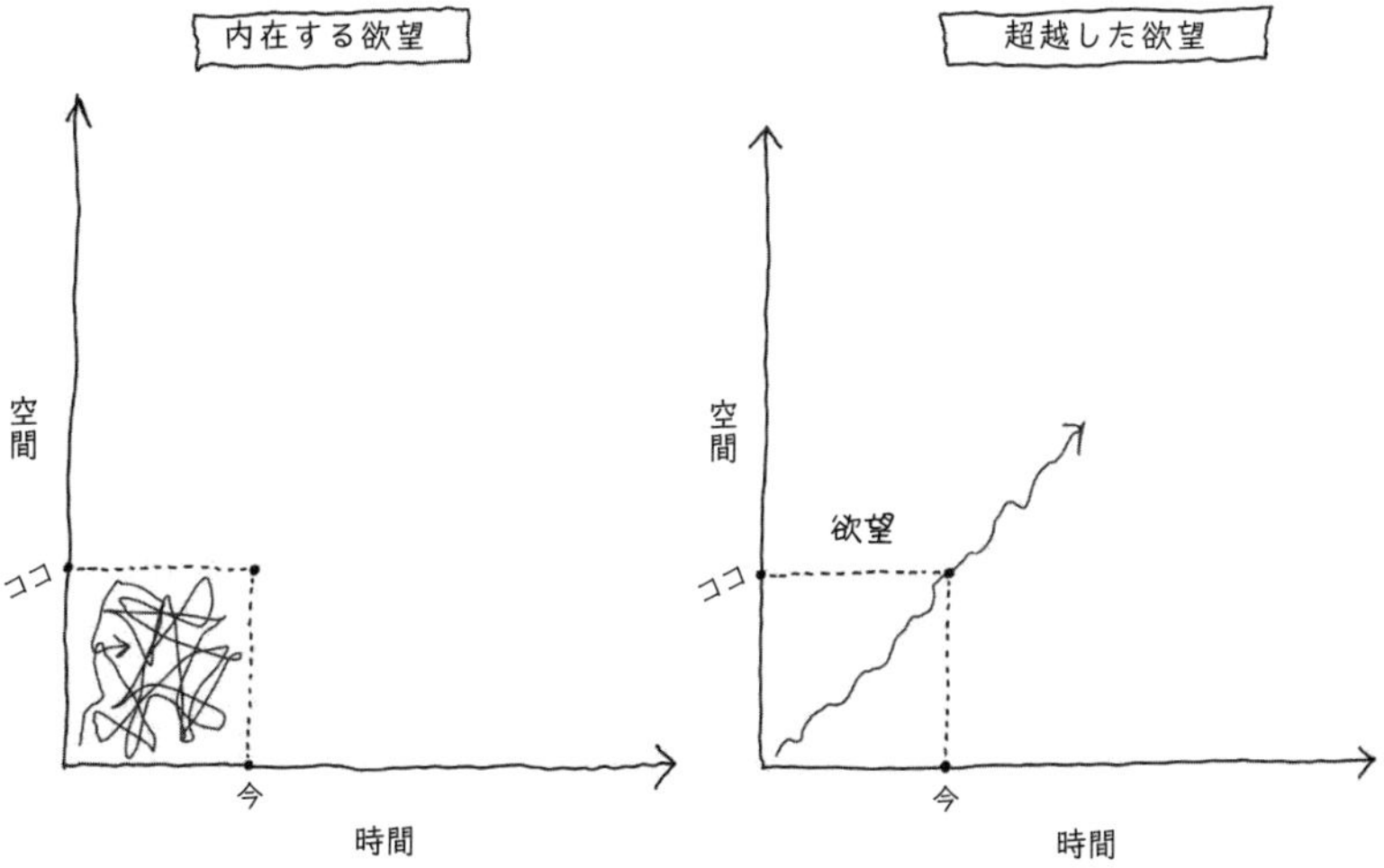

超越した欲望に特徴づけられる別のリーダーシップがある。超越したリーダーは欲望のモデルをシステムの外に持つ。歴史上の偉大な作家や芸術家はそうした欲望に動かされていた。だから、その作品は時代を超える。彼らはその時代の流行の欲望に縛られない。

ケネディ大統領はアメリカ国民に向けて「われわれは月に行くことを選ぶ」と語り、人々がそれまで心に抱いていたものを超越した欲望をモデル化した。「われわれはこの一〇年のうちに月に行くことを選び、そのほかの目標を成しとげることを選ぶ。それが簡単だからそうするのではなく、それが困難で、その目標がわれわれの最高水準のエネルギーと技能を組織し、それらを測るのに役立つからそうするのである」[4]。私たちの優れた欲望はこの章のあとで見るように、ほかのあらゆる欲望を具体化し、形づくる。

マーティン・ルーサー・キング・ジュニア

は、その時代の大半の人の想像を超えた具体的な正義を追求した。ほとんどの白人アメリカ人は人種差別があるのは当然として、それに満足することしか知らなかった。キングは右も左も、リベラルも保守も、世俗も宗教も超越した真の変化を求める姿勢をモデル化し、まどろんでいた大衆を揺さぶり起こした。

しかし、残念ながらキングの暗殺後に見てきたように、欲望は移ろいやすく、慣性は力強い。キングのような超越したリーダーが、人種差別の問題だけではなく、人生のあらゆる側面においてもっといなければ、私たちは想像力を欠く欲望の閉じたシステムに入りこんでしまう。

超越したリーダーは経済をオープンなシステムとして見る。自分と他者のために価値を創造する、いまだ手つかずの新しい方法を見つけだすことは可能だ。そして、それらは異なるものである必要はない。一方、経済を内在的なシステムとして見れば、それはゼロサム・ゲームとなる。人々は同じものを求めて競いあい、誰かの犠牲を前提に誰かが成功する。

超越したリーダーである医者は、人間の身体だけではなく、その患者全部を診るのが自分の仕事だと考える。エイブラハム・M・ヌスバウム医師は、その著書『*The Finest Traditions of My Calling: One Physician's Search for the Renewal of Medicine*（私の天職の優れた伝統――ある医者による医療再生への模索）』のなかでこう書いている。「しかし、私たちは身体を診る専門家以上の存在として自分を見なすことができる。患者として会う人々に対して、ときには庭師のようにも、教師のようにも、使用人のようにも、証人のようにもなれる[5]」

超越したリーダーシップは手近な現実にとどまらず、突き進んでもっと意味ある何かを見つけようとする。人生や職場では、内在的な欲望と超越した欲望の闘いが繰り広げられていると考えるのが、まず最初のステップだ。報酬や心地よさを提供するシステムを乗りこえる選択をするのは難しいが、それが次にとらなければならないステップである。

私が見てきたかぎり、超越したリーダーは少なくとも次に述べる五つのことに優れている。

スキル1　重力の中心を動かす

超越したリーダーは、自分の欲望を全面的に主張することはない。自分の欲望を重力の中心に置いて、それ以外のものを回転させるようなことはしない。そうではなく、重力の中心を自分から離して超越した目標に向け、自分はみんなと肩を並べて立つようにする。

マリア・モンテッソーリは、欲望の本質に深い洞察を持って独自の教育方法を編みだし、幼児教育にそれをあてはめた。一九〇六年、まだ若い教師だったころ、彼女は難しい仕事を任された。ローマのサン・ロレンツォで、低所得の勤労者を両親に持つ三歳から六歳の子供六〇人の面倒を見るように言われたのである。そこは街のなかでも特に貧しい地域だった。

両親は仕事に行き、年長の子供は学校に行くため、幼い子供は一人残され、一日中やりたい放題だった。廊下や階段を駆けずりまわり、壁にいたずら書きをして、秩序とは無縁の空間をつくりあげていた。モンテッソーリは自伝のなかで、はじめて子供たちに会ったときのことを振りかえっている。「泣きそうな顔をして、おびえて、恥ずかしがり、それでいて欲深く、暴力的で、何でも自分のものにしたがり、そしてそれを壊したがった」[6]。住宅局は彼女に助けを求めたのだった。

最初の数週間、モンテッソーリはゆっくりと進めていった。部屋に小さな机といすを置くというごく簡単なことが、秩序をつくるのに役立った。それでも大きな進展はなかった。ある朝、新たなアイデアが浮かんだ。子供たちはいつも鼻水を垂れ、くしゃみをしていた。それで授業の計画を立てた。子供たちにハンカチの使いかたを教えよう。人が行なう簡単で実用的な行為だ。

モンテッソーリは自分のポケットからハンカチを出して、さまざまな使いかたを実際にやって見せた。たたむ、はなをかむ、額の汗を拭く、口についた食べかすをぬぐう。

子供たちはじっと見つめた。ハンカチの使いかたを習っているだけなのに、それはまるで一九〇六年に新しいアイフォーンを与えられて、世界を変える力を解き放つ方法をはじめて習っているかのようだった。興奮しているのが手にとるようにわかった。

それからモンテッソーリは面白くしようとして、できるだけ控えめにはなをかむ方法を見せると言った。そうしてハンカチをたたんで手のなかに収めた。子供たちは近寄ってきて、ハンカチを探した。モンテッソーリは手で鼻を覆い、目を閉じて、ハンカチをすばやく動かして音がしないように静かにはなをかんだ。

モンテッソーリは大げさな動きで音を立てずにはなをかむ自分を見て、笑いが起こると思っていた。ところが、笑い声をあげる子も、笑みを浮かべる子もいなかった。みな驚きで口をぽかんと開けている。それから見たことを確認するようにまわりと目を合わせる。モンテッソーリは著書『幼児の秘密』に書いている。「全部をやって見せると、劇場で長い時間じっとしていた観客がわくように、拍手喝采が起きた」[7]

この予想外の反応の裏には何があったのか。モンテッソーリによれば、子供たちはそれまで鼻水が

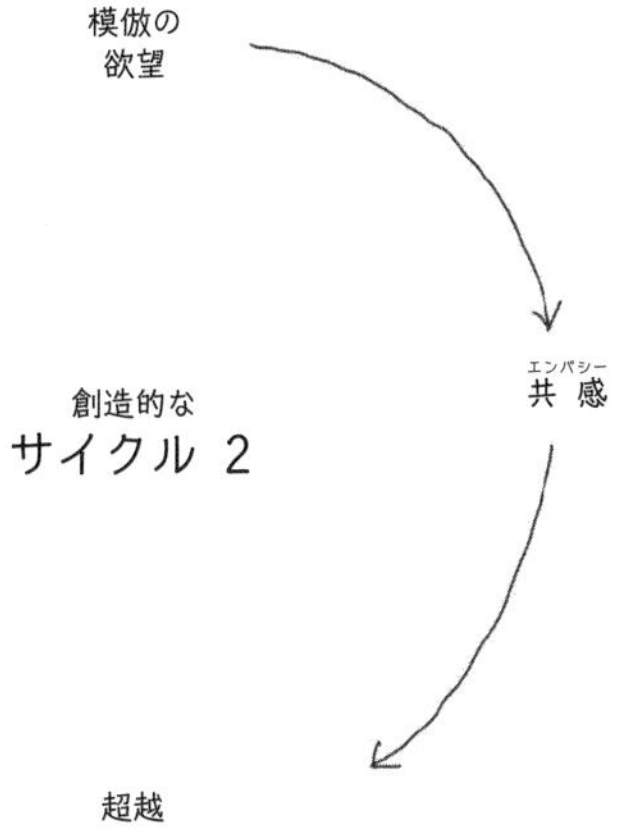

垂れていると怒られ、ばかにされてきた――だが、誰もハンカチの使いかたを教えてくれなかった。ハンカチのレッスンによって子供たちは「過去の屈辱を晴らすことができたのだった。そして、子供たちの拍手喝采は、私が彼らを公正に扱っただけではなく、彼らが社会のなかで新たな一歩を踏みだせるようにしたことを示していた」

その日の終わりに学校のベルが鳴り、子供たちはモンテッソーリの後ろについて教室を出た。「ありがとう！　教えてくれてありがとう！」子供たちはそう言いながら行進した。正門まで来ると、勢いよく駆けだした。興奮を抑えることができなかったのだ。早く家に帰って、新しく覚えたことを家族に披露したかった。

モンテッソーリはその日、子供について誰も知らなかったことを発見した。子供は成長したい、世の中に自分の居場所をつくりたい、尊厳を高めたいと思っている。彼女はそれを始動させたのである。

「K12教育〔幼稚園から高校までの教育〕で起きた最後の

大きなイノベーションはモンテッソーリによるものだ」とベンチャーキャピタリストのマーク・アンドリーセンは述べている。[8] 革新的だったのは、その方法論でもカリキュラムでもなく、教育を欲望の観点から再構築したことだった。子供たちの想像力を開放し、自然な好奇心と驚きに従って学べるようにしたのである。欲望の炎が燃えあがるまえに消すようなことがないようにして、子供のなかに濃い欲望——特に学びに対する濃い欲望——を育むようにした（たとえば、きっちりと決められたつまらないカリキュラムにそって、ベルの音を合図に移動させたり、活動を区切ったりはしなかった）。「幼児教育の目標は、子供自身の学びたいという欲望を育てることであるべきだ」とモンテッソーリは『モンテッソーリ・メソッド』に記している。ほかでもこう書いている。「私たちは子供の魂のなかに眠っている人間（*man*）に呼びかける方法を知らなければならない[9]」

成熟した大人になりたい——Aが欲しいとか、リトルリーグの試合で勝ちたいとか、良いことをしてシールが欲しいとかではなく——というのは、子供が持つ原始的でもっとも重要な欲望であり、それぞれがひそかにいちばん大切にしているものである。

良い教師は眠っている欲望を目覚めさせ、新しい欲望を生み出す。モンテッソーリは教師のこの役割を、一流の芸術家がほかの人に見方を教える行為になぞらえる。「私たちがぼんやりと湖畔を眺めているときに、とつぜん一人の芸術家が語りかけてくるようなものだ。『あの崖の影になっている湖岸の曲線はなんと美しいことでしょう』。その言葉で、ほとんど無意識に見ていた景色は、とつぜん一筋の日の光に照らされたかのように私たちの心に刻まれる」

モンテッソーリの教師はある対象への欲望の見本を見せ、それから子供が直接触れあえるように、欲望の媒介者として身を引く。教師の責務は「光を与えて、自分の道を進むことだ」という。[10]

良いリーダーは障害にも競争相手にもならない。率いる人たちに共感を示し、互いの関係を超越する良いものに向かって道を示す――重力の中心を自分から離していくのである。

スキル2　真実のスピード

組織の健康は、そのなかを駆ける真実のスピードに直接比例する。[11] 真実は本来、反模倣的なものである――模倣的に受けいれられるか、あるいは拒絶されるかによって変わることはない。すばやく簡単に広まる真実の前には、破滅的な模倣と競争が立ちはだかる。模倣は真実を曲げ、姿を変え、ゆがめる。真実が組織内をゆっくりと移動するとき――あるいは特定の人々に常にねじまげられるとき――模倣が優位に立つ。[12]

レンタルビデオのブロックバスターを覚えているだろうか。二〇〇八年、すでに消滅した会社の元CEOジム・キーズは、CBSニュースの記者ラジャット・アリに語った。「みんながなぜそんなにネットフリックスに魅かれるのか、正直言ってよくわからない……ネットフリックスは、われわれが自らできないこと、しないことを手にしているわけでも、実行しているわけでもない」[13]

市場は賛成しなかった。その後二年で、ネットフリックスの株価は五〇〇％上昇し、対するブロックバスターの株価は九〇％下落した。ブロックバスターの役員室では、投資家と経営陣とのあいだで戦いが勃発していた。どちらも相手を非難し、業界が変わったという真実には向きあわなかった。[14]

危機的状況にあるとき、会社内部の脅威は過小評価される。責任を取りたくない人はスケープゴートを探す。責任は転嫁される。そのあいだに外部からの脅威はどんどん大きくなる。

真実に勇気をもって向きあい、効果的に伝え、すばやく行動しなければ、会社は現実についていけず、適切に反応できなくなる。適応能力が問われる、人間がかかわるプロジェクトが健康でいられるかどうかは、真実が伝わるスピード次第だ。それは教室にも家庭にも国にもあてはまる。

企業は存続のために適応しなければならない。もし真実がゆがめられたり、阻止されたり、伝わるスピードが遅かったりすれば、変わりゆく状況に適応していくことはできない。進化論的に言えば、真実を最速で伝える企業だけが、突然変異して生き残っていくのだろう。

模倣の欲望に対処するコツ11
真実のスピードを上げる

真実がA地点（発生源）からB地点（絶対にそれを知っておかなければならない人）を経て、最終的に全員に伝わるまでどのくらいかかるだろうか。

たとえば、外部の営業担当者がライバル企業の重要な情報を知ったとき、それがどの程度のスピードでCEO、あるいはそれに手を打てる責任者のもとに届くだろうか。

健全なスタートアップ企業では、真実の動きは速い。重要な新情報が出てくれば全員がすぐに知る。その情報はテキストで共有されたり、隣の誰かが声に出して言う。全員がほぼリアルタイムで見聞きする。しかし、大学ではどうだろう。家族では？　フェイスブックやアマゾンのような巨大なテクノロジー企業では？　ゼネラル・エレクトリックのような伝統企業では？

もちろん真実の内容によるところはある。しかし、さまざまな真実——恥ずかしいもの、教訓となるもの、退屈なもの、経験にもとづくもの——が組織内をどのくらいのスピードで伝わるかテストする方法がある。真実のスピードを測定し、それを改善しようとする企業は、そうしない企業の一歩先を行くことになる。

単純なテストを紹介しよう。あなたの組織内で情報を知る必要がある役員や従業員を決め、あなたがこれからすることを説明する。テストのことはほかの誰にも知らせない。外部の人が重要な情報を組織の各層に伝える。それぞれのスタート地点から、あらかじめ決めた人にその情報が届くまでどのくらいの時間がかかるか、正確に測定する（どこから始めればいいのかわからなければ、私たちが喜んでお手伝いする）。

別の方法もある。二つの会議を観察する。一つは上司がいる会議、もう一つは上司がいない会議だ。出席者が取り組みがいのある真実を言った回数を数えよう。それを時間数で割ろう。すると一時間あたりの真実の数となる。真実のスピードである。それを比較しよう。

面接で私は訊く。「あなたがこれまでに真実のために払った犠牲のなかで、もっとも難しかったのはどのようなものですか」。もし答えられなかったり、口ごもったりしたときには、私はその人を雇わない。その人は真実との関係について十分に考えたことがないのだ。そういう人は社内で飛びかう真実のスピードを遅らせるだろう。

合理性は人類の繁栄に欠かせないが、その力に対する信念は軽んじられてきた。一九〇〇年に亡くなった哲学者フリードリヒ・ニーチェは、この二〇〇年で誰よりも知性を軽視し、影響を与えた。彼は意志の力を強調し、知性を考え方や解釈の領域に追いやった。

古典哲学――少なくともアリストテレス学派――では、意志と知性は対立するものではなく、ともに機能するものだ。知性は意志を満たし、直接の行動を後押しする。そして行動は、知性が真実を把握する力を左右する。模倣の欲望の現実を受けいれられるようになれば、人生でネガティブな模倣を前にしたときにどのような行動をとればよいか、意識して考えられるようになるし、そうすることで、模倣の欲望について何かしらを経験的に知るだろう。それは本書が提供できるものをはるかに超える。

真実を情熱を持って追うのは反模倣的な行動だ。それは模倣的な価値ではなく客観的な価値に到達しようとするものだからだ。真実の追求を受けいれ、見本を示し、さらに組織内に伝わるスピードを速めようとするリーダーは、真実のふりをして変動する模倣から身を守る。確認してみたければ、一週間以上前の新聞を読むといい。模倣的な記事はすぐに見つかるはずだ。

スキル3　識別する力

真実がはっきりしないときにはどうなるだろうか。

真実の追求は反模倣的で重要な戦術だが、限界はある。人は自分で思うほど合理的ではいられない。ノーベル賞を受賞したダニエル・カーネマン、エイモス・トヴェルスキー、リチャード・セイラーは、私たちがいかに簡単にだまされるかを示した。さらに合理性そのものの限界もある。合理性を超えた世界があり、私たちはそこで配偶者、キャリア、個人的な目標を選んでいる。これが合理性を超越した世界であり、超越したリーダーはそのなかでどうすればいいかを知っている。

「決断（decision）」という言葉は、ラテン語で「切る」を意味する*caedere*から来ている。何か一つのことを決めるとき、私たちはほかのものを切り捨てる。切り捨てなければ、何も決断しなかったことになる。

一方、「識別（discernment）」の起源のラテン語は、*discernere*で、「区別する」という意味だ。二つの道の違いを理解して、どちらを行くほうがいいか判断する能力を指す。

識別は欠かせないスキルである。合理的な分析を行なったうえで、さらにそれを超越する決断をくだすプロセスだからだ。どの欲望を追求し、どれを置いていくかを決めるにあたってこの過程は必要不可欠である。

すべてを合理的に考えてもなお進むべき道が明確にならないときはどうするか。人生によくあることである。

映画の作り手はこういう状況を好んで描く。人間にとってごくありふれた経験だからだ。二〇〇八年のバットマンを主人公とした映画「ダークナイト」には、印象深いシーンがある。ジョーカーは二隻のフェリーに爆弾を仕掛ける。一隻は囚人を運び、もう一隻は一般市民を乗せている。どちらのフェリーにも、もう一隻を爆破する起爆装置がついている。ジョーカーは乗船している人々に、どちらかを爆破しなければ、午前〇時に両方を爆破すると伝える。時計が動きはじめる。

これは古典的なゲーム理論の問題だ。まずは可能性の表をつくり、最初に爆破されるフェリーの確率も計算することはできる。しかし、数学の問題のようには解けないのが人生だ。もしカーネマン、トヴェルスキー、セイラーが乗船していたとしても、自信をもって答えを出す助けにはならないだろう。

この問題を理解するいちばんいい方法は、これを欲望のジレンマとして見ることだ。たとえ映画のなかであっても、こうした状況がどのように解決されるかという点に注目すれば、決断をくだした人物がもっとも欲していたところに落ちつくのがわかるだろう。合理的に分析している時間はないのだ。映画のなかではクライマックスで、囚人の一人が恐怖に固まった看守に起爆装置を要求する。「あんたが一〇分前にすべきだったことをやってやる」。看守は起爆装置を渡す。すると囚人はそれを川に投げ捨てる。

もう一隻の船上で起爆装置に手をかけていた男は、囚人が起爆装置を押さなかったことを知る。それで爆弾を爆発させせないと決断する。こうしてバットマンが救うための時間を稼ぐ。ジョーカーは人はみな自分の利益をもとに行動すると考えていた。だが、それは間違いだった。ジョーカーのゲームを超越した何かが起きたのだ——合理的な分析を超越する何かが。

識別する力を伸ばす方法について書かれた本はたくさんある。要点を抽出すると次のようになるだろう。（1）複数の欲望について検討するとき、心のなかで起きることに注目する——どれがその場かぎりの満足をもたらすか、どれが持続する満足をもたらすか。（2）どの欲望が寛大で愛があるか、自身に問いかける。（3）死の床についた自分を想像し、そのとき心穏やかでいられるのは、どの欲望に忠実に生きた人生かを考える。（4）最後にもっとも重要な問いとして、その欲望がどこから生まれたのか自分に問う。

欲望は決断ではなく、識別される。識別する力は、今あるものと次に来るもののあいだのわずかな空間に存在する。超越したリーダーは自分の人生と、まわりの人生にこの空間を創造する。

スキル４　部屋のなかで静かに座す

独房は人間にとって有用で、かつ必要なものだ。独房に強制的に入れられる話をしているのではない。刑事司法制度では恐ろしいものとして利用される。私が言っているのは、自発的に孤独に身を置き、正しい識別を目指すものである——自分が欲しいものは何か、人が自分に期待しているものは何か。

エジプトでは一八〇〇年ほど前に数百人が街を離れ、砂漠で静かに閉鎖的な暮らしを始めた。二七〇年ごろに自分の持ち物を売り、その収益を貧しい人々に与え、砂漠の孤独のなかでキリスト教的精神の完成を追求した聖アントニウスに倣っての行動だった。彼らは砂漠の教父として知られ、修道院生活の先駆けとなった。仏陀がその五〇〇年前に行なったように、彼らは静かに過ごし、欲望と向きあった。

なかにはトラピスト修道会のように、今でも沈黙と禁欲的な生活に誓いを立て、板の上で寝て、一年のうちかなりの期間を断食をして過ごす組織もある。現在、世界には約一七〇〇のトラピスト会の修道院がある。カルトジオ修道会の修道院は二三カ所あり、こちらは沈黙の厳しい誓いのもと、「独房《セル》」と呼ばれる部屋で暮らしている。

こういう生活を進んで選ぶ人がいる意味を問う価値はある。

沈黙とは、心のやすらぎを学ぶ空間であり、自分が何者で何を欲しているか、真実を学ぶ空間である。何が欲しいのかわからないときには、長い時間——時間単位ではなく一日単位で——完全な静寂のなかに自分の身を置くのがいちばんの近道だ。[15]

「人類のすべての問題は、人が部屋のなかで一人で静かにすわっていられないことから生まれている」と一七世紀の物理学者、作家、発明家、数学者であるブレーズ・パスカルは述べている。現代では、騒音という公衆衛生上の問題がある。政府がそれに言及することはこれからもないだろう。できないからだ。しかし、私たちはそれに対してどうするかを選べる。

私の経験上、欲望を識別するのにもっとも効果的な環境は、サイレント・リトリートである——できれば五日以上（最低でも三日）、音と画像が出るものはすべて電源を落とし、人里離れた場所で完全に電気を断つ。話をしてもいけない。

専用の施設で私が体験したサイレント・リトリートでは、聞こえてくるのは自然の音だけで、共同食堂ではスープボウルにあたるスプーンの音が響き（みんな静かにモーツァルトかバッハに耳を傾けている）、毎日三〇分、メンターか施設の責任者と話す。

サイレント・リトリートは宗教の世界ではめずらしくないが、もっと広く知られ、多くの人に実施されていけない理由はない——定期的な沈黙と一人の時間は誰にでも必要だ。重要なのは、あなたにとって効果的な沈黙の五日間を過ごす方法を見つけることだ。いちばんいいのは、たとえば、辺鄙な場所にあるリトリート施設の規定に従うなど、逃れられないように自分を追いこむことだ。戦いから逃げられないように船を燃やそう。[16]

沈黙のなかで活動的になることもできる。サン・ジャックの道（スペイン語ではサンティアゴの道）には、世界中から人が集まってくる。フランスのサン＝ジャン＝ピエ＝ド＝ポーからスペインの西海岸近くのサンティアゴ・デ・コンポステーラまで、約七九〇キロメートルの巡礼の道である。多くの人が沈黙のまま歩く。

私は二〇一三年に、最後の三分の一――レオンからサンティアゴ・デ・コンポステーラまで――を一四日かけてのんびりと歩いた（三〇日ほどで全行程を行く人が多い）。立ちどまり、考え、話をする時間がたっぷり欲しかったからだ。自分自身は沈黙のなかで歩かなかったが、そうしている巡礼者と会ったときにはすぐにわかった。彼らは固い意志を持っていた。頭《こうべ》を垂れ、足を交互に運びながら、心のなかですべきことを行なっていた。

修道院で修道士の導きで行なわれるサイレント・リトリートに参加する人もいる。毎年、数日間、人里離れた場所に小さな家を借りる人もいる。人の数だけサイレント・リトリートの方法はある。沈黙をCEOや修道士だけの贅沢なものにしておく理由はない。もっと気軽に誰でも経験できるようにする方法はある。

完全に沈黙を保つのは難しい。一日一〇分の瞑想に挑戦して失敗したことがある人なら、それがいかに難しいことがわかるだろう。

模倣の欲望に対処するコツ12
深い沈黙に投資する

サイレント・リトリートの時間は、毎年少なくとも三日は連続で取ろう。しゃべらない、画面を見ない、音楽を聴かない。読書だけはいい。深い沈黙とは、耳になじんだ日常の音が完全に消えさり、自分しかいない空間に入りこんだときの静寂である。五日間なら理想的だ。心のなかから音が完全に消えるまで三日かかるのはめずらしくないからだ（そこから沈黙の効果があらわれ始める）。しかし、とりあえず三日から始めるといいだろう。

専用の場所を見つけよう。日常生活の音（街中に住んでいるなら、救急車のサイレンの音など）から離れれば離れるほどよい。

企画管理されたサイレント・リトリートを試してみたいという人もいるかもしれない。そこでは担当者が個人やグループに対して、短い考察の時間をとってくれたり、体験を企画してくれたりする。このときだけ沈黙は破られる。この形式なら、瞑想や考察を組織の目的に合わせることができるので、企業でも利用可能だ。

私はどの組織に対しても、社員がリトリートのための有給休暇を年に三日以上取れるようにすることを勧めている。リトリートのための施設はたくさんあり、そのいくつかは私のウェブサイトに載せている。休日のパーティーの半分以下の費用で、こうした体験は提供されている。投資した結果――沈黙からの収益――は、エネルギッシュで地に足のついた生産的な人間という形で得られるだろう。

だからこそリトリートは必要なのだ。日常生活から完全に自分を切り離す必要がある。救済の機会費用はあきらめなければならない。

家族を連れて地球の反対側まで旅行するために使う時間とエネルギーを考えてみてほしい。目的地に到着したとたん、仕事の誘惑が始まる。最初の数日間はメールをチェックせずにはいられない。休暇を切りあげて早く家に帰ろうかと思う。だが、帰らない。すでに休暇に投資してしまっているからだ。切り替えは高くつく。だから、数日のあいだ、仕事を押しのけて休暇に集中する。振りかえってみれば、必ず満足できる。

スキル５　フィードバックを濾過する

超越したリーダーは、絶え間なく流れてくるニュースや市場調査など、迅速なフィードバックに執着しない。これらが重要ではないからでも、超越したリーダーの反応が鈍いからでもない。超越したリーダーは何よりも先に、自分の、そしてほかの人の濃い欲望に反応するからだ。

起業におけるリーン・スタートアップというやりかたは、二〇〇八年に起業家エリック・リースが提唱し、五年もしないうちにビジネススクールの基本理論となった[17]。言っていることはシンプルだ。少しずつものをつくり、その途中で絶え間なくフィードバックをもらい、自分たちがやっていることを確認し、微調整していく。

リーン・スタートアップの世界では、最初につくる製品を実用最小限の製品（ＭＶＰ）と呼ぶ。「最小の労力で、顧客について有効な学びを最大限得られる新製品の型」[18]である（欲望の世界で言えば、ＭＶＰは顧客の実用最小限の欲望となる）。ＭＶＰをつくったあとは、継続的な学びと改善に注力する。

リーン・スタートアップには強みがある。理想主義的な起業家の苦しみを省いてくれる。それは無駄な時間と資金の流出を防ぎ、市場での展開を速め、成長の可能性を開く。どれもそれなりに重要だ。人々が欲しがるものを提供できない起業家は、事業を長く続けられないだろう。

しかし、リーン・スタートアップは、基本的には内在的な欲望をもとにした起業モデルだ。有権者に言われたことは何でもするという、世論調査による政治だ。それでは導いていることにはならない。従っているだけだ。単に臆病でそうしているだけのこともある。

トニ・モリスンは、ライティングのクラスの生徒たちが自分の批評をまとめるときでさえ、他人の意見を気にするという話をしている。インタビューで彼女は言う。「興味深いのは、一次資料しかないものについて批評することを、生徒たちが怖がっていることだ。先駆けとなる評論については大いに意見を言うが、レビューが少ない本については意見を言いたがらない。二次資料や評論、教師からの評価など、自分が反応できる課題はたくさん与えられても気にしない。しかし、自分は好きだが誰からも評論されていない本を評価するというリスクを取るまでに、あまりにも長い時間がかかるので驚いた[19]」。生徒たちの判断は模倣的だった。自分の意見を明確にするのは避けたかったのである。

超越したリーダーが恐れずに着手するのは、濃いスタートアップである。（薄い欲望からできていることが多い）フィードバックをもとにせず、濃い欲望を基礎にし、濃い欲望に導かれるプロジェクトである。

実践するうえで、リーン・スタートアップのやりかたが有用ではないということではない。適応性を重視したやりかたは、会社あるいは人生をつくりあげるためのものではないということだ。

二〇一九年一一月三〇日、《ウォール・ストリート・ジャーナル》に、市場調査を避けるイーロン・マスクを批判する記事が掲載された。マスクは市場データを調べるのを嫌う。自分が買いたいと思うものをつくり、ほかの人もそれを買いたいと思うほうに賭ける（マスクは自分が模倣のモデルであり、自分が欲しがることで人々の欲望を左右できると知っているからでもある）。

記事を書いたサム・ウォーカーは、マスクの市場調査に対する姿勢はビッグデータの時代に「無謀」だと述べた。「マスク氏がユニコーンを目指すのも、自分がそうだと考えているのも、クラウドソースのコンセンサスよりも自分の好みを反映したものをつくろうとするのも無理はない」とウォーカーは言う[20]。

ウォーカーは、マスクはテクノロジー時代の恐竜だと考えている。スティーブ・ジョブズがアイフォーンを世に送り出したときから、時代は変わったのだ。高度な分析、大量のデータ、世界の情報が指先にある。「入手できる大量の顧客データは、人工知能と機械学習の進化と相まって、人間には見えないレベルで人間の行動を解読するのに役立てられる。簡単に言えば、現代の天才は問題を研究する。賭けをするのは愚か者だけだ」

コンピューターが大量のデータを緻密に調べることができる時代には、市場調査が勝利する。それをうまくやれる人たちが有利となる。ここに問題がある。私が知っている起業家で、進んでコンピューターの指示に従う者はいない。もちろん、起業家はデータを読めなければならないし、ほかの人が見過ごすところに気づくべきだ。しかし、起業の機敏な世界ではデータを超越したところに注意が向けられる。起業家でいることの喜びの一つは、先頭に立って導けることだ。欲望を新しい場所に連れていくのである。

内在的なリーダーシップ	超越したリーダーシップ
最終的に破滅的な模倣になりやすい（サイクル1）。	模倣的なプロセスのサイクル1を超越し、逃れることができる。
欲望のループは閉じ、固定されている（経済界における官僚主義者）。	欲望のシステムは開かれて、動的である（経済界における起業家）。
ゴミを入れれば、ゴミが出てくる。	ゴミを入れれば、ゴミは消滅する。
その時代だけに通じる芸術家（ポンペイのポルノの落書き）。	時代と空間を超越したスタイルをつくりあげた芸術家（カラヴァッジョ）。
皮肉や冷笑しかないフィクション（自分の監房を気に入る囚人）。	不正を正そうとする姿勢で書かれたフィクション（ミゲル・デ・セルバンテス）。
グーグル検索。	アルファベットのX（グーグルのムーンショット事業を行なっている）。
マリオットホテルのシェフ。	シェフのドミニク・クレン。
NASCAR(全米自動車競争協会）のドライバー。	マゼラン。
デカルト（「我思う、ゆえに我あり」）。	自分の考えを超えた世界。
リアリティ TV。	ヴァーチャル・リアリティ。
『キャット・イン・ザ・ハット』	『かいじゅうたちのいるところ』

ビッグデータは起業家精神が死に絶える場所だ。経済における起業家の役割について、イギリス生まれの経済学者イスラエル・カーズナーほどうまく説明した者はいない。起業の機敏性についての理論は、超越した欲望の精神をとらえている。カーズナーによれば「制約のない現実の世界に取り組む経済学は、真の驚きに適応できない分析的枠組みを超越しなければならない[21]」という。

私の起業家の定義はシンプルだ。一〇〇人が同じ山羊の群れを見ている。九九人は山羊を見る。一人はカシミアのセーターを見ている。この一人の機敏な反応はデータ分析によるものではない。先を読み、目に映るもの以上の何かを見て、何かをしようとする気持ちとそれを実行できる能力から生まれるものだ。

ちなみに言っておくが、ウォーカーのマスクについての記事が出てから一〇カ月もしないうちに、テスラの株式は六五〇％以上値上がりし、価値にして二〇〇〇億ドル以上増加している。

どのような未来が待っているだろうか。人口知能が新しい企業の設立や新しい製品の発売を指示するようになるだろうか。[22] 超越したリーダーはもはや必要とされない世界に生きることになるだろうか。

未来は人々が望んだものの産物となるだろう。私たちがつくるもの、私たちが会う人、私たちがかかわる戦争は、明日の私たちが何を望むかによる。そして、それは今日の私たちが身につける欲望のありかたからはじまっている。

第8章　模倣的未来——明日何を望むか

私たちは歴史を精査して、すでに起きていることの下に、開示されるのを待っている現象が層を成していないか確認する必要がある。古い犠牲のシステムによって抑圧されてきた人生のいくつかの側面が花開くことはないか。ほかの領域の知識、ほかの生き方はどうか。

——ルネ・ジラール

セックスロボット　ムルティビングの丸薬　イタチのように生きる

起業家、作家、未来学者として有名なレイ・カーツワイル——二〇一二年にグーグルのエンジニアリング部門のディレクターに就任した——は、自分の予測は八六％当たるという。ここにその予測の一つがある。「二〇四五年は『シンギュラリティ』に到達する年と見ている。私たちの実質的な知能は創造した知能と統合されて今の一〇億倍になるだろう」[1]

カーツワイルが正しいとしたら（当時シンギュラリティを予測していたのは彼だけではない）、私たちは問わなければならない。そのとき私たちは何を欲するのか。

イアン・ピアソンもよく知られた未来学者で、あることを予測している。二〇五〇年には、人間同士のセックスよりも人間とロボットのセックスのほうが多くなるだろうというのである。[2]私たちは人間よりもロボットとセックスをしたいと思い、ロボットは人間とセックスしたいと思うようになるだろう（もし人間の欲望を模倣して、私たちが言う「したい」をプログラムしていれば。つまり、人工的な欲望である）。

　私は未来学者ではない。将来みんなが、そして自分が何を欲しがるかはわからない。しかし、模倣の欲望がそれを形づくるのに一役買うだろうことはわかっている。

　現在もっとも進んだセックスロボットのモデル――たとえば、マット・マクマレンのアビス・クリエーションズが製造したロボット――には模倣的な特徴がある。ロボットは女性を求める男性の目の動きや言葉に合わせてつくられているので、ベッドに連れていくには手順を踏まなければならない。さらに人間の欲望を真似るようにプログラムされているので、相手に対してセックスをしたいと意思表示する。

　ジャーナリストのアリソン・P・デイヴィスは、二〇一八年にアビス・クリエーションズを訪ね、《ザ・カット》に「セックスロボットとのデートについて学んだこと」という記事を書いた。同社の最新の女性ロボット、ハーモニーとやりとりしてわかったことについてこう述べる。「目指すのは、彼女があなたを〝欲しい〟と思うようになるまで十分に交流すること。早速、セックスしたいか訊いてみる。私は自分が危ない人みたいだと思う。向こうの返事はこうだ。『まだよ。でも、お互いのことをもっと知ったら、そのうちきっとね』」

セックスロボットが「欲望」を示すときには、唇をすぼめ、目を細めるようにプログラムされている――その目は本物の人間の目よりも少し大きくて丸い。同社は「不気味の谷」を避けるためにわざとそのようにつくっている。「不気味の谷」とは、一九七〇年代に日本人ロボット研究者の森政弘が名づけた言葉だ。森は、ロボットが身体的に人間に近づけば近づくほど、人はそれを美しいと感じるが、それにも限界があることを発見した。蠟人形館の展示物のように人間に似すぎた場合には、気持ち悪くて不安と不快さを感じるようになる。[3] 不気味の谷は模倣理論に合致する。違いではなく、同じであることが私たちを怖がらせるのである。

類似性のなかで欲望の類似性ほど危険なものはない。私たちはロボットがあまりにも人間の姿かたちに近づくと不快に感じる――その類似性が欲望におよんだときのことを想像してみてもらいたい。欲望が同じ対象に集中するとき、争いは避けられない。ＡＩがもたらす真の危険は、いつの日か人間よりも賢くなるロボットではなく、私たちと同じもの――仕事、配偶者、夢――を欲しがるロボットである。

ロボットや人間の欲望を操作すれば、人類の未来について深刻な問題を提起することになる。歴史家ユヴァル・ノア・ハラリは著書『サピエンス全史――文明の構造と人類の幸福』の結びでこう述べている。「私たちが自分の欲望を操作できるようになる日は近いかもしれないので、ひょっとすると、私たちが直面している真の疑問は、『私たちは何になりたいのか?』ではなく、『私たちは何を望みたいのか?』かもしれない。この疑問に思わず頭を抱えない人は、おそらくまだ、それについて十分考えていないのだろう」

「何を望みたいのか」という疑問は不安をかきたてる。一つには、欲望が操作される世界では、その操作を誰がやっているのかと考えずにはいられなくなるからだ。さらに、何かを望みたいと思うのは可能だが、それを望むことはできないと、この質問が示唆しているからでもある。

私たちはモデルがないものは欲しがることができない。将来のために選択するモデルは、欲望の形成を左右する大きな影響力を持っている。

私たちが将来何を欲するかは、次の三つにかかっている。過去に欲望がどのように形成されたか。現在、欲望がどのように形成されているか。将来、欲望はどのように形成されるか。この章では、この三つを簡単に見ていこうと思う。

まず、私たちがいま個人として、社会として、望んでいるものについて、どのような経緯でそれを望むようになったのかを理解する必要がある。アメリカ文化が過去六〇年のあいだにますます模倣的になってきたことを示す証拠はたくさんある。たとえば政治や社会の分断の深まり、乱高下する市場、ソーシャルメディアのスケープゴート機能の顕在化などである。[4] 人類が月に着陸して以来、世界中の想像力をまとめてとらえる超越したアイデアは出てこなかった（「インターネットがある！」と反論するかもしれない。しかし、インターネットほど想像力に欠けるものも、模倣の欲望をこれほど内在的に生み出すものもない）。

次に、現在の状況は私たちに決断を迫る。私たちは模倣の危機のなかにいる。欲望は内を向き、お互いに向きあい、緊張が高まりつつある。そこで過去にしてきたように、技術的あるいは実用的な解決策を探すかもしれない——浮かびあがってくるのはスケープゴート・メカニズムだ。問題はそこにあり、創意工夫で解決できるかのように扱うかもしれない。あるいは、模倣の欲望は人間の条件の一つで、人間関係を変容させていることに気づくかもしれない。

三つ目。欲望の未来は、私たちが個人の生活、さらには自分もその一部である欲望の生態系において、模倣をどう管理するかにかかっている。

将来私たちが欲しがるものは、今日の選択に左右される。眠りにつくまでにあなたは自分のため、そして誰かのために、明日何かを欲しがるときのハードルを少しだけ高く、あるいは低くしている。

流砂に沈む文化

今日もっとも力のある企業の一つは大学の卒業アルバムにヒントを得て、それにちなんだ名前がついている。

フェイスブックが単に友人の近況を知るだけのツールでないのは、今ではほとんどの人が理解している。それは本物と理想のアイデンティティをつくりあげるツールなのだ（あなたは本当に家族でハイキングに行くのが好きなアウトドア派なのか、それともそれは休暇ではじめてのハイキングをしたときの写真なのか）。そこでは美しく整えられた他人の人生がモデルとして絶え間なく流れている。私たちをとらえて離さない魅力の源であり、相反する感情の源でもある。フェイスブックは、世界中の人々が一年生の国に足を踏みいれたことを象徴するものであり、人々はそこでほとんどの時間をモニターを見つめて過ごす。それはすなわち、近所の人を横目でずっと見ていることを意味する。

フェイスブックはこの変化の始点ではない。インターネットは、世界をつなげることによって巨大な経済的価値を創造したが、模倣の競争を加速させ、人々の注目をイノベーションからほかへとそらした。

少数のインターネット企業の桁外れの成功は、ほかの分野で大きな躍進がないことを覆い隠している。

八五歳以上のアメリカ人の三分の一近くが患うアルツハイマーなどの認知症では、治療法に大きな進展は見られない。いまだに癌の特効薬はない。世界の多くの国で平均寿命は短くなってきている。生活の質も同様だ。

コンコルドは二〇〇三年の飛行を最後に引退した。列車、飛行機、自動車は五〇年前からスピードはほとんど変わっていない。一九六〇年代はじめから、ほとんどのアメリカ人のインフレ調整後の賃金は停滞している——絶対額は伸びているが、購買力はそれに伴って伸びていない。[5]

私は料理をするのが好きだし、雨の土曜日の午後にテレビで料理番組を見るのも好きだ。しかし、こうした番組の増殖——食の専門チャンネルは料理コンテストなどの料理番組を二四時間延々と流している——は、文化の停滞と退廃のあらわれではないかと思わずにはいられない。私たちは超越したものを想像できずに、新しい卵の切り方やデヴィッド・チャンが麺を食べる場面を求めている。

技術の分野においても、イノベーションは人々が期待するスピードに追いついていない。アイフォーンは二〇〇七年の登場以来、ハードもソフトも変わってきたが、これを書いている今でも使い勝手は昔と同じだ。プレゼンテーション大会はもはやお決まりの儀式であって、本物のイノベーションを目撃する場ではないように見える。私たちはピークを過ぎて悪あがきをしている。

時を同じくして精神的な停滞もあった。世界からは神秘性が除かれ、魔法が解かれた[6]。アメリカとヨーロッパでは、一九六〇年代に宗教組織からの流出がはじまり、それは今でも続いている[7]。この流れの原因は政治の変化、合理主義の台頭、性的虐待などの教会が犯した罪に求められることが多い。真実はもっと複雑である。私から見て（なかにいる一人として）、深い欲望の大規模な流動化が起きたのだと思う――悪貨は良貨を駆逐するという経済原則のグレシャムの法則と同じ形で。つまり、薄い欲望が濃い欲望を追放したのである。

つまらない政治や文化戦争に巻きこまれる宗教指導者がいる一方で、大勢の人々は自分の濃い欲望を、司祭やラビや僧侶ではなくグーグル検索にゆだねるようになった。グーグルは二四時間いつでもそこにいて、少なくとも匿名で客観的で理にかなっているように見える答えを提供してくれる。

ニューヨーク大学スターン経営大学院の教授スコット・ギャロウェイは、テクノロジー企業のビッグ4はどこも人間の根底にある欲求を利用していると考えている[8]。グーグルは私たちの疑問に答えてくれる神のようだ（祈りを捧げよう）。フェイスブックは愛や絆への欲求を満たしてくれる。アマゾンは、生きていくのに必要な大量の物資に瞬時にアクセスできるようにして、安心への欲求を満たしてくれる（新型コロナのときもそこにいてくれた）。アップルは性的欲求や地位への欲求に訴え、革新的で未来を見据えた高価なブランドを持つ人の魅力を伝えている。ビッグ4はさまざまな形で教会よりもうまく人々の欲求に応えているのである[9]。

さらに欲望にもうまく対処している。大半の人は単に生き残ることだけを考えて生きているわけではない。次に何をしたいか、そしてどうすればそれが手に入るかを探っている。ビッグ4はどちらの疑問にも答えてくれる。

ロス・ドーザットは著書『*The Decadent Society: How We Became the Victims of Our Own Success*（堕落する社会──私たちはどのようにして自らの成功の犠牲になったのか）』で、こう述べている。「宇宙時代の終わりとともに次のようなことが起きたのは偶然ではない──先進国の内向き指向、信頼関係の危機、楽観主義の衰退、社会制度への信頼の喪失、セラピー的な哲学やシミュレーション技術への移行、イデオロギー的目的と宗教的希望の両方の放棄[10]」。私たちは経済の停滞と政治の手詰まり、文化の疲弊のなかで動けないでいる。まるでハロウィーンでもらったお菓子を全部食べてしまって呆然とすわりこんでいる子供のようだ。「どうしよう」

ドーザットは「快適な麻痺状態」という章をこう結んでいる。「もし欧米社会が激しく揺れていると感じたければ、そのためのアプリがあり、説得力のあるシミュレーションがある。しかし、現実の世界には別の可能性もある。すなわち、欧米社会は安楽椅子にすわりこみ、心を落ちつかせる何かが滴ってくるのでそこから動けず、めちゃくちゃだった若かりしころにはやったイデオロギーのヒット曲を延々と流し、自分の想像の世界で激怒しながら、それでいて快適な麻痺状態にあるというものだ[11]」

ドーザットははっきりとは言っていないが、この停滞や退廃の主な原因で、いまだ検討されていないのが模倣であるように見える。私たちはシステムの外に超越した判断基準を持っていない。一方で、誰もが多かれ少なかれ、ほかの誰かを真似している。私たちの文化が行き詰まっているのは、私たちが海のそばでプール内のスペースをめぐって争っているからだ。それなのに、率直に話そうとする者はいない。この模倣については。それは文化の発展の隠れた原動力であり、それでいて口にするのはタブーなのだ。ちょうど嫉妬のように。

まるで重力の存在を否定しながら、なぜ人は転ぶのだろうと不思議がるようなものだ。[12]自分が模倣しているとあえて言う者はいないし、自分の決断や信念、グループのなかでの行動について模倣が原動力になっていると言う者はいない。

アレクシス・デ・トクヴィルはアメリカについて記録し、一八三五年の『アメリカのデモクラシー』のなかで、同一性という模倣の危機に似たものについて述べている。彼は独立を無邪気に思い描くことの危険に気づいていた。自由主義と個人主義が次第に強まり、高い水準の平等を掲げながら、そのなかで人々の違いが明確になる社会で何か起きるだろうか。不平等な社会よりも人々のあいだの対立が激化する可能性があるのではないか。「境遇がすべて不平等である時には、どんなに大きな不平等も目障りではないが、すべてが斉一な中では最小の差異も衝撃的に見える。完璧に斉一になるにつれて、差異を見ることは耐え難くなる」[13]

私たちは重要な問題に関しては平等のために闘う。たとえば基本的人権や公民権のために闘うし、一人一人が濃い欲望を追求する自由のために闘う（アメリカではこれを「幸福の追求」と呼ぶ）。しかし、その一方で、重要ではないもの——薄い欲望——についても平等を目指して闘いはじめた。ほかの誰かと同じようにお金が欲しい、インスタグラムで同じくらいのフォロワー数が欲しい、地球上に八〇億人近くもいるモデルのなかの一人と同じ地位、敬意、職業上の名声が欲しい。

重要なものを求める闘いは、重要ではないものを求める闘いと交わり、互いに影響を与えあう。模倣の欲望は線引きを曖昧にするからだ。注目は濃い欲望から薄い欲望へと移る。平等への欲望が模倣の欲望に乗っとられたとき、私たちには架空の、あるいはうわべだけの違いしか見えなくなる。[14]

模倣のマトリックス図
（ざっくりまとめた文化界隈における模倣）

私たちは破滅的な欲望のサイクルのなかにいる。しかし、それ自体は致命的なことではない。致命的なのは、別のサイクルがあると思っていないように見えることである。今の社会が退廃して停滞しているのは、希望が欠けているからだ。希望とは何かを欲することで、その何かは（1）未来にあり（2）良いもので（3）達成が難しく（4）実現可能なものだ。四つ目は特に大切だ。欲望を満たすのが可能だと確信できなければ、希望はない。従って欲望もない。希望は濃い欲望が育つ土壌である。展望を持てなければ人は堕落する。[15]

この模倣のサイクルを破壊するためには、希望に値する何かを見つけなければならない。

道具か人間関係か

サイクル1から逃れる方法は一般的に二つある。

一つ目は欲望を設計する方法で、シリコンヴァレー、独裁政府、専門家信仰に見られる。最初の二つは情報とデータを使って、誰かが欲しがってもらいたいと思っているもの——特定の集団の利益になるもの——を人々が欲しがるシステムを中心に計画する。このやりかたは、人間の行為主体性にとって深刻な脅威となる。また、人が自分にとって最適だと思うものや好きなものを自由に求める能力を尊重もしていない。専門家信仰による幸せになるための「五つのステップ」といった方法は、人間の複雑性に対する敬意が欠けている。

もう一つ、欲望を変容させる方法がある。設計する方法は工業化された農業のようなもので、殺虫剤を使って、大きな機械で土地を耕し、収穫量、貯蔵期間、均一性によって成功を測る。変容させる方法は再生農業のようなもので、荒れ果てた土地を生態系の法則や力学によって豊かな土壌に変える。私たちの場合、この生態系はヒューマン・エコロジーの一つで、欲望は活力の源である。

欲望の変容は人間関係を通じて起こる。欲望の設計は実験室で冷たい道具を使って行なわれる。

欲望を設計する

テクノロジー企業には欲望を設計する力がある。人と人が欲しがるもののあいだを取り持つ媒介者として、存在感を増しているからだ。これこそ模倣のモデルの定義である。アマゾンはモノへの欲望を媒介する。グーグルは情報そのものへの欲望を媒介する。グーグルは最初は、ウェブ上のページを見つけてアクセスするのを手伝う検索会社として始動した。しかし、数年のうちに、検索結果は人々がたまたま探していたもののデータポイントではなく、人々が欲しがるものの先行指標であることに気づいた――グーグルが誰よりも早く入手する欲望の情報である。こうしてグーグルは、ハーヴァード大学の教授ショシャナ・ズボフが「監視資本主義」と呼ぶものをつくりだした。[16]このモデルに従って動く企業は、個人の体験を行動データに変換して、それからそれを欲望の設計に、あるいは少なくとも収益化に利用する。[17]
二〇一一年の決算説明会で、グーグルの共同創業者ラリー・ペイジは、グーグルの新しいミッションとして「検索する（search）」から「満たす（satisfy）」への移行を掲げた。「最終的に目指すのはグーグルの経験すべてを変えることだ。美しくシンプルで、ほぼ自動的な経験にする。われわれはその人が何を欲しがっているかを理解し、それを瞬時に届けられるのだから[18]」

ショシャナ・ズボフは著書『監視資本主義――人類の未来を賭けた闘い』のなかで、次のような話をしている。二〇〇二年のある朝、グーグルのエンジニアチームが出社すると、世界の検索クエリーのトップに不思議なフレーズが上がっていた。「キャロル・ブレイディの旧姓」。一九七〇年代のシットコムの登場人物の旧姓に、なぜ急に関心が集まったのか。検索クエリーは五時間連続で四八分ごろに急増していた。

グーグルのエンジニアたちがその答えを知るのに時間はかからなかった。人気クイズ番組『*Who Wants to Be a Millionaire?*（百万長者になりたい人？）』で、前夜に出た問題だったのだ。番組はタイムゾーンごとに放映されたため、番組が始まって四八分のときに問題が繰りかえされたのだった。

グーグルは人々の欲望に関する先行指標にアクセスできるので、インサイダー情報にもとづいて取引をしているにほぼ等しい。テクノロジーの第一人者ジョージ・ギルダーは著書『グーグルが消える日』でこう書いている。「グーグルは、十分なデータと十分な処理能力で、何が私たちの願望を満たすのかを、私たち以上に知ることが、成功への道筋だと考えているのだ[19]」。それは正しい――私たちの欲望がありきたりなもので予測可能であるかぎり。

ちなみにキャロル・ブレイディの旧姓はマーティンだ。グーグルで検索すれば二秒で答えにたどりつくだろう。お金を払うことはない。ただし、それは無料ではない。検索ボックスに何かを打ちこむたびに、私たちはグーグルに自分が欲しいものを教えている。ときには人には言わないようなことをさらしている。グーグルは〇・五九秒で二八三万の結果を示す（夕食につくろうと思って「リモンチェッロ風味のチキンソテー」を検索してみた結果である）。この〇・五九秒で私たちはグーグルに自分たちの欲望を伝えている。
それは非常に高い代価である。

一元的につくられる欲望

どこまで欲望を設計すべきかという政治的な議論は常にある。私たちが欲望をそのようにとらえていないだけだ。

ここは欲望と政治について探究する場所ではないが、正しく認識されていない政治的な問題について述べておきたい。政治体制や政策は人々が望む、も、の、にどのような影響を与えているのか。欲望にどのような影響を与えているのか。

独裁政権は人々が望むものを操作できる状態にあるかぎり存続できる。一般的にはこうした政権は法律、規制、取り締まり、処罰を通じて、人々ができること、できないことを統制していると考えられている。しかし、本当の勝利は人々の行動を決める権限を持ったときではなく、欲望を決める権限を持ったときに達成される。為政者が望むのは、囚人を監獄に置いておくことでなく、囚人が監獄を好きだと思えるようにすることなのだ。変化を求める欲望がなくなったとき、権力は完成する。

「再教育」収容所の目的は読み書きを覚えることでも、歴史を解釈することでもない。考え方を学ぶことでさえない。基本的には欲望の再教育を目的としている。ロシア人学者カトリオーナ・ケリーとヴァディム・ヴォルコフは、小論「Directed Desires: Kul'turnost' and Consumption（誘導された欲望――文化的行動と消費）」で、ソヴィエト・ロシアへの移行は、「誘導された欲望」を通じて起きたと指摘している。特定のものを欲しがり、ほかを拒絶するように人々をさりげなく誘導したのである。こうして文化的であることを意味する *kulturnost* という思想が生まれた。それは共有されたロシアの文化的価値をもとに生きる正しい生き方だった[20]。

グラーグ強制労働収容所の指導者は、望ましいとされる考えに合致しないものを求める収容者の気持ちをつぶそうとした。合致するものは奨励した。作家のロイ・メドヴェージェフは解放されたある女性の経験を語っている。「私はすべてに失望している。何も信じられない。だが、一つだけ望みがある。それは美しさでも愛でもなく、毎日アイスクリームを食べることだ」[21]。アイスクリームを食べること以外の欲望はすべて破壊されたのだった。しかし、毎日アイスクリームを食べるためには、冷蔵庫と経済的安定がいる。結局、彼女は自分を収容所に入れた政党を支持する。えぐり取られて小さくなった欲望を満たしてくれると約束したのはそこしかなかったからだ[22]」

ラングドン・ギルキーは第二次世界大戦中、若きアメリカ人教師として燕京大学にいたとき、逮捕されて山東収容所に抑留された。中国の現在の濰《ウェイファン》坊にあった日本の強制収容所である。彼はそこに二年半抑留された。ビジネスマン、宣教師、教師、弁護士、医者、子供、売春婦とさまざまな人がいた。ギルキーが驚いたのは抑留が欲望に与えた影響だった。「自分をどこまでもだませることに驚いた」。一九六六年の著書『*Shantung Compound: The Story of Men and Women Under Pressure*（山東収容所――抑圧された男女の物語）』で彼は述べている。「私たちは本当の自分の欲望から逃れるために、職業上あるいは倫理上の衣装を身につける。そして、本当に感じている自分への関心ではなく、客観性や公正さという偽りの外観を世界に見せる」[23]。山東収容所は全員の欲望を混乱に陥れた――それで管理する側は誘導するのが簡単になった。

イデオロギーは欲望の閉じたシステムだ。望んでいいものと悪いものをはっきりと制限する――政党の基盤でも、企業の運営指針でも、家族制度を形づくるイデオロギーでも同じことだ。

模倣の欲望に対処するコツ13
相反するものの共存を探る

イデオロギーを乗りこえるには、ラテン語で *coincidentia oppositorum* と呼ばれるものに注目するといい。「相反するものが同時に発生する、すなわち共存する」という意味だ。たとえば、歩く矛盾といったような矛盾を抱えた人がいる。控えめでありながら同時に大胆な人もいれば、謙虚でありながら自信に満ちた人、人の期待を完全に裏切る人もいる。「ちょっと待て、これらが同時に存在するわけがない」と思わせる人、モノ、経験である。

こうした相反するものの共存は、超越した何かを示している。共存はあり得ないと思うのは、それが自分の世界とのかかわり方に結びつかないからだ。それは自分の意味づけの地図、世界の動きを把握する自分の精神モデルに存在しない。それは自分がさらに遠くまで行って、再評価し、深く掘りさげる必要があることを示すサインである。それはいま自分がいる場所を超えた何かを指し示している。

賢い人は、比べるなら今まわりにいる誰かではなく、昨日の自分と比べるといいと言う。比較と測定の罠から逃れるにはいいとっかかりだ。

しかし、それでは十分ではない。昨日の自分は、真似できるモデルではない。振りかえってみるだけだ（私の場合、たいてい首を横に振ることになる）。

必要なのは未来のモデルだ。それは超越したモデルで、矛盾や否定を乗りこえ、欲望が常にどうにもならない緊張にさらされることのないモデルである。誰もがそれを必要としている。相反するものの共存は、多くの場合、私たちを正しい方向へ導く標識となる。

どのようなイデオロギーにもある明確な特徴は、それが覆い隠し、押しこめている暴力である。言いかえれば、イデオロギーは伝染性の思考を持ちこむかもしれない侵入者から集団を「守っている」のである。抵抗の余地はない。ジラールはかつてイデオロギーを「すべてが善か悪である思考」と定義した。[24]

二つの相容れない欲望、対立する思考を、慎重に識別する時間をとらずに即座にどちらかを拒絶したりすることなく、同時に保持できるかどうか。それが成熟のしるしである。欲望とともに生きるというのは、緊張とともに生きることである。

簡単な解決法

一九三〇年、ポーランド人作家スタニスワフ・イグナツイ・ヴィトキエヴィチは『*Insatiability*（非充足）』という風刺小説を発表した。[25] そのなかでポーランドはアジアの軍隊に征服される。人々は打ちひしがれるが、ムルティビングという征服軍の哲学者が新しい生活哲学を丸薬にして届けるといううわさを聞くようになって一変した。

兵士たちがすぐに「ムルティビングの丸薬」を見せて道端に立つようになる。ポーランド人はこの新しい薬に夢中になる。この薬は、新しい生活を簡単に受けいれられるように欲望を操作するのだっ

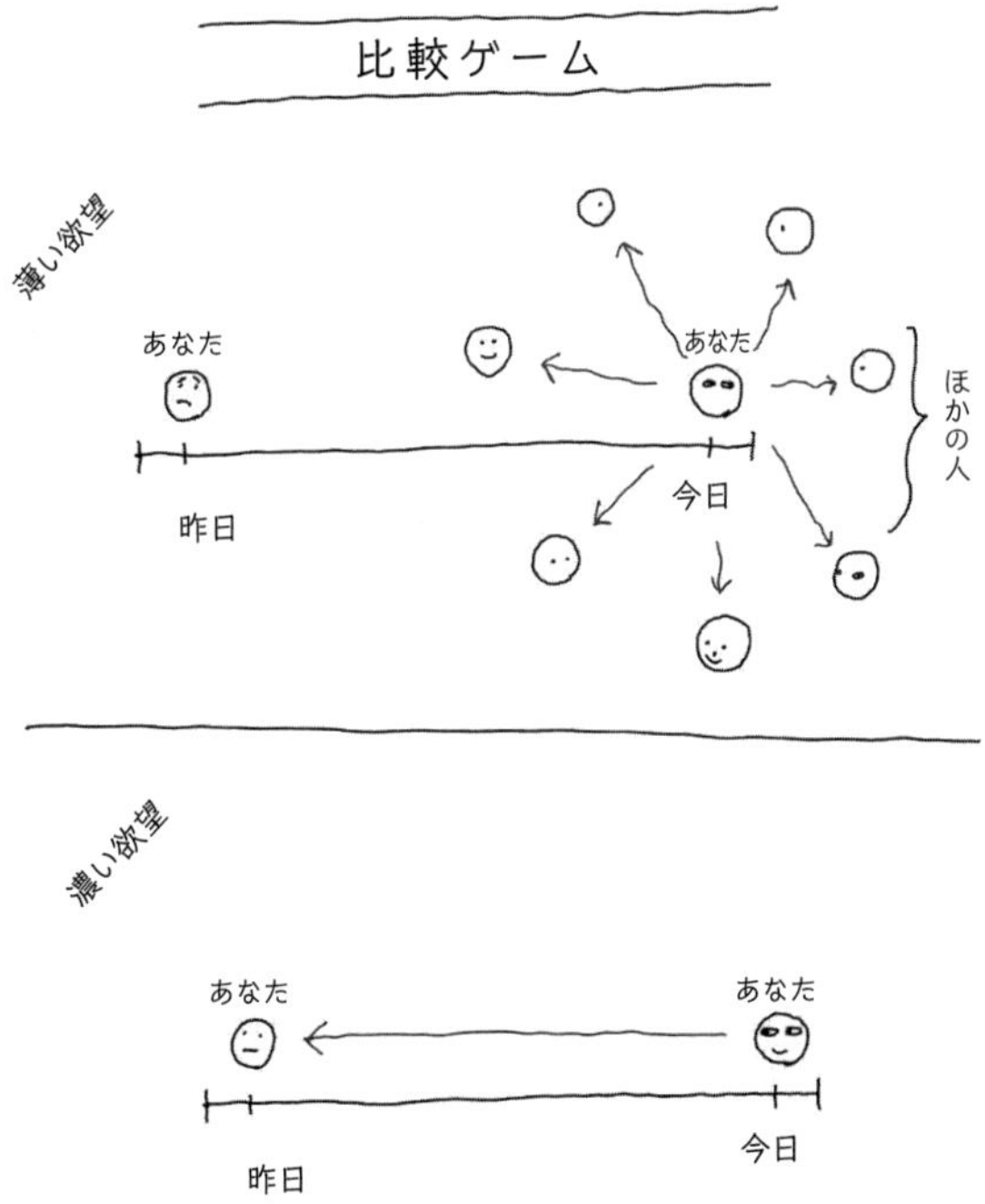

た。

しかし、薬は思考や欲望を根本的に変えるわけではないので、それを飲んだ人は精神が分裂する。発狂して自己の分裂に苦しむことになるのである。[26]

ムルティビングの丸薬は、映画「マトリックス」に先駆けて登場し、オルダス・ハクスリーの『すばらしい新世界』の薬ソーマに似ている。人々の欲望は外部の力によって人工的につくられる。私たちはムルティビングの丸薬をいずれ手にする可能性、あるいはすでに手にしているかもしれない現実に向きあうべきだ。

あなたは飲みますか。

欲望を変容させる

欲望の設計と変容には、それぞれ対応する二つの異なる考え方がある。「計算思考」と「瞑想思考」である。これは私が哲学者マルティン・ハイデッガーの著書を読んで思いついたものだ[27]。

計算思考では、目的を達成するために繰りかえし調査し、探求し、計画する。たとえば、A地点からB地点に移動する、株式市場で儲ける、いい成績をとる、議論に勝つといった目的である。精神科医のイアン・マギルクリストによれば、技術文化において支配的な思考形態だという。それは絶え間ない目的追求につながる。多くの場合、そもそもその目的が価値あるものかどうかという分析はなされない[28]。

修道院で新人を訓練する修道士から聞いた話だが、最近、修道士を目指す若い志願者はチャペルで祈りを捧げる際にたくさんの本を持ってくるという。〝インプット〟なくして〝アウトプット〟なしという考え方がしみついているらしい。計算思考の過剰な発達は、技術的発展の産物であり、人間が機械を真似た結果である。

計算思考はエンジニアリング的な考え方も反映している。計算するリーダーは欲望を予測するアルゴリズムをつくり、欲望をある方向に押しやるアプリをつくり、欲望が生まれるように無生物の〝企業文化〟をつくる。私はときどきトップダウンを信仰する企業文化は、支配者がそれぞれ自分の信仰する宗教をその地の民に強制できるという神聖ローマ帝国の信仰属地主義（*cuius regio, eius religio* 領土が属する者に宗教も属する）とどう違うのだろうと不思議に思う[29]。

エンジニアリングに非はない。だが、エンジニアリングの対象となるもの（オートバイ）もあれば、ならないもの（人間性）もある。

計算思考は主要な思考様式となり、瞑想思考を完全に排除することもめずらしくなくなった。それは最終的にソーシャル・エンジニアリング、技術的操作、共感の喪失につながる。「アルメニア人虐殺から、ホロコーストやカンボジアの恐怖、ルワンダ虐殺まで、大勢の人々が無残に殺されている。官僚的な熱心さで行なわれることさえあった」とジラールは書いている[30]。計算的な考え方はスケープゴート・メカニズムを蔓延《はびこ》らせる。

模倣の欲望に対処するコツ14
瞑想思考の練習

オーガスト・トゥラクは、名誉ある賞を取った『*Brother John: A Monk, a Pilgrim and the Purpose of Life*（ブラザー・ジョン——修道士、巡礼者そして人生の目的）』の作者だ。一九八〇年代のはじめ、彼は始動したばかりのＭＴＶで営業担当の役員をしていた。彼のノースカロライナの農場を訪ねたとき、次のような話をしてくれた。

トゥラクはＭＴＶの重役といっしょにニューヨーク市の地下鉄に乗っていた。この重役は聡明な思索家で、友人や同僚にクイズを出すのが好きだった。それでトゥラクに言った。「これからあげる数字の次をあててくれ。一四、一八、二三、二八、三四、次は？」

クイズには自信があった。「いろいろ考えたよ。一八ひく一四は四で、二三ひく一八は五とか。でも結局わからなかった」トゥラクは降参した。

すると、同僚は地下鉄がちょうど停まった四二丁目駅の壁に描かれていた大きな四二を指した。数字はそこまでの駅名だった。一四丁目駅、一八丁目駅、二三丁目駅――。「私は声に出していろいろ計算していた。そのあいだずっと彼が出したクイズの数字の看板を見ていたのに、見えていなかったんだよ」

トゥラクは計算していて、そのせいで目の前にあるものが見えなかった。瞑想思考をすれば現実のなかに深く入りこめる。「これは数学の問題だ」と一点に集中するのではなく、分岐して広がる可能性に気づくことができる。瞑想思考は欲望を識別する過程でも欠かせない[31]。

瞑想思考の練習としては、まずは飲み物を持って一時間木を眺めることから始めるといい。一時間まるまるである。この練習の目標は、目標を持たないことを覚えるにほかならない。木を眺めながら、気づくことすべてに注目しよう。計算思考から瞑想思考へとゆっくりと切り替わるのがわかるはずだ。もしそうでないなら、何度でも繰りかえそう。

一方、瞑想思考は忍耐の思考である。瞑想と同じものではない。瞑想思考は単純にゆっくりとした非生産的な思考である。それは反動的なものではない。この思考をするときは、何か驚くようなニュースを聞いたり、経験をしてもすぐに解決策を探そうとはしたりはしない。その代わり、その現実に身を深く沈めるための質問をする。この新たな状況は何なのか。背景には何があるのか。瞑想思考は真実が自ら姿をあらわすまで辛抱強く待つ。

瞑想思考は変容の扉を開ける。脳のなかの計算処理を行なう部分が静かになると、瞑想する部分――新しい経験を取りこむ場所――が動きだし、その新しい経験を現実に合った新しい枠組みに流しこむ。

計算用の脳は新しい経験を既存の精神モデルにあてはめることしかできない。瞑想用の脳は新しいモデルをつくる。もし計算思考しか行なわなければ、新しい体験をすべて今ある箱に入れて生きていくことになる。欲望に関して言えば、それは致命的である。

どちらの思考もそれぞれ役に立つ場面がある。もし私が株式市場で行動を起こそうとするなら、計算思考を作動させるべきだ。世界で起きた予期せぬ新しいことを理解しようとするなら、あるいは濃い欲望を見つけようとするなら、瞑想思考が必要だ。計算思考は現在に長くとどまらないので、濃い欲望があらわれるまえに移動してしまう。

瞑想思考は猛スピードで模倣が進む文化に対抗する手段となる。濃い欲望をつくる時間をもたらすからだ。時間をかけて自分の欲望と過ごしてその姿を認識し、いっしょに生きたいかどうかを確認したとき、変容は起きる。

計算思考は言うなれば、模倣の形式をとった思考だ。しかし、考え方だけでは十分ではない。私たちは他者との関係のなかで生きている。そして、人間関係がある場所には模倣の欲望が存在する。

中心となる場所

多くの人間関係が模倣の絆によって結ばれている。コーチに目をかけてもらおうと競う選手たち、役職を競いあう同僚たち、輝かしい履歴書をつくろうとする学者たち。

模倣による緊張は、おおむね健全な人間関係、たとえば配偶者間、親子、同僚間においてさえ存在する。親友との関係も模倣に染まっているかもしれない（おそらくそうだろう）。健全な競争はいい。ここで言っているのは模倣の競争だ。重要なのは、人間関係が模倣の競争に染まっていることを認識し、立ち向かうことだ。

欲望を変容させるには、人間関係の本質を変える必要がある。ほとんどの人が多くの時間を過ごす三つの場所から始めよう。家庭、想像の世界、職場である。

家庭

家庭は、人が何をどのように欲するかを最初に学ぶ場所だ。

子供のころの欲望のメニュー──欲しいか欲しくないかを選べる──はだいたいにおいて、家族が提示するものや役割で、それを実施すると報酬が与えられるものに限定される。こうした役割には、感情的に切羽詰まっている親にとって聞きわけのいい子供でいること、兄や姉がつくったモデルに沿うこと、リベラルあるいは保守であること、神を信じる、あるいは信じないこと、そのほか家族の価値体系によって形づくられるたくさんのものがある。

幼いときには、両親は唯一の模倣のモデルとなる。両親が欲しがれば、子供は欲しがる。そして年上の兄弟が両親の次のモデルになる。しかし、そうした状態は長くは続かず──一般的には三歳くらいで、両親は神ではないことに気づいたとき──子供はほかのモデルを求めるようになる。そうしてモデルは誰でもよくなる。

二〇一五年の《ウォール・ストリート・ジャーナル》に掲載されたジェイコブ・ガーシュマンの記

事によれば、ニューオーリンズに住む二歳のグレイソン・ドブラは、個人の事故を扱う弁護士モリス・バートのコマーシャルに夢中になった。しゃべれるようになるとすぐに、グレイソンは「バート！バート！」と言いはじめた。それで母親は二歳の誕生日に、モリス・バートをテーマにしたパーティーを開いた。モリス・バートのケーキ、モリス・バートの切り抜き、モリス・バートを連想させるプレゼント。グレイソンは家庭の外――セレブの国――にはじめてモデルを見つけたのである。

ティーンエージャーになるころには、子供時代のモデルには見向きもしなくなる。思春期になると、きわめて模倣的な時代が始まり、地に足のついた子供でも追いたてられる。子供たちは根本的な疑問の答えを探す。自分は何者なのか。どういう人間になりたいのか。

どの時期においても両親は、子供が濃い欲望と薄い欲望を見わけて、濃い欲望を育てるよう支援できる。充足につながるものを強調し（たとえば、去年のピアノの発表会がすばらしい出来で、音楽がますます好きになったと言う）、つながらないものから目を背けさせる（たとえば、親友がAをとったから自分もとれるだろうかと心配する気持ちを、違う視点から見るようにさせる）のも一つの方法だ。

もっとも重要なのは、両親には健全な人間関係のモデルになる責任があるということだ。つまり、自分たちの模倣の衝動に注意しなければならない。たとえ些細で一見無害だと思われるようなことであってもだ。夕食の席で政治のニュースにいちいち模倣的に反応する、子供が学校やスポーツの場でちょっとした不当な扱いを受けるたびに反応する、ほかの親との競争に子供を使う（自分の地位をひけらかすために、子供の友達が買ってもらった車よりいい車を子供に与えるなど）――こうした行動が繰り広げられる環境のなかでは、子供は模倣的な行動を覚え、それをよりどころとするようになる。

ほとんどの人はまわりの人と同程度の模倣性を持つ。両親の模倣的な行動は子供が覚え、身につける。たいていの場合、スケープゴートも同様である。私たちは自分の子供が誰を愛し、誰を嫌うようになるか、気を配らなければならない。

想像の世界

盲目の人はどのような夢を見るのだろうか。答えはその人が視力を失った時期による。八歳で視力を失った人は、目が見えていたときに脳が受けとった感覚入力のすべてを使って夢を見ることができる。生まれながらに盲目の人は違う。脳のなかに使える映像がないので、映像として夢を見ることはない。その代わり、感覚や音の夢を見る（マンホールに落ちたり、見えない車にはねられたりする夢がよくあるらしい）。つまり、私たちはそれまでに受けとったデータをもとにしてしか夢を見ることはできない。[32]

欲望に関して、私たちは盲目であるかのように行動する。自分よりもよく〝見えている〟と思う人――モデル――を見て、見る価値、追いかける価値があるものを学ぼうとする。人が持っている欲望の世界は、その人が想像できる世界と同じ大きさでしかない。

想像の世界はどのようにしてつくられるのだろうか。

人生のほとんどは暗黙知によって成りたっている――哲学者マイケル・ポランニーはこれを「言葉にならない合理性」と呼んだ。知ってはいるが説明できないものである。よく知っているのに、他人に伝えようとすると口ごもってしまうものはたくさんある――自分自身にさえ説明できないものもある。[33]私ははじめてスノーボードをする妻に乗り方を教えたときにこれを体験した。ひどいものだった。

妻のスノーボードではなく、私の教え方のほうである。

私たちは初心者用の斜面のいちばん上でストラップを締めた。私は軽くジャンプして、緩やかな斜面を滑りおちないように無意識にヒールエッジに体重をかけた（そもそも平らなところでレッスンを始めなかったのが間違いだった）。「こうやって上体を傾ければ……」どーん。私が言い終わらないうちに、クレアは起きあがろうとしていた。すでに転んでいたのである。その後一時間、私は自分がしていることを説明しようとしたが、まったくうまくいかなかった。そのうち彼女は失敗を繰りかえしながら、自力で体重移動を習得した。一時間で五〇回も転ばなくてすむように私が伝えられたはずの単純なコツを、彼女はすべて言葉にした。しかし、実際のところ、私には自分がしていることをどのように行なっているのか、さっぱりわかっていなかった。はじめて習ったときにどうだったか、覚えていなかった。

私はムカデの寓話を思い出した。ある日、一匹のクモがムカデを見て、その巧みな足さばきに感動した。それでクモは、一〇〇本もの脚をどうやって同時にうまく動かしているのか訊いてみた。クモの脚は八本しかない。これに九二本追加して歩くなんて想像もできなかった。「ええと……それはだね」とムカデは言った。「この脚をまず動かして……いや、待てよ、こっちの脚だ……いや、こっちかな……それで次に……いやいや、そうじゃない」。ムカデは考えながら混乱した。ムカデが持っていたのは暗黙知だった。

新しい言語を流暢に話したり、ユーモアのセンスや感情知能や美意識などを発揮したりするのは、すべてそれとなくできることであって、完全に説明するのは難しいだろう。若いときの欲望のモデルで満たされる力強い想像の世界も同じだ。

おとぎ話に耳を傾けたときから、子供の想像力は崇高な理想と冒険のイメージを備えて羽ばたいていく。英雄的な行為、犠牲、美、愛。これらはすべて人間の本質にとって欠かせないものだが、私たちはなぜそれらが大切なのか、なかなか説明できずにいる。

文学は想像力に大きな影響を与えるものの一つである——欲望の学校だ。文学とは、若者が現実の世界であれ、架空の世界であれ、他者の欲望の物語に入りこめる場所である。確かに、子供を模倣の力にさらし、その欲望に火をつけることもめずらしくない（ハリー・ポッターを読んで一日魔法使いになりきることもあるだろう）。しかし、欲望の扱い方を学び、どの欲望がどこに帰着するのか見わける練習の場所だと思ってほしい。良い小説ではそれが展開する。

私たちの欲望は接したモデルと同じ大きさにしかならない。濃い欲望のモデルとなる架空のキャラクターは、現実の世界のモデルの薄い欲望を埋めあわせてくれるかもしれない。

最近の教育は教養としての学問《リベラルアーツ》から離れ、専門的、技術的な知識の習得——計算思考——に移行してきている。これが将来の世代の欲望の形成にどのような影響を与えるだろうか。私たちにはわからない。だが、私たちは教育システムがどのように学生の想像力、ひいては欲望をつくっているかを真剣に考えなければならない。

職場

私は仕事の目的は単にもっと稼ぐことではなく、人がもっと大きくなることだと思っている。仕事の価値は、仕事の客観的な成果だけで測ることはできない。働く人の主観的な変容も考慮する必要がある。

二人の医者が同じ病院でまったく同じ仕事をしているとする。長時間労働、食堂のまずい食事、崩壊した保険制度、不機嫌な患者のせいで、一〇年後には一人は皮肉屋で怒りっぽい医者になる。もう一人は同じ経験を重ねるが、人間を理解し、親身になって患者を診る忍耐強い医者になる。

雇用主はこの仕事の主観的な側面について考える責任がある。会社と仕事の性質が、その人の成長にどう貢献できるか。

二〇一五年、グラヴィティ・ペイメンツの創業者でCEOのダン・プライスは、約一〇〇万ドルという自分の年収のほとんどを放棄し、その後三年間の従業員の最低賃金を七万ドルに引きあげた。この決断したときのこの会社の平均賃金は四万八〇〇〇ドルだった。平均より低い賃金でも市場では普通で、同種の仕事にはライバル企業も同水準の賃金を払っていた。しかし、物価の高いワシントン州シアトルでは、何とか生活していけるレベルだった。多くの従業員は家族を持つのに十分な収入ではないと感じていた。

プライスが決断してから五年後、会社は急成長していた。会社が扱う取引金額は三八億ドルから一〇二億ドルに伸びていた。それ以上に重要なのは、従業員の成長が見られたことだ。従業員数は倍になり、それぞれが濃い欲望――たとえば子供を持つこと――を追求できるようになっていた。最低賃金を増やすまえは、生まれた子供は毎年ゼロかせいぜい二人だった。増やしたあとは四〇人になった。

ときに市場は人々の欲しいものを示す指標にならない。薄い欲望の価格を発見するのには役立つが、濃い欲望には必ずしも役に立たない。

職場での欲望は、現状をいじってみても変容しない。誰かが、たとえば報酬の〝業界基準〟といった模倣システムの外に出て、人生と人間を包括的な視点でとらえるようになれば変容するだろう。

いい仕事に報いる新しい方法は種類も数も豊富にあり、古臭いマルクス主義対資本主義の型に収まるものではない。しかし、それらを探究する起業家はほとんどいない。

ビジネスには持続可能なものをもっと望ましいものにする力もある。悲しいことに、ほとんどの企業は欲望をどのようにつくるかという観点からしか、自分たちのミッションを考えていない。持続可能ではない行動から利益を得る会社一社に対して、持続可能な機会をつくり、それを魅力的なものにする会社が二社あれば、世の中はどうなるだろうだろうか。

ヨーレレ・フーズは西アフリカの食材や料理法をアメリカに輸出し、紹介している。[34] もっとも力を入れているのはフォニオという、数千年前からサヘル地方でつくられてきた干ばつに強い古代の穀物である。しかし、セネガルや西アフリカのほかの地域の人々はフォニオをつまらないものだと思っている。栽培している地域の外では、フォニオは価値のあるものだと思われていない。そして、その価値の認識はきわめて模倣的である。

ヨーレレの共同創業者のセネガル人シェフ、ピエール・ティアンは、セネガルには「西洋のものがいちばんいい」という共通認識があると話してくれた。地元でつくられたものはすべて劣ると思っているのである。二〇一九年に彼から聞いた話によれば、セネガル人のこの考えは植民地時代に植えつけられたものだという。当時、セネガルでは輸出用のピーナッツなどの単一栽培が強制され、ほかの作物はつくらなくなった。そのため、フランスは自分たちの食べ物をつくらないセネガル人を食べさせるために、インドシナ半島から割れ米を輸入しなければならなかった。

ヨーレレ・フーズは、西アフリカの食べ物はアメリカで人気があるというイメージをつくり、西アフリカの人の欲望を刷新し——さらに、経済的なインセンティブを持ってもらい——、フォニオやほ

欲望の進化

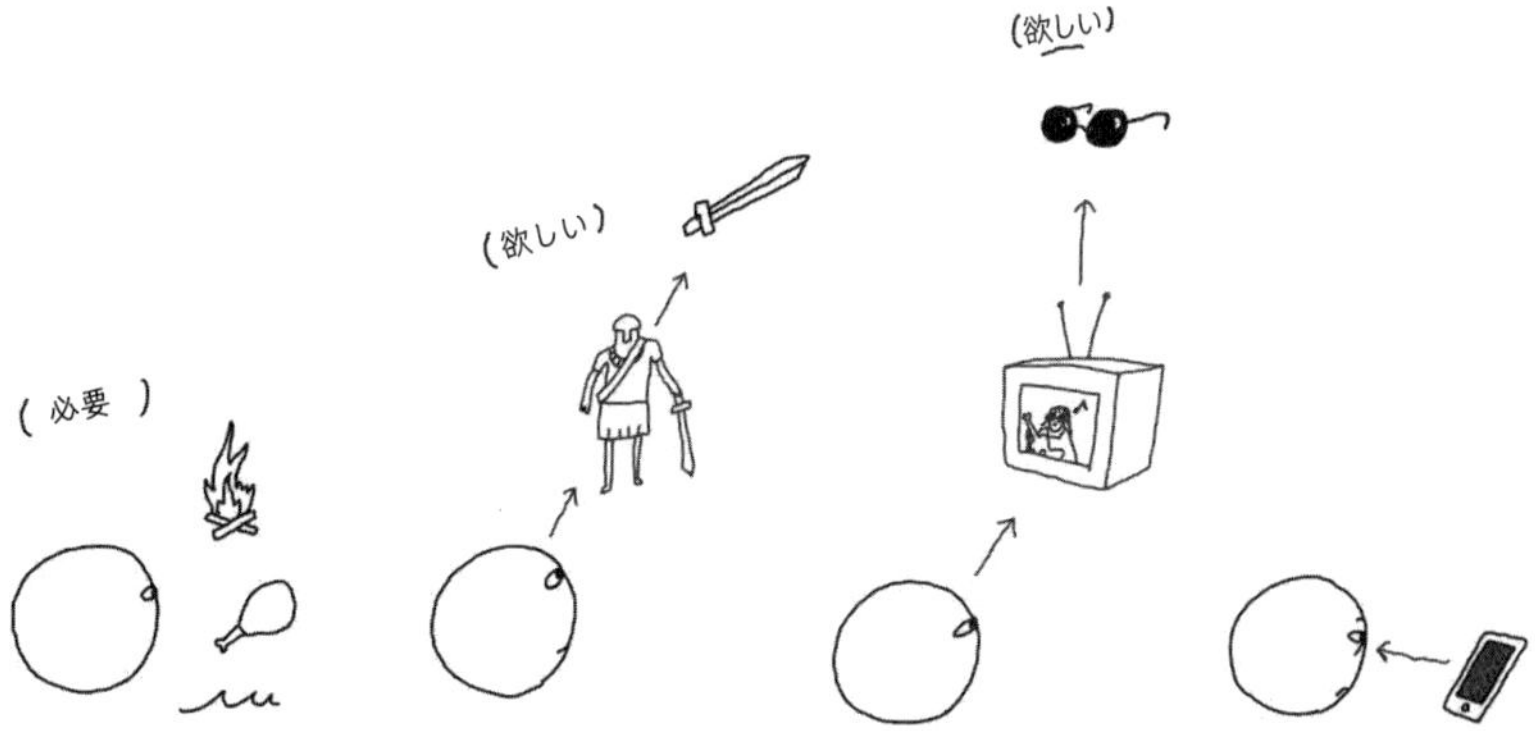

かの地元食材をもっと育て、食べてもらいたいと考えている。

どのようなビジネスでも、そのミッションがどのような欲望のモデルと連携しているか真剣に考えなければならない。

三つの発明

ルネ・ジラールは晩年、心配を募らせていた。私たちは争いを調整する有効な手段を持たないまま、ますます模倣的になっていく未来――終わりのない戦争、模倣本能をあおるテクノロジー、模倣による危機を急増させるグローバル化――に向きあうことになるではないか。

模倣の欲望から生まれるネガティブな結果を和らげる社会的発明は過去に二つあった。スケープゴート・メカニズムと市場経済である。はたして三つ目はあるだろうか。

一つ目の発明

スケープゴート・メカニズムは、危機的状況にある社会を内側から崩壊するのを防いだ。それは逆説的な形で機能した。スケープゴート・メカニズムは暴力で暴力を抑えこんだのである。全員対全員の戦争の代わりに、全員対一人の戦争とした。ジラールは、不公正なしくみながら、これには初期の社会を安定させる効果があったとした。

現代の西洋文明においては、あまり効かなくなった薬のように、スケープゴート・メカニズムの効果は薄れている。その弱体化は、二四時間流れるニュース、リアリティ番組、ソーシャルメディアを見ればよくわかる。スケープゴート効果がなくなり、さらなる血や嘲りが求められるまで、数日、場合によっては数時間しかかからない。

第4章で見たように、この効果の消失は、スケープゴート・メカニズムが暴露された結果である。私たちはもはや自分たちが正しい行ないをしていると心から信じることはない。スケープゴートの罪深い行為を私たちが信じられなくなり、それは威力を失った。スケープゴートはネール・ゲイマンの『アメリカン・ゴッズ』のなかの神々のようだ――人々がその存在を信じるあいだだけ存在する。

二つ目の発明

スケープゴート・メカニズムがその力を失うにつれて、近代の市場経済がそれに代わるようになった。[35]

市場経済は模倣的な欲望を生産活動に送りこむ。一〇億ドル規模のスタートアップ企業の才能あるCTO（最高技術責任者）が、共同創業者たちに嫉妬したときには、クーデターをたくらんだりはしない——会社を去って自分の会社を立ちあげる。ニコラ・テスラとトーマス・エジソンは土地や物理的な支配ではなく、名声を求めて争った。こうした選択肢はだいたいにおいて、暴力的に直接争うよりもいいものだ。

経済的競争の世界は、それが取って替わったいけにえを求める世界ほど血なまぐさくはない。そうは言っても、犠牲者は生み出す。市場にアクセスできない貧しい人がいて、搾取される労働者がいて、勝者総取りのしくみになっている。市場のなかにいる人と外にいる人の差は開く一方だ。

消費者主義が抱える多数の問題をよそに、競争や欲望は絶え間なく注ぎこまれ、主に薄い欲望に身を任せる人々に負の影響をおよぼしている。もしデル・フリスコ・ステーキハウスでしか食事をしないとすれば、体重は増えるし、話のつまらない人になるかもしれない。しかし、少なくとも自分の社会的地位を守るために通りで剣を抜いて戦うようなことはしないですむ。

いい車や近くの家を持つために競争しているかぎり、隣の土地を自分のものにしようとするようなことは起こらない。

三つ目の発明

スケープゴート・メカニズムは欲望の問題に対する最初の大きな社会的発明である。市場経済が二つ目だ。どちらも模倣の拡大と危機から、未来の私たちを守ってはくれないだろう。

人類が守られるか否かは、三つ目の発明にかかっているかもしれない——まだ見つかっていないかもしれないし、すでに発見の途上にあるかもしれない。人類は欲望を生産的かつ非暴力的に伝える方法を見つけなければならない。見つからなければ、模倣の欲望は手がつけられなくなるだろう。この社会的メカニズムがどんなものになるのかはわからないが、少し考えてみようと思う。

人間は、初期の宗教がスケープゴートで果たしたのと同じ役割を持つ技術的な上部構造をつくることができるのではないか。つまり、暴力を——無数のデータによって——空気中に拡散するようなしくみである。それは個人が創造した価値を測り、それに報いるのを容易にするような貨幣の進化をもたらす発明かもしれない。それは宇宙の探査や移住を促進する発明かもしれない。人類が宇宙で調査する新しい場所を得れば、互いに殺しあうことへの関心は薄れるだろう。あるいは、一人一人が自分の道を切り開くのを後押しする教育上の発明かもしれない。

インターネットの出現によって、イノベーションはすでに起きていると見ることは可能だろうか。何か問題が発生したとき、人はすぐにグーグルで検索する。インターネットは群衆の暴力の代わりとなり、判断を示し、人々をさまざまな場所に向かわせる——レディットなりフェイスブックなり、それぞれに合わせて仕立てられたある種のカタルシスが得られる場所だ。

私はインターネットが三つ目の発明だとは思わない。私には暴力を鎮めるより激化させているように見える。

新しい社会的発明が生まれるまでは、できることをするしかない。自分自身の欲望をどのように形づくり、どのように管理するかが始点となる。

たった一つの大切な欲望

エンジェルリストの創業者で、《ウォール・ストリート・ジャーナル》によれば、「合理的な仏教」を個人哲学としているらしいナヴァル・ラヴィカントは、多くの起業家にとって深い思索の源になっている。テクノロジー企業のＣＥＯで、ビジネスと人生における欲望の役割について直接言及する者はほとんどいない。

「欲望とは、欲しいものを手に入れるまで不幸でいることを課す自分との契約だ」と彼は言う[36]。ラヴィカントの考えの根底には、欲望と苦しみのつながりに関するさまざまな精神的伝統への永続的な理解がある。欲望は、常に自分に欠けていると感じるものに向かい、苦しみをもたらす。

模倣の欲望は、誰かあるいは何かへの変わらぬあこがれとして姿をあらわす（私たちが「形而上的欲望」と呼ぶものである）。人は自分が求めるものにつながるドアの鍵をモデルが持っていると思うから、そのモデルを選ぶ。しかし、これまで見てきたように、この形而上的欲望に終わりはない。私たちは服を買い替えるサイクルより速くモデルを取りかえる。勝利したと思ったとき、つまり、モデルを見て、欲しいと思ったものを手に入れたとき、私たちはそもそもモデル選びを間違えたのではないかと思う。それでまた別のモデルを探しに行く。

模倣の欲望は逆説的なゲームだ。勝つことは負けることである。割に合わないピュロスの勝利のようなものだ。

世の中にはモデルがあふれている。ビジネスの世界は特にモデルが好きだ。金融モデルはたくさんある。成功事例があり、マニュアルがあり、テンプレートがあり、成功への道を説くブログがある。ロールモデルは雑誌の表紙を飾り、《ウォール・ストリート・ジャーナル》に顔を出す。書籍がある。誰もがモデルか、自称モデルである。

彼らはみな外部のフレームワークやスキーマ、欲望を提供する。これこそ人々が求めるもののように見える。生徒が私にどのように生きていくべきか訊いてくるとき、彼らはいつもプレーブックを手渡してくれることを望んでいる。ロードマップが欲しいのだ。私はラスベガスでデイヴ・ロメロが自宅の玄関にあらわれたときの話をする。彼にどう対応すればいいのか教えてくれなかったからといって、私はスターン経営大学院に授業料を返せと言ったほうがいいか、彼らに問いかける。

どんなスキーマも結局は役に立たない。人生とは不確かな未来を歩むものであり、今あるスキーマはどれも十分ではない。

英語のスキーマ（schema）はギリシャ語から来ている。現代ギリシャ語の動詞 *suschématizó* の語源で、「従う」という意味がある。たとえばギリシャ語で *Me syschematizesthe!* といえば、「従うな！」という意味だ。もっと具体的に言えば、「外部のモデルが示すパターンに自分をあてはめるな」ということだ。

設計された欲望は当然ながら常にモデルに従う。スキーマを持たずに青写真を描きはじめる建築家はいない。

一方で、欲望の変容は動的なプロセスだ。ギリシャ語には、特定のモデルに従うことなく、内部から変容することを指す *metamorphosis*（メタモルフォーシス）という別の言葉がある。

こうした大きな変化——基本的には欲望の変容——には苦痛が伴う。欲望のありかたを変える、少なくとも良い方向に変えるには苦しまなければならない。それはどの精神的伝統も明らかにしている。だから、誰も薄い欲望を手放したがらないのだ。

「圧倒的に大きな欲望を一つ選ぶといい。その欲望で苦しんでいいというものだ」。ナヴァル・ラヴィカントは、ジョー・ローガンのポッドキャストでそう言った。ほかの欲望は手放さなければならない。[37]

重要ではない欲望を手放すのはある種の死である。

一つの大切な欲望を見つけることについて考えるとき、私は大好きなアメリカ人作家アニー・ディラードを思い出す。『石に話すことを教える』は彼女のエッセイ集で、自分のことばかり考えていた子供時代からの目覚めや、自分を取りまく大きな世界の今に没頭するようになったことが綴られている。年を重ねた彼女は「イタチのように生きる」という詩的なエッセイを書いた。自然のなかでイタチ――そう、イタチである――に偶然出会ったときの話である。文章の美しさと、イタチがどれだけ人生について教えてくれるかを語る彼女の視点の鋭さに魅了されて、何度も読み返している作品だ。ディラードよりうまく語れないので、少し引用させてもらおうと思う。

アニー・ディラードは、空を飛ぶワシを撃ち落とした男の話をする。ワシをよく見ると、その首にイタチの顎の骨が食いこんでいる。地面を這うイタチに空から襲いかかったに違いない。だが、イタチのほうは完璧なタイミングでふりむき、最後の瞬間にワシの首に噛みついたのだろう。

イタチはワシの首の肉にしっかりと歯を沈め、ワシはそのままで空を舞い、最終的には――イタチがワシの首からどのくらいのあいだぶら下がっていたかは知る由もない――ワシか風がイタチの骨を引き裂き、顎の骨以外はなくなったのだろう。

「要は、呼ばわる必然へと巧みに、しなやかにしのび寄ることだ。やわらかい、いきいきとした一点を見つけて、その脈に接続することだ」とディラードは書く。「自分のただひとつの必然をつかみとり、それをけっして手放さず、ただぶら下がってどこへなりと連れていかれることは、すばらしくまっとうで従順な、純粋な生き方ではないかと思う。そうすれば、どのように生きようが結局は行きつく死でさえも、人を分かつことはできないだろう」[38]

私たちは、イタチがその脈に接続するのを後押ししたものに近い本能によって完全に導かれているわけではない。しかし、歯を立てる価値あるものは何なのか、決断しなければならない。そうしなければ、自分の存在の深いところに触れた何かの所有権を主張することなく、模倣の力という風に吹かれて渇いた骨だけになってしまうだろう。

もっとも大切な欲望を追うことだ。それを見つけたら、それ以外のすべての些細な欲望を、大切な欲望の役に立つように変容させることだ。ディラードは言う。「つかみとることだ、そしてその爪で空高くつかみ上げられることだ、両の目が燃えて抜け落ちるまで。おのが麝香の身をずたずたに裂かれ、骨は千々に砕かれ、野や森にばらまかれることだ、軽やかに、無心に、望みの高みから、ワシのごとき高みから」[39]

もっとも大切な欲望を手にするということは必然的に、モデルを手にするということだ。モデルなしに欲望に到達することはできない。そして、私たちは常に自分にとって間違いなく本物だと思えるモデルを追いかける——自分よりはるかに高い生活の質を備えているように見える人である。

だから、もっとも崇高な欲望を追いかけるべきだが、それをモデルのなかに見つけなければならない。この文章を読んでいる時点では、それは次のようなものかもしれない——本の登場人物、リーダー、アスリート、聖人、罪人、名誉勲章をもらった者、愛、結婚、英雄的行動、考えられる最高の理想。

しかし、モデルを見つけて終わりではない。それは外部にあるものだから、モデルを超越するために必要な内なる変容が、そのモデルによって自動的にもたらされることはない。内なる変容が起きなければ、私たちはモデルと欲望に関して、モグラたたきゲームを延々とするはめになるだろう。内なる変容が起きれば、薄い欲望を消し去り、濃い欲望を根づかせる動きが勝手に進んでいく。

外部のモデルつまりスキーマと、内なる変容つまりメタモルフォーシスは敵対するものではない。要するに、あるモデルを追いかけるときには、その追跡が内なる変容をもたらし、それによってもっと優れた新しいモデルを選択できるようにならなければならないということだ。

愛と責任

薄い欲望はまわりにあふれている。一日中差しだされている。ちょっとかじってみてもいいし、しっかり歯を立てることもできるが、それらは私たちを行きたい場所に連れていってはくれない。私たちは選択を迫られている。無意識に模倣的な生活を送るか、懸命に濃い欲望を育てるか。後者の場合、きらきら光るまわりの模倣的なものをつかみ損ねる可能性に悩むことになるかもしれない。

自分の人生の終わりに際して、追いかけるチャンスを逃したことにいちばん後悔するのは、濃い欲望だと思う。手に入れようと没頭したことに、きっと満足を覚えるだろう欲望だ。私が疲れ果てて死ぬとすれば――誰でも最後はそうなる――、それは薄い欲望を追いかけたからではない、濃い欲望をつかみ、何も残らなくなるまでつかみ続けたからだ。

破滅的な模倣のサイクルは、自分の欲望の絶対的な優位性を確信したときに動きだす。それを満たすためなら、ほかの欲望を犠牲にするのをいとわない。しかし、欲望のポジティブなサイクルのなかでは、人は自分の欲望と同じように他人の欲望にも敬意を払う。さらに、ほかの人がもっとも大切な欲望を達成できるように積極的に協力する。ポジティブなサイクルにおいては、みんながまわりの人の濃い欲望を実現しようと何らかの形で手助けする。

模倣の欲望に対処するコツ15
ほかの人の欲望に責任を持つつもりで生きよう

私たちは人との関係を通じて、何かを欲する他人が次の三つのどれかになるように働きかける――もっと欲しがる、欲望を減らす、別のものを欲する。

私たちは出会う人全員に、この三つのうちのどれかをもたらす影響を与える――たとえどんなに退屈な交流であってもだ。変化はたいてい目に見えないほど小さい。しかし、巨大な弾み車であるかのように、私たちは他人の欲望をどちらかの方向にそっと押している。

模倣の欲望を意識して生きることには責任が伴う。競争を減らし、日々ささやかな形でポジティブな欲望のモデルになる責任である。

愛のもっともシンプルな定義は、相手にとって良いものを欲することだ。イタリア人は示唆に富む言い方で「愛している」と言う。「*Ti voglio bene*」直訳すれば「私はあなたにとって良いものを欲する」。あなたにとってもっとも良いことがありますように、という意味だ。私たちは自分自身の欲望を形づくる責任がある。これまで見てきたように、それはほかの人なしでは成しえない。欲望をつくる義務と人間関係を大切にする責任は切り離せない。欲望の変容は、自分の欲望よりも人の欲望の達成を気にするようになったときに起きる。逆説的だが、それが自分の欲望を満たす確かな道なのだ。

欲望のポジティブなサイクルが機能するのは、第一に真似されるのが自分を差しだす行為だからだ。これが美しい結婚、友情、慈善活動の裏にある模倣の欲望のポジティブな力となる。結局のところ、「欲する」というのは「愛する」の別の言い方なのだ。そして、それもまた模倣的なものである。

ディラードはエッセイの最後のほうでこう述べている。「そうすることもできたはずだ。わたしたちはどのようにも生きられる。人は選んで貧困の誓いを、貞節や服従の誓いを、はたまた沈黙の誓いを立てる」。彼女は自分とイタチのあいだに明確な違いがあることをわかっている。「イタチは必然に生き、人は選択に生きる。必然を恨みつつ最後にはその毒牙による愚劣な死を遂げる」[40]

私たちは選択する。いかなるときも自分の欲望を主張する模倣の力に身をゆだねるか、一つの大切な欲望の自由に身をゆだねるか。後者の場合、人生を賭けられるほど欲望が濃くなるまで、何度でも何度でも繰りかえして、常にしなければならない一つのことをする。

そのあいだ、おそらくは常に、私たちは何か暖かいものに歯を食いこませている。私たちはすでに持っているものを欲している。

あとがき

ルネ・ジラールは「作家にとって初稿とは自分を正当化する試みである」と書いた。何であれ――本でも会社でも人間関係でも人生計画でも――初稿は自分が欲しいものを理解する作業になることが多い[1]。

ジラールは一流の小説家なら初稿を読み返せば、それを見抜けると考えていた。初稿はいわば「出来レース」で、作家は複雑な欲望について読者と自分自身を無意識のうちに欺こうとしているのだとわかっている（スティーヴン・キングは、はじめて書いたホラー小説の主役キャリー・ホワイトから学んだもっとも重要なこととして次のように述べている。「登場人物に対する作者の当初の理解は、読者と同様、ときとして間違っている」[2]）。

初稿を読むという体験は作家を打ちのめし、幻滅させる。プライドと虚栄心は一発くらうことになる。「そしてこの存在の崩壊は、すばらしい作品をつくるきっかけになる」とジラールは言う[3]。作家はふたたび書きはじめる――今度は自身の模倣を見えなくするロマンチックな虚偽は抜きで。

これ以前の段階では、作家のつくる登場人物は善人か悪人のどちらかだ。この後は陰影が生まれる。

登場人物は模倣の欲望や競争に取り組むことになる。人生とは欲望が進化しつづけるプロセスだと作家は理解する。

もし私が本書であなたの名前をいい意味で、あるいは批判的に記していたら、あなたは私にとってある種のモデルだということになる。模倣の欲望について本を書くという私の欲望にあなたが影響を与えたように、私ももっといい本を書きたいという誰かの欲望に影響を与えていることを願う。

おそらく私はすでにあなたと競争している。

謝辞

本書はルネ・ジラールの大きくそびえたつ肩の上に築きあげたが、ほかにもたくさんの人がその肩を貸してくれた――肩のみならず目や耳、場合によっては欲望も。それらがなければ、書き終えることはできなかっただろう。

妻のクレアは一年で「模倣」という言葉を、普通の人の人生の五回分以上は聞いただろう。彼女は私の脈絡のない考えに誰よりも耳を傾け、反応してくれた。たくさんあったアイデアのなかには、書くに値しないものもあった。選別できたのは彼女のおかげである。また根気強くて頭の切れる編集者兼対話者でもあり、私を励ましながらこのプロジェクトを最後まで導いてくれた。

本書で述べた考えのなかには、ほかの人の成果を拝借したものがある。私は彼らを真似たことになる。このモデルたちに感謝したい。ジム・コリンズ。弾み車のたとえのおかげで欲望のサイクルについて考えがまとまった。ナシーム・ニコラス・タレブ。「果ての国（Extremistan）」「月並みの国（Mediocristan）」という造語は「セレブの国（Celebristan）」「一年生の国（Freshmanistan）」のモデルになった。ジラールの研究者や専門家による過去五〇年の研究は、彼に関する私の考えを形づくってくれた。特に以下の方々にお礼を申しあげる。ポール・デュムシェル、ジャン＝ピエール・デュピュイ、ジェームズ・アリソン、シンシア・ヘイヴン、マーサ・ライニキー、サンダー・グッドハート、アンドルー・マッケナ、レイヴン財団のスーザン・ロス、スティーヴ・マッケナ、アン・アステル、ギル・ベイリー（「破壊的な共感（disruptive empathy）」という用語は彼のものであり、私は説明しただけにすぎない）、ウルフガング・パラヴァー。

このプロジェクトを最初から最後までサポートしてくれたジム・レヴィンに感謝する。彼はこれ以上は望むべくもない最高の文芸エージェントで、紹介してくれたアダム・グラントにお礼を言いたい。ジムはすばらしいメンターで、パンデミックのあいだも揺らぐことなく着実に仕事をしてくれた。

セント・マーティンズ・プレスのティム・バートレットはスポーツの偉大なコーチのような人で、私が最大の力を発揮するにはいつどんな指示を出せばいいかよくわかっていた。そして、この本の重要性を理解し、最後まで手際よく導いてくれた。このプロジェクトを仕上げるのに力を貸してくれたセント・マーティンズ・プレスの皆さんへ（一人一人の名前をあげられないほど、たくさんの方々の協力を得た）。本当にありがとう。皆さんのもとで本を書けて私は本当に幸せだ。

メガン・ヒュースタッドはその洞察力と原稿をまとめる力がすばらしかった。私の同僚のレベッカ・テティは同じように日々、優雅に粘り強くその見識を示してくれた。ほかにも以下の方々に助けてもらった。ロッド・ペナー、ブライアン・ウィリアムソンほか、プルーヴィオの方々。ベン・カリン。根気強くてスイス・アーミーナイフのように万能なアシスタント、グレイディ・コノリー。クリスティーン・シーハン。それから、私が夜遅くあるいは朝早くにこの原稿を書いた、ワシントンＤＣやニューヨーク市のほか世界中のバーやレストランやカフェ――悲しいことに今は閉まっているところが多い――で働く人々。

リアナ・フィンクには特にお礼を言いたい。彼女のイラストはページに活気を加えてくれた。彼女といっしょにアイデアを練り、それを絵で表現する方法を探ったのは、全作業のなかでも特にやりがいのある部分だった。絵を通して考えることは、執筆にいい影響を与えてくれた。思慮深く才能と理解がある人材と仕事をする機会を得たことを大変感謝している。

以下の同僚、パートナー、友人たちのおかげで、私は考えを磨くことができた。ジョシュア・ミラー博士、アンドレアス・ウィドマー、フレデリック・ソテ、トニー・カニッツァーロ、マイケル・ヘルナンデス、デヴィッド・ジャック、ブレンダン・ハーレイ神父（ＳＪ）、ジョン・サウダー、マイケル・マシソン・ミラー、カルロス・レイ、グレゴリー・ソーンベリー、アントニー・ダンブロジオ、ルイス・キム、ブランドン・バイディアナサン、それからここで感謝してもしきれない大勢の人たち。

本書のアイデアの源になったり、実際に会って話をしてくれた人たちにもお礼申し上げる。シェフのセバスチャン・ブラス、ピーター・ティール、ジミー・カルトライダー、トレヴァー・クリブン・メリル、シェフのピエール・ティアン、イマド・ヤニスとリーム・ヤニス、ディーン・カーナーシス、エイミー・グロス、アンドルー・メルツォフ博士（特にお世話になった）、マーク・アンスパック、ブルース・ジャクソン（ジラールの写真を提供してくれた）、ローランド・グリフィス博士、ナレシュ・ラムチャンダニ、タイラー・コーエン、ダン・ワン、ジョナサン・ハイト、そのほかスペースの関係で名前を省略せざるを得なかった大勢の方々。

最後に、私に人生と信仰と希望と愛を与えてくれた両親、リー・バージスとアイダ・バージス、それから祖母のヴァーナ・バートニクに。ありがとう。ＡＭＤＧ（より大いなる神の栄光のために）。

しかし、すでに中心から等距離で回る輪のように
我が望みと我が意思を回していた、
太陽と星々をめぐらす愛が。

——ダンテ・アリギエリ
（『神曲——天国篇』原基晶訳、講談社）

いずれにしても、やがてほかの人たちが、われわれがいま論じていることを、より巧みに論ずるようになるでしょう。そして事態はさらに先へ進むことになるでしょう。しかしこうした書物自体の重要性は、わずかなものになるでしょう。そうした書物を生み出すいろいろな出来事のほうが、書かれたものよりもはるかに雄弁になっていくでしょうし、単純で月並みな事がらの真相を、われわれがそれを暗示するのにたいへんな苦労をしてしかもうまくいかない真相を、手早く説明できるようになるでしょう。

——ルネ・ジラール
（『世の初めから隠されていること』小池健男訳、法政大学出版局）

補足資料A　用語解説

この本のなかで特定の意味で使っている用語や造語には＊をつけた。

反模倣的＊

模倣の欲望のネガティブな力に対抗する人、行動、もの。反体制文化的なありかたの一つ。ただし、ヒップスターではなく聖人に近い。

セレブの国＊

外的媒介の世界。

核となる動機づけの原動力

はっきりした形の結果を出そうという気にさせる、その人特有の変わらない原動力。核となる動機づけを理解すれば、濃い欲望を特定して、その欲望と動機づけの原動力をうまくそろえられるようになる。

サイクル1*
争いにつながる破滅的な欲望のプロセス。

サイクル2*
建設的で価値を創造する欲望のプロセス。

欲望（Desire）
人が追いかけるに値すると信じる特定の人やものにひきつけられる、人生における複雑で不可思議な現象。欲望はモデルを必要とする点で、欲求（needs）とは異なる。「人間は何を欲すればいいのかわからない生き物であり、決めるために他者を参照する」とルネ・ジラールは述べた。欲望は人を超越的なものの探究に向かわせる。

識別
合理的な分析を含みながら、それを超える決断のプロセス。「あるものを別のものと区別する」という意味のラテン語から来ている。識別するには、認識、暗黙知、欲望を読む能力を必要とする。欲望には判断するための科学的、客観的な基準が欠けているため、どの欲望を満たし、どの欲望を手放すかを決めるために識別する力が求められている。

破壊的な共感《エンパシー》

サイクル1を途切れさせる共感。

二重拘束

真似る者とモデルが互いをモデルとすることで、それぞれが真似る者とモデルの両方になる状況。

外的媒介

時間的、空間的、社会的に距離がある人の欲望を真似る場合で、その真似ようとするモデルと接触する見込みがほとんどないケース。外的媒介においては、モデルは主体がいる世界の外から欲望を媒介する。

一年生の国*

内的媒介の世界。

充足の物語

人生のなかで、それが良いことだと信じて行動し、それによって深い満足感を得たときの話。充足の物語は核となる動機づけの原動力のパターンを明らかにする。

価値のヒエラルキー

必ずしも同等でないが、互いに関係しながら、統合された全体をつくるものとされる価値の体系。

真似（Imitation）

誰か、あるいは何かを行動のモデルとすること。子供は真似るプロである。大人はたいてい隠そうとする。真似は幼児期の発達、大人の学習、徳の習得を促すポジティブな力となる。真似る行為自体は中立である――私たちは良いことも悪いことも真似ることができる。

内的媒介

欲望のモデルと同じ時代、場所、社会に生き、モデルと接触する可能性が高いケース。内的媒介においては、モデルは主体がいる世界の内から欲望を媒介する。

欲望の媒介

主体とモデルの動的な関係のなかで欲望が形づくられるプロセス。

ミーム理論

ルネ・ジラールの模倣理論と混同してはいけない。情報や文化がダーウィンの進化論の原則に沿ってどのように発展するかを研究するミーム学という学問分野である。「ミーム（meme）」という言葉は、動物行動学者で進化生物学者リチャード・ドーキンスが、一九七六年に著書『利己的な遺伝子』のなかで使ったものだ。これは遺伝子（gene）を意識してつくられた。ミームは文化的にそれに匹敵するものだからである。ミームは複製や真似のプロセスを通じて脳から脳へ広がっていく言葉、アクセント、アイデア、メロディなどをいう。[1]

模倣（mimesis）

大人がたいてい隠す洗練された形の真似。模倣理論では、模倣は対立や争いにつながることが多いので、ネガティブな意味合いを持つ。そのためジラールは、ギリシャ語で真似ることを意味する言葉に由来するmimesis（ミメーシス）と呼んで、普通の真似（imitation）と区別した。人が意識しているのは、模倣《ミメーシス》よりも真似のほうである。模倣はポジティブなものにもネガティブなものにもなるが、否定されたり偽装されたりすることから、たいていはネガティブである。

模倣の危機

模倣の危機は、競争的な模倣の欲望が共同体に広がり、区別できなくなるときに発生する。その結果、共同体は混乱し、社会的な分裂の危機に陥る。

模倣の欲望

欲望はほかの誰かがすでに望んでいる、あるいは望んでいると思われるものを真似ることから生まれ、形成される。模倣の欲望は、私たちが第三者、モデル、欲望の媒介者の影響によって対象を選ぶことを意味する。

模倣の競争

模倣の欲望が競争に発展したもの――同じものを欲しがる二者がその一つのものを求めて張り合う状況である。

模倣のシステム

模倣の欲望によって動き、維持されるシステム。

模倣理論

人間の行動における真似の役割をもとに社会的および文化的現象を説明したもの。特に欲望の真似（模倣の欲望）とその結果に焦点をあてる。この理論は、模倣の欲望、競争、暴力、スケープゴート・メカニズムと、宗教的および文化的儀式、禁忌、模倣の危機を防ぐための禁止事項の関係を明らかにしている。

鏡に映った真似*

模倣の競争相手と差別化を図るために何か違うもの、あるいは競争相手が求めるものが何であれ、それと反対のものを求めること。

誤認（Misrecognition）

模倣理論では、模倣の欲望にとらわれて、認識がゆがみ、問題の原因となる人やものを間違って認識する人々や集団の傾向を指して誤認という。誤認はスケープゴート・メカニズムを有効にする。誤認――フランス語の méconnaissance（無理解）――の概念はジラールの研究のなかでも重要なものだが、もともと持っていた意味を失うことなく英語に翻訳するのは難しい。哲学者ポール・デュムシェルの著書『*The Ambivalence of Scarcity and Other Essays*（欠乏の二面性ほか）』に収録された彼の論文「De la méconnaissance」がこの概念をもっともよくとらえている。

モデル

他者の欲望を形づくる人、もの、集団。

動機づけのパターン

充足の物語にあらわれる核となる動機づけの原動力のパターン。その人の動機づけのパターンは、その充足の物語に張りめぐらされた糸である。

再帰性

認知が状況に影響を与え、状況が認知に影響を与える双方向のフィードバック・ループ。模倣の競争においては、両者とも相手の認知や欲望に影響を与えずに行動することはできない。

ロマンチックな虚偽

自分は完全に自分の力で自発的に独立して選択しているという考え。ロマンチックな虚偽の力の影響下にある人は、自分の行動が模倣的だとは考えない。

犠牲の代理

ほかの（たいていはもっと暴力的な）犠牲の代わりに、象徴する何かを犠牲にすること。

スケープゴート

模倣の危機のなかでそれを解消するために、共同体が追放あるいは排除することを決めた人、集団、もの。スケープゴートは、それまで無統制で混沌としていた模倣の緊張や暴力をすべて吸収する。スケープゴートは、模倣的に進められる判断によって無作為に選ばれることが多い。

スケープゴート・メカニズム

スケープゴートを追放あるいは排除することで模倣の危機を解決するという、人類が歴史的に利用してきたプロセス。スケープゴート・メカニズムは、最初は模倣的に自然発生した。その後は、儀式として元の危機を再現して解決するようになった。それにより関係者は一時的なカタルシスを得る。

濃い欲望*

濃い欲望は薄い欲望より模倣性が少ない。時間をかけて形になり、年月をかけて、あるいは人生の核となるような経験をして固まっていく。濃い欲望には意味がある。色あせることはない。

薄い欲望*

薄い欲望はうわべだけのはかないものに根差している。それは長くは続かない模倣の欲望で、無意識に暮らし、模倣的な現象に影響されやすい人生の大半を支配する。

超越したリーダーシップ

欲望の発生と形成はリーダーにとって何よりも重要な目標であり、組織の文化と健全性の主要な原動力であるとするリーダーシップ手法。

補足資料B　模倣理論の文献リスト

知的探求の旅は、そのたどる道に左右されると思う。模倣理論の文献を読むにあたっては、私なりにお勧めしたい順番がある。そうは言っても、人によってスタート地点も異なれば、その人の興味や動機によって進捗も違ってくるだろう。なかにはいきなりジラールの代表作と言われる『世の初めから隠されていること』に取り組みたいという人もいるかもしれない。次にあげるリストは、もし私が一年間の模倣理論セミナーをするとしたら、おおまかにこの順番で進めるだろうというものだ。

1. *Deceit, Desire, and the Novel: Self and Other in Literary Structure*, René Girard (1961)
『欲望の現象学――ロマンティークの虚偽とロマネスクの真実』古田幸男訳、法政大学出版局
2. *I See Satan Fall Like Lightning*, René Girard (1999)
『サタンが稲妻のように落ちるのが見える』岩切正一郎訳、新教出版社
3. *René Girard's Mimetic Theory*, Wolfgang Palaver (2013)
4. *Things Hidden Since the Foundation of the World*, René Girard (1978)

『世の初めから隠されていること』小池健男訳、法政大学出版局

5. *Evolution of Desire: A Life of René Girard*, Cynthia L. Haven（2018）

6. *Violence Unveiled: Humanity at the Crossroads*, Gil Bailie（1995）

7. *Mimesis and Science: Empirical Research on Imitation and the Mimetic Theory of Culture and Religion*, Scott R. Garrels, editor（2011）

8. *Evolution and Conversion: Dialogues on the Origins of Culture*, René Girard（2000）
『文化の起源——人類と十字架』田母神顯二郎訳、新教出版社

9. *Resurrection from the Underground: Feodor Dostoevsky*, René Girard（1989）
『ドストエフスキー——二重性から単一性へ』鈴木晶訳、法政大学出版局

10. *Battling to the End: Conversations with Benoît Chantre*, René Girard（2009）

さらに議論を重ねたければ、lukeburgis.com を訪ねてほしい。そしてツイッターは @lukeburgis をフォローしてほしい。

補足資料C　動機づけについて

次に述べるのは、動機に裏づけられた能力を判定するシステム（System for Identifying Motivated Abilities）において定義された二七の動機づけのパターンである。MCODE（モチベーション・コード）では、このシステムで判明した動機づけをもとに、その人をオンラインで評価する。語りを利用したもので、終了まで四五分ほどかかる。

受けてみたい方は、詳しい説明と割引があるので lukeburgis.com/motivation を訪ねてほしい。

可能性を実現する

可能性を見つけて実現することが、常に行動の中心にある。

前進する

次々と目標を達成して前進するという経験が大好きだ。

独特である
何らかの才能や資質、人とは違う特別な面を発揮して自分を差別化したい。

中心になる
物事をまとめて、それに意味づけおよび／あるいは方向づけを行なう中心人物でありたい。

支配する
自分の運命を握り、コントロールしたい。

完成させる
完成した作品や最終的な結果を見て、仕事を成しとげたこと、設定目標を達成したことを実感したときに満足する。

理解して表現する
自分の洞察を理解して、その本質を明らかにし、それから人に伝えたい。

協力する
みんなで共通の目標に向かっていっしょに取り組むのが楽しい。

新しい学びを披露する
新しいことを習得し、それができることを人に見せたい。
開発する
最初から最後までつくりあげる過程にやりがいを感じる。
自分を認知してもらう
人から興味を持たれたり、注目を集めることに意欲を感じる。
理想を経験する
自分にとって大切な考え、将来の展望、価値を具体的に表現したい。
確立する
確かな基礎を築き、評価を確立したい。
探究する
現在自分が持っている知識および／あるいは経験の限界を超え、未知なもの、あるいは不可解なものを探究する。

卓越する

うまくできるようになりたい。少なくともまわりの人の成果や期待を上回れるようにベストをつくしたい。

所有する

欲しいものを手に入れたり、所有権を行使して自分のものを支配しようとする努力に、動機づけが見られる。

改善する

自分の能力を活かして物事をよりよくすることに幸せを感じる。

人の行動を変える

人々の考え方、感じ方、行動に自分が影響を与えたと感じられる手ごたえが欲しい。

影響を与える

自分のまわりの世界に影響を与えたり、自分の功績を残したい。

正しいことをする

常に自分が〝正しい〟と思う基準、手順、方針を持ち、それに従う。

立て直す

壊れたものやうまく機能しないものを直すことに注力する。

基準に達する

一員になりたいと思っているグループに入るための基準を満たして受けいれてもらいたい。

習得する

技能、テーマ、手順、技術、プロセスを完全に自分のものにしたときに満足感を得る。

難題に対処する

問題を乗りこえたことや合格したテストを振りかえったときに達成感を覚える。

組織する

組織をスムーズに運営し、それを維持したい。

打ち勝つ

困難や不利な立場や反対を乗りこえ、克服したい。

物語2

達成したこと	実際にしたこと	満足した理由
夫と協力していっしょに学生ローンを完済した。	切り詰めるところを切り詰め、予算を立てて、一生懸命に働く体制を整え、夫とともにがんばって資金を貯め、短期間で借金を返済した。私たちはチームのように団結した。私はこれを実現するために、創造力を発揮する必要があった。	自分の人生における自由と二人の未来の自由を味わえた。同じ環境でほとんどの人はできないだろうと思った。

物語3

達成したこと	実際にしたこと	満足した理由
マラソンのトレーニングをして大会に参加した。	2人目の子供を産んだあと、フルマラソンに参加しようと決意した。体型を戻して、ほとんど走れない状態から長距離を走れるようにしなければならなかった。さらに、自分で設定した目標タイムを上回る結果を出せた。	自分が強くなったように感じて、本来なら弱っている時期にこんなことができた。完走できただけではなく、ハイレベルの戦いができた自分を誇りに思っている。

役に立つ
必要性、要求、期待を理解して応えることにやりがいを感じる。

次に述べるのは、インタビュー例とMCODE評価の結果の一部である。私はデジタル・マーケティング会社に勤めるマリア（仮名）に、充足の物語を引きだすための簡単な質問をいくつかした。内容は脚色してある。

ルーク「人生で、自分が起こした行動がうまくいって、深い満足感を味わったときのことを話してください。いつのことでも構いません。七歳のときでも三七歳でも」

マリア「高校の最終学年だったとき、クロスカントリーの最後の大会で、トップ3に入って良い成績で終えることができました。しかも、それでニューイングランドの地区大会にも出場できました」

ルーク「それを達成するために何をしたか、具体的にしたことを教えてください」
マリア「人生でいちばんいい状態になるように身体を鍛えました。厳しい食事制限をして、朝は五時に起きて練習、気持ちが途切れないように友達とのつきあいも制限しました」
ルーク「達成したことのなかで、特にどの部分に満足しましたか」
マリア「コーチやチームメートから一目置かれるようになりました。大会前は平均的な選手だと思われていたと思います。ニューイングランドの地区大会にみんなと行けたのもうれしかったです」

最後の答えのなかで、彼女はいちばん満足だったことを特定している。コーチとチームメートから一目置かれるようになったことだ。トレーニングをがんばったことや本番のレース内容、チームメートとニューイングランドに遠征できたことに彼女は満足している。しかし、どれもいちばんではなかった。コーチやチームメートに認めたもらったことが、いちばんの充足感につながった。それが彼女が求めていたものだ。

しかし、マリアの動機づけを明確にするには、その核となる動機づけの原動力のパターン、を求めてさらに掘りさげなければならない。そこで私は別の時期に満たされた話をあと二つ求めた。前ページの表がその答えだ。そして以下は、核となる動機づけの上位三つとその説明である。

動機づけのトップ3

次に述べるのはマリアのＭＣＯＤＥの結果である。上位三つの動機づけの概要を述べた。自分にもあてはまると感じるものがあるだろうか。

1 卓越する

あなたはうまくできるようになりたい。少なくともまわりの人の成果や期待を上回れるようにベストをつくしたい。あなたは競争によって成長する。おそらく自分の限界を試し、技能、理解、経験を最大限伸ばせるように、自分自身と闘っている。優秀であるか、実力があるか、品質はどうかという基準は、あなたの競争の原動力のなかでも核をなすだろう。もしかしたらもっとも楽しめるのは、他者との直接対決かもしれない。いずれにせよ、あなたはそれまでの自分の努力、ほかの人の努力、典型的な結果を超えるチャンスとなる挑戦を見つける。明確なゴールを胸に、超えるための努力に集中する。目標の達成は、仕事、責任、地位が求める基準を超えることを意味する。あなたは仕事で優秀であるという評判を確立したい。だいたいにおいてほかの人よりうまくやりたい――たとえばもっとも速く、もっとも効率的にこなしたいと思っている。

2 打ち勝つ

あなたは困難や不利な立場や反対を乗りこえ、克服したい。決断力、根気、競争心といった性質をもともと備えているのだろう。問題、困難、障害、ハンディキャップ、敵を乗りこえるのに、一貫して全力で取り組むのを楽しむ。あなたの話には、フルタイムで働いて家族を支えながら学位を取得するといったエピソードが含まれるかもしれない。あるいは、怪我をしたたにもかかわらず、スポーツの大会で最後までやり抜き、いい成績を残したとか。経験やスキル、学歴が不足していても、難しい仕事をやり抜こうとするかもしれない。まわりに笑われた自分のアイデアや計画の正しさを証明しようと奮闘した話も出てくるかもしれない。自分の提案に対する反対意見を覆すのに政治力を行使したかもしれない。あなたは障害を乗りこえるべく、それに取り組むときにやる気を感じる。

3　習得する

あなたは技能、テーマ、手順、技術、プロセスを完全に自分のものにしたときに満足感を得る。自分の知識や、実施状況、複雑な細部の掌握を完璧なものにしたいと思っている。販売技術、製造手順、取引や物づくりの核をなす手法に意識が集中するかもしれない。ゴルフやテニス、スキーといったスポーツをマスターしたいと思うかもしれない。工学的な問題の裏にある原理、あるいは経済、科学、哲学の概念に集中することもあるだろう。システム、プロセスの変数、仕事の責任のさまざまな要素を管理したいと思うかもしれない。完璧を目指すのはあなたの性質の一部なのだろう。いずれにせよ、あなたが達成したことには、そうした例がたくさん見られるはずだ。あなたの思考と才能は習得に向けられ、完璧が目標となる。

訳者あとがき

人は日々、何かを欲しながら生きている。「旅行に行きたい」「新しい車が欲しい」「あの人とつきあいたい」「ラーメンが食べたい」といった日常的なものから、「将来は医者になりたい」「今の仕事で成功したい」「幸せな家庭を築きたい」といった人生の夢や目標までレベルはさまざまだが、人は常に欲望に突き動かされて生きている。だから、ネット上には「夢をかなえる方法」があふれ、書店には「目標達成」のための自己啓発本が並ぶ。

しかし、その欲望は本当に自分のものなのか、と考えたことはあるだろうか。そんなことは考えるまでもない、自分の欲しいものは自分がいちばんよく知っている、と思うだろうか。もし、そうなら本書はあなたの人生を変える一冊になるかもしれない。

著者ルーク・バージスはスターン経営大学院を卒業後、あまり深く考えずにクラスメートと同じようにウォールストリートに就職した。しかし、すぐにこれは自分のやりたいことではないと気づき、二三歳で最初の会社を興し、起業家の道を歩みだす。《ビジネスウィーク》の「二五歳未満の起業家トップ二五人」に選ばれるほどの手腕を発揮し、その後も複数の会社を興している。しかし、その業績は常に好調だったわけではなく、「プロローグ」に述べられているとおり、二〇〇八年にはザッポスとの取引が白紙になり倒産の危機に直面する。ところが、このとき感じたのは悲しみでも絶望でもなく、安堵だった。この経験により、著者は自分はいったい何を求めていたのか、と自身の欲望と向き合うようになる。そして出会ったのが、ルネ・ジラールの模倣理論《ミメーシス》だった。ジラールによれば、人は真似を通じて、ほかの人が欲しがるものを欲しがるという。自分が欲しいものは、自分の内からはわいてこない。自分が欲しいと思っているそれは、必ず誰かの影響を受けている。さらに、人が欲しがるものを欲しがることで競争が生まれ、競争はさらなる模倣を生む。

スタンフォード大学の教授だったフランス人のルネ・ジラールのこの理論は、多くの人の人生を変えた。起業家ピーター・ティールもその一人だ。もしかしたら、ティールを通じてジラールの名を知ったという人もいるかもしれない。「競争とは負け犬がするもの」というティールの言葉は有名だが、その裏にはジラールの模倣理論がある。人は模倣により同じものをめぐって競争するので、経済においては競争は利益を薄めると彼は考えている。しかし、著者はジラールの思想とティールの哲学であるリバタリアニズムを直接結びつけて理解している人には注意を促す。ジラールの思想の解説者としてのティールの独占的な地位を壊したい、というのも執筆動機の一つだそうだ（まさに模倣の欲望ではないか。あとで述べるように、他人の欲望の模倣性はわりと簡単に見える）。

ルネ・ジラールの著書は、補足資料Bおよび参考文献で紹介されているように、主だったところは邦訳されている。しかし、どの一冊をとってみても、とても気軽に読めるような内容ではない（と訳者は思う）。それを著者は、ランボルギーニの物語をはじめとした数々の実話のほか、聖書や神話、文学を提示しながら、さらに「一年生の国」と「セレブの国」、「濃い欲望」と「薄い欲望」といった造語を駆使して説明する。そして自身の経験も交えながら欲望の考察を深め、欲望の見きわめかたを示し、誰でも実践できそうな模倣の欲望に対処するためのコツを伝授する。しかし、どうだろうか。本書を読まれた方はすぐに実践する気になっただろうか。著者もティールも言っているが、他人の模倣の欲望を理解するのは難しくない。本書を読んだあとにSNSをのぞけば、模倣の欲望が渦巻いているのがわかるようになるだろう。あなたがいつも参考にしているインフルエンサーも実は模倣の欲望で動いているかもしれない。友達とのちょっとした会話のなかで気づいたり、職場で目にしたりもするようになるだろう。しかし、気づいて冷笑するのは簡単だが、わが身のなかにもそれを認識できるだろうか。自分は正しいと思う心地よさには抗いがたい力がある。だが時間がかかっても振り返ってみる価値はある。著者によれば、模倣の欲望は重力のようにそこにあり、逃れられる人はいないというのだから。しかもそれを理解できれば、キャリア、恋愛、お金などあらゆる面で活用できるという（ティールは模倣の欲望を理解してフェイスブックに大きな可能性を見出し、初の外部投資家になった）。

模倣の欲望は年を重ねれば自然に理解できるようになるものではないか、と思われた方もいるかもしれない。若いころにはあれも欲しい、これも欲しい、と思って実際にチャレンジするが、年をとるにつれて、自分に対する理解が深まると同時に、時間や体力面での制約や現実の厳しさに直面して、次第に欲望を取捨選択することを覚える人も多いだろう。しかし、そうして選択した欲望の濃淡はどうだろうか。「定年になったらのんびりしたい」「夫婦であちこち旅行をしたい」「田舎暮らしを楽しみたい」などというのはよく聞く話だが、果たしてそれは濃い欲望なのか。どんな欲望であれ、模倣の欲望であることは間違いない。もしそれらがあなたにとって薄い欲望なら、定年後に待っているのは満たされない毎日ということになる。いまから自分の欲望に向き合えば、そうした悲劇は避けられるかもしれない。

本書にはさまざまな事例が出てくるが、そのなかでも際立っているのがザッポスとダウンタウン・プロジェクトの話だろう。トニー・シェイと個人的に親しくしていた著者ならではのエピソードは興味深く、説得力がある。日本ではあまり知られていないかもしれないが、ザッポスは靴を中心としたアパレル関連商品のネット通販会社で、一九九九年に創業されてから急成長を遂げ、二〇〇九年にアマゾンに買収されている。その独特の企業文化や、本書でも取りあげられている「ホラクラシー」の導入事例として、ビジネス界では大きな注目を集めている企業だ。二〇〇九年から二〇一五年までは《フォーチュン》の「働きがいのある企業トップ一〇〇」にも選ばれている。シェイ本人が綴った『顧客が熱狂するネット靴店　ザッポス伝説――アマゾンを震撼させたサービスはいかに生まれたか』は本国でベストセラーとなり、日本でも版を重ねている。ほかにもザッポスの成功の秘密を探った書籍は多数ある。しかし、本書で著者が考察したように欲望を切り口にのぞいてみれば、華々しい成功を誇るザッポスも違って見えてくるだろう。シェイは二〇二〇年、ザッポスから身を引いたあとの一一月に住宅火災が原因で、四六歳の若さで急逝した。亡くなる前には、アルコールや薬物の問題で苦しんでいたという報道もある。シェイが生きていて本書を読んだら、どのような感想を持っただろうか。

ザッポスとダウンタウン・プロジェクトの事例が教えてくれるのは、欲望の影響は個人レベルにとどまらないということだ。あなたが誰かから影響を受けてそれを欲するように、あなたの欲望は必ず誰かに影響を与えている。それはあらゆる集団のありかたを変える。ジラールが晩年心配していたように、テクノロジーの進化とグローバル化により、世界はますます模倣性を強めている。そのなかで今日あなたが欲するものは未来を変える可能性を秘めている。

川添節子

二〇二三年一月

原　注

読者の皆さんへ

1. "Peter Thiel on René Girard," ImitatioVideo, YouTube, 2011. https://www.youtube.com/watch?v=esk7W9Jowtc.

プロローグ

1. Tony Hsieh, *Delivering Happiness: A Path to Profits, Passion and Purpose*, 191, Grand Central Publishing, 2010.〔トニー・シェイ『顧客が熱狂するネット靴店ザッポス伝説――アマゾンを震撼させたサービスはいかに生まれたか』本荘修二監訳、豊田早苗訳、本荘修二訳、ダイヤモンド社〕
2. 私は「身銭を切る」というフレーズを、ナシーム・ニコラス・タレブとその著書のタイトルの精神を尊重して使った。私はこのときタレブなら「脆弱」と呼ぶだろう状態だった。負債の額が選択の余地をなくしていた。最悪なのは、私の欲望が「脆弱」だったことだ。
3. これはジラールの親しい友人の精神分析医 Jean-Michel Oughourlian から学んだ。彼は模倣の欲望を、人々を結びつけ、それから引き裂くという欲望の動きによって説明するのを好んだ。

序　章

1. Peter Thiel and Blake Masters, *Zero to One: Notes on Startups, or How to Build the Future*, Crown Business, 2014.〔ピーター・ティール、ブレイク・マスターズ『ゼロ・トゥ・ワン――君はゼロから何を生み出せるか』関美和訳、NHK出版〕
2. Paul J. Nuechterlein, "René Girard: The Anthropology of the Cross as Alternative to Post-Modern Literary Criticism," *Girardian Lectionary*, October 2002.
3. ジラールが欲望（desire、フランス語では *désir*）という言葉を使ったのは、それが20世紀半ばのフランスの哲学界で盛んに議論されていたテーマだからである。第2次世界大戦後、フランス文学と知識人の生活は「欲望」の問題に支配されていた。ジラールがこのテーマに取り組みはじめたときには、Sigmund Freud、Jean-Paul Sartre、Alexandre Kojève、Jacques Derrida らがすでに格闘していた。ジラールはこのテーマ (*désir*) を取りあげ、根本的に変容させた。ジラールにとって、欲望は人間の条件のなかでもっとも重要で、真似ることは人間の行動においてもっとも基本的な特徴である。
4. 模倣の欲望は、社会学者 Émile Durkheim が生きていたら「社会的事実」と呼んだかもしれない。*The Rules of Sociological Method*(Oxford Reference, 1895, 1964) のなかで Durkheim は社会的事実を説明して、人間の行動を形づくったり抑制

したりする社会生活の一面であると述べている。〔エミール・デュルケーム『社会学的方法の規準』菊谷和宏訳、講談社〕
5. James Alison, *The Joy of Being Wrong: Original Sin Through Easter Eyes*, Crossroad, 1998.
6. Sandor Goodhart, "In Tribute: René Girard, 1923–2015," *Religious Studies News*, December 21, 2015.
7. René Girard, *Conversations with René Girard: Prophet of Envy*, ed. Cynthia Haven, Bloomsbury, 2020.
8. Cynthia Haven, *Evolution of Desire: A Life of René Girard*, Michigan State University Press, 2018.
9. Haven, *Evolution of Desire*, 288.
10. *Apostrophes*, episode 150, France 2, June 6, 1978.
11. René Girard, Jean-Michel Oughourlian, and Guy Lefort, *Things Hidden Since the Foundation of the World*, Stanford University Press, 1987.〔ルネ・ジラール『世の初めから隠されていること』小池健男訳、法政大学出版局〕
12. Thiel and Masters, *Zero to One*, 41.
13. Trevor Cribben Merrill, *The Book of Imitation and Desire: Reading Milan Kundera with René Girard*, Bloomsbury, 2014.
14. René Girard and Benoît Chantre, *Battling to the End: Conversations with Benoît Chantre*, 212, Michigan State University Press, 2009.

第１章　隠れたモデル

1. James Warren, *Compassion or Apocalypse: A Comprehensible Guide to the Thought of René Girard*, Christian Alternative, 2013.
2. Jean-Michel Oughourlian, *The Genesis of Desire*, Michigan State University Press, 2010.
3. Francys Subiaul, "What's Special About Human Imitation? A Comparison with Enculturated Apes," *Behavioral Sciences* 6, no. 3, 2016.
4. Sophie Hardach, "Do Babies Cry in Different Languages?," *New York Times*, November 14, 2019. 以下も参照されたい。 Birgit Mampe, Angela D. Friederici, Anne Christophe, and Kathleen Wermke, "Newborns' Cry Melody Is Shaped by Their Native Language," *Current Biology* 19, no. 23, 2009.
5. 出典は、以下の書籍に掲載された Andrew Meltzoff の小論 "Out of the Mouths of Babes: Imitation, Gaze, and Intentions in Infant Research—the 'Like Me' Framework," の最初の段落。*Mimesis and Science: Empirical Research on Imitation and the Mimetic Theory of Culture and Religion*, ed. Scott R. Garrels, Michigan State University Press, 2011.
6. A. N. Meltzoff and M. K. Moore, "Newborn Infants Imitate Adult Facial

Gestures," *Child Development* 54, 1983, 702–09. 写真提供 : A. N. Meltzoff and M. K. Moore, "Newborn Infants Imitate Adult Facial Gestures," *Science* 198, 1977, 75–78.

7. A. N. Meltzoff, "Out of the Mouths of Babes," in *Mimesis and Science*, 70.
8. Marcel Proust, *In Search of Lost Time*, vol. 5, *The Captive, The Fugitive*, 113, Modern Library edition, Random House, 1993.〔マルセル・プルースト『失われた時を求めて 10――囚われの女Ｉ』吉川一義訳、岩波文庫〕
9. A. N. Meltzoff, "Understanding the Intentions of Others: Re-enactment of Intended Acts by 18-Month-Old Children," *Developmental Psychology* 31, no. 5, 1995, 838–50.
10. Rodolfo Cortes Barragan, Rechele Brooks, and Andrew Meltzoff, "Altruistic Food Sharing Behavior by Human Infants After a Hunger Manipulation," *Nature Research*, February 2020.
11. A. N. Meltzoff, R. R. Ramírez, J. N. Saby, E. Larson, S. Taulu, and P. J. Marshall, "Infant Brain Responses to Felt and Observed Touch of Hands and Feet: A MEG Study," *Developmental Science* 21, 2018, e12651.
12. Eric Jaffe, "Mirror Neurons: How We Reflect on Behavior," *Observer*, May 2007.
13. Sue Shellenbarger, "Use Mirroring to Connect with Others," *Wall Street Journal*, September 20, 2016.
14. Larry Tye, *The Father of Spin: Edward L. Bernays and the Birth of Public Relations*, Henry Holt, 2002.
15. Adam Curtis, director, *The Century of the Self*, BBC Two, March 2002.
16. ドキュメンタリー番組 *The Century of the Self* より。
17. Tye, *The Father of Spin*, 23.
18. 模倣理論を通じたジェンダーや女性性の研究について言えば、ノーザン・アイオワ大学の哲学・世界宗教学部の教授 Martha J. Reineke の右に出る者はいない。模倣理論に関する彼女の研究は多岐に渡るが、女性研究に対する貢献は特に重要で際立っている。ただし残念ながら、ジラールの思想を利用したほかの研究ほど注目されていない。
19. Tye, *The Father of Spin*, 30.
20. スタンフォード大学のウェブにある Robert Harrison のポッドキャスト *Entitled Opinions*。 2005 年 9 月 17 日の以下のエピソードを参照。"René Girard: Why We Want What We Want." https://entitledopinions.stanford.edu/ren-girard-why-we-want-what-we-want.
21. ポッドキャスト *Entitled Opinions* で語られた話。2005 年 9 月 17 日のエピソード、15：00 あたりから。
22. Adam M. Grant, *Give and Take*, 1–3, Viking, 2013.〔アダム・グラント『ＧＩＶＥ＆ＴＡＫＥ「与える人」こそ成功する時代』楠木建監訳、三笠書房〕

23. David Foster Wallace, "E Unibus Pluram: Television and U.S. Fiction," *Review of Contemporary Fiction* 13, no. 2, Summer 1993, 178–79. この作品の最初のほうで（P152）、彼はこう書いている。「テレビは表面から内部まで欲望でいっぱいだ。小説的にいえば、欲望とは人間の食べ物における砂糖である」
24. The *BBC Business Daily* podcast, "Tesla: To Infinity and Beyond," February 12, 2020.
25. 経済学の情報理論は、情報理論を提唱した数学者 Claude Shannon の研究をもとにし、経済における情報の重要性、情報の流れを抑制、支援する働き、価値の創造に対する影響力を示している。George Gilder は、その著書 *Knowledge and Power: The Information Theory of Capitalism and How It Is Revolutionizing Our World* のなかで、情報理論にもとづいて資本主義を擁護した。私は、人間の強固な生態系のなかで果たせる役割が限定的であることから、情報理論はそれだけでは不完全だと考える。何よりも模倣の欲望の役割を理解して補足する必要がある。数学者の Benoit B. Mandelbrot は、Richard L. Hudson との以下の共著のなかで、市場の不合理性と従来の金融理論の不備を論証している。*The Misbehavior of Markets: A Fractal View of Financial Turbulence*, Basic Books, 2006.〔ベノワ・B. マンデルブロ , リチャード・L. ハドソン『禁断の市場――フラクタルでみるリスクとリターン』訳：高安秀樹、雨宮絵理、高安美佐子、冨永義治、山崎和子、東洋経済新報社〕
26. Jason Zweig, "From 1720 to Tesla, FOMO Never Sleeps," *Wall Street Journal*, June 17, 2020.

第2章　ゆがめられた現実

1. Yalman Onaran and John Helyar, "Fuld Solicited Buffett Offer CEO Could Refuse as Lehman Fizzled," *Bloomberg*, 2008.
2. Walter Isaacson, *Steve Jobs*, Simon & Schuster, 2011.〔ウォルター・アイザックソン『スティーブ・ジョブズ』井口耕二訳、講談社〕
3. 「mesmerize（魅了する／催眠術をかける）」という言葉は、19 世紀の医者 Franz Mesmer から来ている。今では hypnosis（催眠術）と呼ぶものの父である。Mesmer は特定の人々をほかの人や物にひき寄せる力があると信じた。彼は精神や社会の現実にあてはまる、ニュートンの物理法則に似た運動の法則があると考えはじめた一人だった。「ニュートンには最大の賛辞を贈らなければならない。万物の相反する力を最大限まで明らかにしたからだ」と彼は述べている。(Oughourlian, *The Genesis of Desire*, 84). Mesmer は個人と集団を相手に心理療法を行ない、そのなかで手を動かして患者を操ったり、グラスハーモニカの音色とともにセッションを終えたりした。患者の多くが驚くほど効果があったと言うようになった。プラシーボ効果によるものだと思う人もいるかもしれない。だが、それは医者と患者の関係を過小に評価している。そこには Mesmer 自身

の人をひきつける力と彼の影響下にある患者の暗示感応性がある。現代の催眠術は、催眠術師が相手におよぼす暗示の力を基本にしている。催眠術師は欲望のモデルだ——催眠術師が欲しいものを、かけられる人は欲しがる。長年盛況を博した女性催眠術師 Pat Collins による催眠術ショーが、ハリウッドのクラブで行なわれていたのは不思議ではない。彼女のショーの舞台に上がったのは、催眠術に「かかりたい」という人たちであり、普通の人よりも媒介者の暗示を受けいれやすい人たちだった。

4. Michael Balter, "Strongest Evidence of Animal Culture Seen in Monkeys and Whales," *Science Magazine*, April 2013.
5. 「モデル」と「媒介者」は同じものだ。媒介はモデルが行なう。モデルは物事を見たり、その価値を判断するときの新しい視点を授ける。
6. Tobias Huber and Byrne Hobart, "Manias and Mimesis: Applying René Girard's Mimetic Theory to Financial Bubbles," *SSRN*, 24.
7. 以下を参照されたい。 René Girard, *Deceit, Desire, and the Novel*, 53–82, trans. Yvonne Freccero, Johns Hopkins University Press, 1976.〔ルネ・ジラール『欲望の現象学——ロマンティークの虚偽とロマネスクの真実』古田幸男訳、法政大学出版局〕私はなぜ彼が「存在論的欲望（ontological desire）」という言葉を使わなかったのか不思議に思っていた。この言葉のほうが、欲望がそれ自体の存在を求めるという考えを、より直接的に示していると思ったからだ。この言葉の選択については、いまだにいい説明が見つからないでいる。しかし、ジラールが考える形而上的欲望は、「物質のあと」と考えれば容易に理解できると思う。形而上的欲望があるとき、私たちは物質的対象から満足は得られない。「欲望においては、形而上的なものの役割が大きくなるにつれて、形而下的なものの役割が減少する」とジラールは書いている (85)。うちの犬と比べてみよう。私がご飯をあげたあとは、彼は床に横たわり、眠る。次に何が起こるか考えながら、星を見上げて遠吠えしたりはしない。
8. 今日、「形而上学」はたいてい第一原理に言及する。ほかのあらゆるものが生まれる土台を形成するものである。イーロン・マスクは意思決定過程の鍵として利用するように主張する。*Wall Street Journal* の Tim Higgins はこう記した。「この億万長者によれば、事業の成功をもたらしたのは、第一原理と呼ばれる科学的アプローチだという。それはアリストテレスの書物に起源があり、とりわけ模倣した解決法で問題を解くことを否定し、たとえ解決法が反直観的に見えたとしても問題を本質に変えることで答えを出そうとするものである」Tim Higgins, "Elon Musk's Defiance in the Time of Coronavirus," *Wall Street Journal*, March 20, 2020.
9. René Girard and Mark Rogin Anspach, *Oedipus Unbound*, 1, Stanford University Press, 2004.
10. René Girard, *Anorexia and Mimetic Desire*, Michigan State University Press,

2013.

11. THR Staff, “Fortnite, Twitch. . .Will Smith? 10 Digital Players Disrupting Traditional Hollywood,” *Hollywood Reporter*, November 2018.
12. René Girard, *Resurrection from the Underground: Feodor Dostoevsky*, trans. James G. Williams, Michigan State University Press, 2012.〔ルネ・ジラール『ドストエフスキー――二重性から単一性へ』鈴木晶訳、法政大学出版局〕
13. Virginia Woolf, *Orlando*, Edhasa, 2002.〔ヴァージニア・ウルフ『オーランドー』杉山洋子訳、筑摩書房〕
14. 1943年10月28日、貴族院。1941年5月下院が爆撃され、チャーチルは以前とまったく同じように建て直すよう求めた。引用元は以下のとおり。Randal O'Toole's “The Best-Laid Plans,” 161, Cato Institute, 2007.
15. ネガティブな真似は「ネガティブな党派心」に関係する。人々は政治的な考えをほかの党派の考えをもとに構築する。Girard, *Deceit, Desire, and the Novel.*〔ルネ・ジラール『欲望の現象学――ロマンティークの虚偽とロマネスクの真実』古田幸男訳、法政大学出版局〕
16.「となりのサインフェルド」でもっとも模倣的なエピソードは「運命の人は親友の恋人⁉（The Soul Mate）」（シーズン8エピソード2）と「恐怖のNYパーキング事情（The Parking Space）」（シーズン3エピソード22）だろう。この章を読み終えたら、グラスワインを片手に、模倣の欲望と模倣の競争が面白おかしく描かれているところを見てほしい。このドラマ全般についてジラールは次のように書いている。「芸術家が成功するには、観客に痛切な自己批判を起こさせることなしに、何らかの重要な社会的真実にできる限り迫らなければなりません。このショーがしたのはまさにこれです。評価されるためには完全に理解される必要はありません。理解されてはいけないのです。観客は登場人物たちがすることと一体化します。彼らもまた同じことをしているのですから。しかし彼らはそこに何かしら非常に共通するもの、非常に真実なものを認めはしますが、それを定義することはできません。たぶんシェークスピアの同時代人たちは、我々がサインフェルドを楽しむように、人間関係についての彼の描写を評価したことでしょう、ミメーシス的相互作用についての彼の洞察力を本当には理解することなく。たいていのアカデミックな社会学より、サインフェルトには多くの社会的真実がある、と言わなければなりません」(René Girard, *Evolution and Conversion: Dialogues on the Origins of Culture*, 179, Bloomsbury, 2017.)〔ルネ・ジラール『文化の起源――人類と十字架』田母神顯二郎訳、新教出版社〕
17. 出所は定かではない。マルクスは属するクラブに退会の意思を伝える手紙にこのようなことを書いたようだ。

第3章　社会的汚染

1. Tribune Media Wire, "Man in Coma After Dispute over Towel Sparks Massive Brawl at California Water Park," *Fox31 Denver*, August 26, 2019.
2. フェルッチオ・ランボルギーニについての話の出典は、フェルッチオの息子トニーノ・ランボルギーニによって書かれた希少本で、私がイタリアで見つけたものである（2013年から2016年までの3年間、イタリアに住んでいた）。イタリア語以外の版はない。引用した会話はすべて私が翻訳したものだ。息子が父に捧げた一冊は以下のとおり。Tonino Lamborghini,*Ferruccio Lamborghini: La Storia Ufficiale*, Minerva, 2016. もちろん、これは一方の側から語られたものだ。Luca Dal Monteが記した1000ページ近くもあるエンツォ・フェラーリの伝記（*Enzo Ferrari: Power, Politics, and the Making of an Automotive Empire*, David Bull Publishing, 2018）にあたったが、フェルッチオ・ランボルギーニについては一切触れられていなかった。明らかに省かれている——あるいは「初めから隠されていること」なのか。
3. Lamborghini, *Ferruccio Lamborghini*.
4. "The Argument Between Lamborghini and Ferrari," WebMotorMuseum.it. https://www.motorwebmuseum.it/en/places/cento/the-argument-between-lamborghini-and-ferrari/.
5. Nick Kurczewski, "Lamborghini Supercars Exist Because of a 10-Lira Tractor Clutch," *Car and Driver*, November 2018.
6. しかし、ランボルギーニには対抗意識のほかにも動機があった。自動車製造業への参入はビジネス上の判断として理にかなっていたのだ。高級車の利益率はトラクターの利益率よりはるかに大きかった。また、高性能車の市場には隙間があると見ていた。レース場でのフェラーリに匹敵するパワーを持ち、かつ内装が豪華な車をつくった者はそれまでに一人もいなかった。これが彼が見た隙間だった。ランボルギーニはスーパーカーを、フェラーリに匹敵するパワーを持つが、快適さではまさるグランツーリズモにしたのである。
7. Lamborghini, *Ferruccio Lamborghini*.
8. Austin Kleon, *Steal Like an Artist: 10 Things Nobody Told You About Being Creative*, 8, Workman, 2012.〔オースティン・クレオン『クリエイティブの授業——〝君がつくるべきもの〟をつくれるようになるために』千葉敏生訳、実務教育出版〕
9. 一般に信じられている説とは違い、牛が突進するのは赤い色を嫌悪しているからではない。牛は色盲である。単にひらひらと動くものを見ていらだつかららしい。
10. Girard, *Deceit, Desire, and the Novel*, 176.〔ルネ・ジラール『欲望の現象学——ロマンティークの虚偽とロマネスクの真実』古田幸男訳、法政大学出版局〕
11. Lamborghini, *Ferruccio Lamborghini*.
12. Susan Blackmoreはミーム理論の専門家で、以下の著書があり、真似の役割を

明確にしている。ミームの入門書を探している人には彼女の本をお勧めする。*The Meme Machine* (Oxford University Press, 2000).〔スーザン・ブラックモア『ミーム・マシンとしての私』垂水雄二訳、草思社〕

13. ドーキンスの最初のミーム理論は、そもそもなぜ特定のミームが選ばれて真似されるのかについてほとんど触れていない。彼は、ミームは「無作為な変化とダーウィン的な選択」によって変異すると言った。(Olivia Solon, "Richard Dawkins on the Internet's Hijacking of the Word 'Meme,' " *Wired UK*, June 20, 2013). 模倣理論では、対象は模倣的な選択によって選ばれる――つまり、モデルが最初に選ぶから選ばれるのである。
14. James C. Collins, *Good to Great*, 164, Harper Business, 2001.〔ジム・コリンズ『ビジョナリー・カンパニー２――飛躍の法則』山岡洋一訳、日経 BP 社〕
15. James C. Collins, *Turning the Flywheel: Why Some Companies Build Momentum ... and Others Don't*, 9–11, Random House Business Books, 2019.〔ジム・コリンズ『ビジョナリー・カンパニー――弾み車の法則』土方奈美訳、日経 BP 社〕
16. Collins, *Turning the Flywheel*, 11.〔ジム・コリンズ『ビジョナリー・カンパニー――弾み車の法則』土方奈美訳、日経 BP 社〕
17. Aristotle, *Metaphysics*, Book IX (Theta), trans. W. D. Ross, Oxford University Press, rev. ed.,1924.〔アリストテレス『形而上学』出隆訳、岩波書店〕以下も参照されたい。http://classics.mit.edu/Aristotle/metaphysics.9.ix.html.
18. トニー・シェイの *Delivering Happiness: A Path to Profit, Passion, and Purpose* (p. 58) には、ザッポスの創業者ニック・スインマーンがこの事業のアイデアを思いついたきっかけを次のように語ったと書かれている。「『靴一足買うのがこんなに大変であってはならない』そう思ったのを忘れられません」。それは幸せを届ける体験ではなかった。トニー・シェイは同書 (p. 56) にこう書いている。「彼のアイデアはアマゾンの靴バージョンを作り、オンラインで世界最大の靴店にするというものでした」〔トニー・シェイ『顧客が熱狂するネット靴店　ザッポス伝説――アマゾンを震撼させたサービスはいかに生まれたか』本荘修二監訳、豊田早苗訳、本荘修二訳、ダイヤモンド社〕
19. トニーは著書のなかで、2000 年 10 月にザッポスの全社員にメールを送り、粗利益の重要性、サイトを訪問する新規の見込み客を増やすこと、顧客のリピート率を上げることについて伝えたと記している。メールでは次のように説いている。「これから九カ月間の粗利益の総額をいかに増やすかをみんなに考えてもらわなければなりません。つまり、通常なら取り組むプロジェクトでも、黒字になるまで棚上げしなければならないものが出てくるということです。いったん黒字になったら、その時はより長期的で大きな全体像を考え、どうやって世界を制するかを思い描けるようになるでしょう」
20.「ランチを終える頃までに、最大のビジョンとは、まさに最高のカスタマー・サービスを意味するザッポスというブランドを構築することだとはっきり理解

しました」トニーは著書で、2003年のはじめにモスラーとランチをしたときのことを振りかえっている。*Delivering Happiness* (p. 121)〔トニー・シェイ『顧客が熱狂するネット靴店　ザッポス伝説――アマゾンを震撼させたサービスはいかに生まれたか』本荘修二監訳、豊田早苗訳、本荘修二訳、ダイヤモンド社〕
21. これは手続きが終了した日の取引評価額である。株式による取引だったため（ザッポスはアマゾンから現金ではなく株式を受け取った）、取引評価額はアマゾンの株価に連動する。2009年10月30日のアマゾンの終値は117ドル30セントだった。これを書いている時点では3423ドルくらいである。株式を要求したザッポスは賢かった。
22. Nellie Bowles, "The Downtown Project Suicides: Can the Pursuit of Happiness Kill You?," *Vox*, October 1, 2014.
23. "Tony Hsieh's "Rule for Success: Maximize Serendipity," *Inc.com*, January 25, 2013.
24. Brian J. Robertson, *Holacracy: The New Management System for a Rapidly Changing World*, Henry Holt, 2015.〔ブライアン・J・ロバートソン『ホラクラシー――役職をなくし生産性を上げるまったく新しい組織マネジメント』瀧下哉代訳、PHP研究所〕
25. ホラクラシーに移行すれば肩書きにものを言わせることができなくなり、しがみつく組織もなくなるので、カオスと混乱に終わるだろうと思った部外者は多かった。結局のところ、人間は自己組織化からはじまり、それによってホラクラシーが排除したがるヒエラルキー組織をつくりあげたのだ。しかし、ホラクラシーはトニーが普段から好んでいた運営方法の延長線上にあった。シリコンヴァレーの多くの人たちと同様、トニーもバーナーで、ネバダ州北西部のブラック・ロック砂漠で毎年開かれる巨大なイベント、バーニングマンに長年参加していた。バーナーたちはヒエラルキー的な価値観に強く反発する傾向があり、トニーとそのチームは同様の精神を持って、ラスベガスのダウンタウンを自由に活動できるコミュニティに変え、誰もが幸福を追う権利があると感じられる場所にすることを考えていた。
26. この言葉はFyodor Dostoevskyの*Notes from Underground*〔フョードル・ドストエフスキー『地下室の手記』江川卓訳、新潮社ほか〕の精神にのっとってわざと使った。ルネ・ジラールによれば、同書は模倣の欲望と競争を扱っている。ジラールは主にこの作品をテーマに1冊書き、*Resurrection from the Underground: Feodor Dostoevsky*と題している。（注意：Fyodorのつづりは英語では幾通りかある。私はこのつづりを使った。）〔ルネ・ジラール『ドストエフスキー――二重性から単一性へ』鈴木晶訳、法政大学出版局〕
27. C. S. Lewis, "The Inner Ring," para. 16, Memorial Lecture at King's College, University of London, 1944. https://www.lewissociety.org/innerring/.
28. ヒッポのアウグスティヌスは著書*The City of God*〔『神の国』服部英次郎・藤本

雄三訳、岩波書店ほか〕のなかで「愛の秩序（*ordo amoris*）」は、「徳について簡潔で真なる定義」であると述べている。価値がどのようにつながり、いつどういう状況でどこまで物事を追求すべきかを知ること――それから、それを行なう意思を育てること――は一生の仕事である。20 世紀の哲学者 Max Scheler は、影響力のある価値と感情のヒエラルキーについて解説し、すべての感情が同等ではないことをある程度まで示した。それは価値に対する反応として起こり、おおむねその価値の真理に合致する。もし私が他人の不幸を喜んだとしたら、その情緒的反応（感情）は私の価値のヒエラルキー――さらに言うなら、私の愛の秩序――のどこかがおかしいと伝えている。もっと詳しい説明については、Dietrich von Hildebrand の著作と彼の倫理の価値応答理論を参照されたい。Dietrich von Hildebrand and John F. Crosby, *Ethics*, Hildebrand Project, 2020.

29. 資本政策表は会社によって異なり、私が使っている名称も違う。株式の種類や債権者の権利などを会社がどのように定めているかによる。
30. 人々がある程度は模倣を通じて美徳を判断するのは間違いない。アリストテレスは美徳――勇気、忍耐、正直、正義など――について、モデルもそれを所有しているか欲しているから、人々はそれを欲することを学ぶとしている。私たちはモデルを真似ることで美徳を習得するのである（ということは、ほとんどの人が古典的な美徳に価値を見いださない社会には、美徳に対する欲求がほとんどないということだろうか）。
31. このエクササイズのための資料をウェブサイトに用意した。https://lukeburgis.com.
32. Bailey Schulz and Richard Velotta, “Zappos CEO Tony Hsieh, Champion of Downtown Las Vegas, Retires,” *Las Vegas Review-Journal*, August 24, 2020.
33. Aimee Groth, “Five Years In, Tony Hsieh’s Downtown Project Is Hardly Any Closer to Being a Real City,” *Quartz*, January 4, 2017.

第 4 章　罪の発明

1. © 2020 Jenny Holzer, member Artists Rights Society (ARS), New York.
2. René Girard, *The One by Whom Scandal Comes*, 8, trans. M. B. DeBevoise, Michigan State University Press, 2014.
3. Girard, *The One by Whom Scandal Comes*, 7.
4. Carl Von Clausewitz, *On War*, 83, ed. and trans. Michael Howard and Peter Paret, Everyman’s Library, 1993.〔クラウゼヴィッツ『戦争論』清水多吉訳、中央公論新社ほか〕
5. René Girard, *Violence and the Sacred*, trans. Patrick Gregory, Johns Hopkins University Press, 1979〔ルネ・ジラール『暴力と聖なるもの』古田幸男訳、法政大学出版局〕
6. 山羊に捧げる祈りの翻訳例は以下のとおり。「主よ、私はあなたのまえで邪悪

な行いをし、教えに背き、罪を犯しました。私、私の家族、アロンの息子たち――あなたの聖なる者たちです。主よ、私、私の家族、アロンの子供たち――あなたの聖なる者たち――があなたのまえで犯した不正、違背、罪をお赦しください。あなたのしもべであるモーセの律法にはこう書かれています。『この日、主はあなたがたを赦し、あなたがたが主のまえで犯したすべての罪を清めるでしょう。あなたがたは清らかになるのです』」Isidore Singer and Cyrus Adler, *The Jewish Encyclopedia: A Descriptive Record of the History, Religion, Literature, and Customs of the Jewish People from the Earliest Times to the Present Day*, 367, Funk and Wagnalls, 1902.

7. 宗教改革者 William Tyndale のモーセ五書の英訳版（1530 年）から。ラテン語でこの山羊は *caper emissarius*（使者の山羊）と呼ばれ、その場から去った山羊だった。Tyndale はもともと *[e]scape goat* としていたが、最終的に *scapegoat* となった。
8. René Girard, *I See Satan Fall Like Lightning*, Orbis Books, 2001.〔ルネ・ジラール『サタンが稲妻のように落ちるのが見える』岩切正一郎訳、新教出版社〕
9. Todd M. Compton, *Victim of the Muses: Poet as Scapegoat, Warrior and Hero in Greco-Roman and Indo-European Myth and History*, Center for Hellenic Studies, 2006.
10. 銃殺隊のなかには空砲を持たされる隊員がいるという話を疑問視する者もいる。実弾だと撃ったときに反動があるが、空砲の場合はないので、隊員は自分が空砲だったかどうかわかるからだという。しかし、文書記録により、銃殺隊で空砲が使われていたことはわかっている。興味深いのは、隊員一人一人が空砲を認識していたかどうかではなく、いずれにしても空砲が使われていたという事実である。
11. 局地的な金融危機も同じように起こる。1997 年、アジア通貨危機がタイで発生し、同国の株式市場は 75% 以上暴落した。この危機はすぐにほかのアジア諸国に波及したが、アメリカへの影響は最小限にとどまった。
12. このパーティーの話は、ディオニュソス祭についてのジラールの考えを読んで思いついた。神ディオニュソスをまつる古代ギリシャのこの祭典は、混沌とした模倣の欲望のなかで失われた本来の結束を再生するために開かれた。祭典は、結束から分裂と混乱への動きを再現し、いけにえを捧げる儀式で最高潮に達する。このスケープゴートはさらなる混乱や内部の争いを防いで秩序を取り戻してくれる。ジラールの親しい共同研究者 Raymund Schwager――ジラールの神学的思考の発展を後押しした――は、ジラールへの手紙に、1954 年刊行の Hermann Koller による *Die Mimesis in der Antike* というすばらしい本を偶然見つけたと書いている。著者はそのなかで、プラトンが模倣を意味するギリシャ語 μιμεῖσθαι (*mimesthai*) を使っていることについて考察し、その由来は聖なる踊りにあると結論づけた。「mimos」という言葉は、ディオニュソス

祭の役者を指すものだったと彼は書いている。
13. Ta-Nehisi Coates, "The Cancellation of Colin Kaepernick," *New York Times*, November 22, 2019.
14. Girard, *I See Satan Fall Like Lightning*.〔ルネ・ジラール『サタンが稲妻のように落ちるのが見える』岩切正一郎訳、新教出版社〕
15. Flavius Philostratus, *The Life of Apollonius of Tyana, the Epistles of Apollonius and the Treatise of Eusebius*, trans. F. C. Conybeare, Loeb Classical Library, 2 vols., Harvard University Press, 1912.
16. 該当のくだりは以下のとおり。「病気のあいだに見たのは、こんなふうな夢だった。全世界が、ある、怖ろしい、見たことも聞いたこともない疫病の生贄《いけにえ》となる運命にあった。疫病は、アジアの奥地からヨーロッパへ広がっていった。ごく少数の選ばれた人々をのぞいて、だれもが死ななければならなかった。出現したのは新しい寄生虫の一種で、人体にとりつく顕微鏡レベルの微生物だった。しかもこの微生物は、知恵と意志とをさずかった霊的な存在だった。この疫病にかかった人々は、たちまち悪魔に憑《つ》かれたように気を狂わせていった。そしてそれに感染した者たちは、病気にかかる前にはおよそ考えられもしなかった強烈な自信をもって、自分はきわめて賢く、自分の信念はぜったいに正しいと思いこむのだった。人々が、自分の判断、自分の学術上の結論、モラルにかんする信念、そして信仰を、これほどまで確信したことはかつてなかった。いくつもの村、いくつもの町、そして人間が、これに感染し、気を狂わせていった。だれもが不安にかられ、おたがいに理解しあえず、それぞれが、ただ自分こそは真理の担《にな》い手と思いこみ、他人を見てはもがき苦しみ、胸をたたき、泣きわめき、両手をもみしだくのだった。だれをどう裁くべきかもわからなければ、何が悪で何が善か区別できず、折りあいすらつけられなかった。だれを無罪とし、だれを有罪とするかもわからなかった。人々は、およそ意味のない悪意らしきものをいだいて、ひたすら殺しあった。おたがいに軍隊を集めあったが、この軍隊も行軍の途中、とつぜん殺しあいをはじめた。隊列はみだれ、兵士たちはたがいに襲いあい、相手をなぐったり、斬ったり、かみついたりし、その肉を食いあったりした。すべての町で、一日じゅう警鐘が鳴りやまなかった。人々を呼びあつめていたのだが、だれがなんのためにあつめているのかだれも知らず、だれもが不安におののいていた。ごくありふれた仕事から先に、人は去っていった。それぞれが自分の意見や改革を提案し、意見がまとまらなかったからだ。農業にも手をつけなくなった。あちこちに人々は寄りあつまって、あることで合意し、これからはもうばらばらにならないと誓いあった――ところが、その舌の根もかわかぬうちに、自分たちが申しあわせたこととはまるでちがうことをやりはじめた。たがいに罪をなすりあい、つかみあったり、斬りつけあったりするのだった。火事が起こり、飢饉が襲ってきた。人間も、ものも、すべてが滅びさった。疫病は勢いをまして、みるみる広がった。世界

じゅうで難を逃れることができたのは、ごく少数の人たちだけだった。それは汚《けが》れない、選ばれた人々で、彼らの使命は、新しい人類をつくり、新しい生活をはじめること、大地を刷新し、浄化することにあった。ところが、だれも、どこにも、そうした人々を目にした者はなく、彼らの言葉や声を耳にしたものはなかった」Fyodor Dostoyevsky, *Crime and Punishment*, 600, trans. Michael R. Katz, W. W. Norton, 2019.〔ドストエフスキー『罪と罰』亀山郁夫訳、光文社ほか〕

17. このテーマの単一的な見方から脱却し、心理学の関係構造を正しく説明するために、ルネ・ジラール、Jean-Michel Oughourlian、Guy Lefort が *Things Hidden Since the Foundation of the World* (Stanford University Press, 1987) のなかで「個人対個人の心理学」と名づけた概念は探ってみる価値がある。〔ルネ・ジラール『世の初めから隠されていること』小池健男訳、法政大学出版局〕
18. Elias Canetti, *Crowds and Power*, 15, Farrar, Straus and Giroux, 1984.〔エリアス・カネッティ『群衆と権力』岩田行一訳、法政大学出版局〕
19. ソポクレスの戯曲『オイディプス王』、初演は紀元前 429 年ころ。
20. Girard, *Violence and the Sacred*, 79.〔ルネ・ジラール『暴力と聖なるもの』古田幸男訳、法政大学出版局〕
21. Christian Borch は著書 *Social Avalanche: Crowds, Cities, and Financial Markets* (Cambridge University Press, 2020) のなかで、群集心理を表現するのにこの言葉を使っている。
22. Yun Li, "'Hell Is Coming'— Bill Ackman Has Dire Warning for Trump, CEOs if Drastic Measures Aren't Taken Now," CNBC, March 18, 2020.
23. John Waller, *The Dancing Plague: The Strange, True Story of an Extraordinary Illness*, 1, Sourcebooks, 2009.
24. Ernesto De Martino and Dorothy Louise Zinn, *The Land of Remorse: A Study of Southern Italian Tarantism*, Free Association Books, 2005.
25. Rui Fan, Jichang Zhao, Yan Chen, and Ke Xu, "Anger Is More Influential Than Joy: Sentiment Correlation in Weibo," *PLOS ONE*, October 2014.
26. Stephen King, *On Writing: A Memoir of the Craft*, 76, Scribner, 2010.〔スティーヴン・キング『書くことについて』田村義進訳、小学館ほか〕以下も参照されたい。 Stephen King, "Stephen King: How I Wrote Carrie," *Guardian*, April 4, 2014, para. 6.
27. 「ハンガーゲーム」シリーズは、古代ローマの「パンと見世物」の現代版である。ローマ人は市民の不満をなだめるためにはパン――食べ物――を与えなければならないとわかっていた。しかし、同時に娯楽のための見世物も提供する必要があった。剣闘士や動物を犠牲にする儀式は、ローマを暴力から守っていた。暴動が起こるのを防ぎ、権力者の安全を保っていたのである。
28. René Girard, *The Scapegoat*, 113, Johns Hopkins University Press, 1996.〔ルネ・ジラール『身代りの山羊』織田年和訳、富永茂樹訳、法政大学出版局〕

29. René Girard and Chantre Benoît, *Battling to the End: Conversations with Benoît Chantre*, xiv, Michigan State University Press, 2009.
30. Girard, *Violence and the Sacred*, 33.〔ルネ・ジラール『暴力と聖なるもの』古田幸男訳、法政大学出版局〕
31. ヨハネによる福音書 11 章 49-50 節。 From the New Revised Standard Version Bible (NRSV), copyright © 1989 the Division of Christian Education of the National Council of the Churches of Christ in the United States of America. Used by permission. All rights reserved.
32. Steven Pinker は著書 *The Better Angels of Our Nature: Why Violence Has Declined*(Penguin Publishing, 2012) のなかで、暴力の「水圧理論」――内側で圧力が高まるので定期的に暴力として放出する必要があるという考え――の誤りを指摘している。誤解のないように言っておくと、これはジラールの理論ではない。スケープゴート・メカニズムは模倣の危機があるときに起こる。集団は実際的、戦略的に行動するからだ――スケープゴート・メカニズムは暴力を鎮めるための社会的戦略なのである。Pinker はジラールにもスケープゴート・メカニズムにも言及していないが、暴力の戦略的な性質に触れている。「暴力を増大させる進化は必ず戦略的な意味を持つ。自然選択によって生命体が暴力を使うように進化するのは、予測されるメリットが予測されるコストを上回る状況に限られる」(*The Better Angels of Our Nature*, p. 33).〔スティーブン・ピンカー『暴力の人類史』幾島幸子訳、塩原通緒訳、青土社〕
33. David Cayley の IDEAS シリーズとして 2011 年 3 月にカナダのテレビで放送された。
34. 私は仏教やヒンドゥー教、イスラム教などほかの宗教には詳しくないが、そうした宗教においてもスケープゴート・メカニズムの存在が明らかになるかもしれない議論があれば歓迎する。専門家がいれば、以下のサブレディットに参加してほしい。r/MimeticDesire.
35. Girard, *I See Satan Fall Like Lightning*.〔ルネ・ジラール『サタンが稲妻のように落ちるのが見える』岩切正一郎訳、新教出版社〕
36. ルネ・ジラールはこれらを「迫害文献」と呼んだ。こうした文献は迫害者によって書かれている。迫害者は犯罪を隠蔽したり、起きたことの真実を曖昧にする。Girard, *The Scapegoat*.〔ルネ・ジラール『身代りの山羊』織田年和訳、富永茂樹訳、法政大学出版局〕
37. ジラールは以下の 2 冊でこの見解を強調している。*I See Satan Fall Like Lightning*〔ルネ・ジラール『サタンが稲妻のように落ちるのが見える』岩切正一郎訳、新教出版社〕および *Evolution and Conversion: Dialogues on the Origins of Culture* (Bloomsbury, 2017).〔ルネ・ジラール『文化の起源――人類と十字架』田母神顯二郎訳、新教出版社〕
38. Girard, *I See Satan Fall Like Lightning*, 161.〔ルネ・ジラール『サタンが稲妻の

ように落ちるのが見える』岩切正一郎訳、新教出版社〕
39. 今のトルコのカイサリにあたるカエサレアの町の郊外に、カエサレアの聖バシリウスが建てた病院が、はじめての病院と言われている。
40. Girard, *I See Satan Fall Like Lightning*, foreword, xxii–xxiii.
41. イエスはパリサイ人《びと》たちに会ってこの偽善を責める。「そして『もし先祖の時代に生きていたなら、預言者の血を流す側には付かなかったであろう』などと言う」（マタイによる福音書、23章30節）
42. Aleksandr Solzhenitsyn, *The Gulag Archipelago 1918–1956*, HarperCollins, 1974, 168.〔アレクサンドル・ソルジェニーツィン『収容所群島——1918-1956 文学的考察』木村浩訳、新潮社〕
43. Ursula K. Le Guin, *The Ones Who Walk Away from Omelas: A Story*, 262, Harper Perennial, 2017.〔アーシュラ・K・ル・グィン『オメラスから歩み去る人々』浅倉久志訳、『風の十二方位』収録、早川書房〕HarperCollinsから1975年にハードカバーで刊行された *The Wind's Twelve Quarters*〔『風の十二方位』〕から抜粋。
44. René Girard, *The Scapegoat*, 41, Johns Hopkins University Press, 1996.〔ルネ・ジラール『身代りの山羊』織田年和訳、富永茂樹訳、法政大学出版局〕

パート2　欲望の変容

1. David Lipsky, *Although of Course You End Up Becoming Yourself: A Road Trip with David Foster Wallace*, 86, Broadway Books, 2010.

第5章　反模倣的であること

1. James Clear, *Atomic Habits: An Easy and Proven Way to Build Good Habits and Break Bad Ones*, 27, Random House Business, 2019.〔ジェームズ・クリアー『ジェームズ・クリアー式　複利で伸びる1つの習慣』牛原眞弓訳、パンローリング〕
2. George T. Doran, "There's a S.M.A.R.T. Way to Write Management's Goals and Objectives," *Management Review*, November 1981.
3. Donald Sull and Charles Sull, "With Goals, FAST Beats SMART," *MIT Sloan Management Review*, June 5, 2018.
4. John Doerr, *Measure What Matters: How Google, Bono, and the Gates Foundation Rock the World with OKRs*, Penguin, 2018.〔ジョン・ドーア『メジャー・ホワット・マターズ——伝説のベンチャー投資家がGoogleに教えた成功手法OKR』土方奈美訳、日本経済新聞出版社〕
5. Lisa D. Ordóñez, Maurice E. Schweitzer, Adam D. Galinsky, and Max H. Bazerman, *Goals Gone Wild: The Systematic Side Effects of Over-Prescribing Goal Setting*, Harvard Business School, 2009.
6. 社会学者Max Weberは、組織内の多数の人がそこで決断を下す強固な体制を

「鉄の檻」と呼んだ。小難しい言い方では「制度的同型化」というのがある。Paul J. DiMaggio と Walter W. Powell が以下の論文のなかで命名した言葉である。"The Iron Cage Revisited: Institutional Isomorphism and Collective Rationality in Organizational Fields," *American Sociological Review* 48, no. 2, 1983, 147–60. このなかで二人はこれにつながる模倣的プロセスについて述べている。Weber によれば、この体制は決断を「合理主義の枠組み」に閉じこめてしまい、改革を阻害し、「化石燃料の最後の一塊が燃え尽きるまで」耐えしのぶことになる。鉄の檻は合理的ではなく、模倣的である。詳細は以下を参照されたい。 Max Weber, *The Protestant Work Ethic and the Spirit of Capitalism*, Merchant Books, 2013.〔マックス・ウェーバー『プロテスタンティズムの倫理と資本主義の精神』中山元訳、日経 BP 社ほか〕

7. Eric Weinstein, interview with Peter Thiel, *The Portal*, podcast audio, July 17, 2019.
8. Mark Granovetter, "Economic Action and Social Structure: The Problem of Embeddedness," *American Journal of Sociology*, November 1985, 481–510.
9. ガルグイユには次のようなものが入っている。シダ、アマランサス、ホワイトボリジ、ヒメニンニク、クローバー、カリフラワー、エンドウ豆、チャービル、ナスタチウム、フィテウマ、パッティパン・スカッシュ、ネギ、エンダイブ、ハコベ、ピンクラデッシュ、サルシフィ、トマト、葉タマネギ、アルプス・フェンネル、そのほか季節あるいはその日に合わせたたくさんの野菜、新芽、葉物、茎菜類、穀類、根菜類。
10. Orson Scott Card, *Unaccompanied Sonata*, Pulphouse, 1992.〔オースン・スコット・カード『無伴奏ソナタ』金子浩訳、金子司訳、山田和子訳、早川書房〕
11. Mark Lewis, "Marco Pierre White on Why He's Back Behind the Stove for TV's Hell's Kitchen," *The Caterer*, April 2007.
12. Marc Andreessen, "It's Time to Build," Andreessen Horowitz. https:// a16oz.com/2020/04/18/its-time-to-build/.
13. 企業としてのミシュランの優れた点については、以下の著作に記されている。*And Why Not? The Human Person and the Heart of Business* by François Michelin (Lexington Books, 2003). 私が好きなのは、若きフランソワが、創業者の一人だった祖父から、スケープゴートの連鎖を断ち切るためには共感が重要であることを教えられたエピソードだ。「1936 年にある日のことをよく覚えている。私はクール・サブロン通りに面した祖父のオフィスにいて、窓の下にはストライキ中の人々が長い列をつくって歩いていた。物音がしたので私は窓に駆け寄ってカーテンをあけてみた。すると怒鳴り声が聞こえてきた。祖父は言った。「きっと誰かがあの人たちはおかしい、とおまえに言うだろうが、それは間違っている」。祖父が本当のことを言っているのがわかった。それで私はこう言えるようになった。階級対立という概念は、自分に正しい問いかけをしようとし

ない知的怠惰から生まれていると。あれ以来、私は祖父の言葉が忘れられない。『もし共産主義者を敵の階級だと思うなら、おまえは間違いを犯している。単に自分とは違う考え方をする人間だと思えば、話はまったく異なってくる』。私は人と会うたびに自分に問いかける。『この人はどんなダイヤモンドを隠しているのか』。目を開けて見ることを学べば、私たちを取り巻くこうした宝石がすばらしい王冠をつくるのが見えるだろう」(p. 66).
14. フェイスブックのBRASの公式ページに2017年9月20日付けで投稿されている。
15. Resentment〔敵意〕(フランス語の *ressentiment*〔ルサンチマン〕にはもう少し微妙な意味合いがあり、価値観や世界観がルサンチマンによって大きくゆがむことを示唆している)は、哲学者の Friedrich Nietzsche や Max Scheler が取り組んだ現象である。二人ともジラールのように敵意が持つ内的媒介の役割には気づかなかった。
16. これを書いている時点でル・スーケは二つ星のままである(2020年版)。

第6章　破壊的な共感
1.「破壊的な共感(Disruptive Empathy)」は、Gil Bailie の著作の項タイトルである。*Violence Unveiled: Humanity at the Crossroads*, Crossroad, 2004.
2. René Girard, *The One by Whom Scandal Comes*, 8, trans. M. B. DeBevoise, Michigan State University Press, 2014.
3. Thomas Merton, *New Seeds of Contemplation*, 38, New Directions Books, 2007.
4. René Girard, Robert Pogue Harrison, and Cynthia Haven, "Shakespeare: Mimesis and Desire," *Standpoint*, March 12, 2018.
5. 第2次世界大戦中、連合軍は長い飛行の途中で南太平洋の島を中継地として利用した。アメリカとヨーロッパの兵士たちは、親切にしてくれた地元民へのお礼として、大量の食料やさまざまな品を与えた。物資はパラシュートをつけた大きな木箱に入れて、飛行機から落として届けた。
地元民——多くは銛《もり》で魚をとり、あばら家に住んでいた——は大いに喜んだ。タバコ、ビーフスティック、Tシャツ、ウイスキー、トランプ、ハンカチ、プロパン照明は別の文明がもたらした魔法のようだった。物資が落とされた夜に火を囲んでウイスキーを味わいながら人々が交わした会話は想像するしかない。

やがて戦争は終結した。人々は悲しんだ。これまで受け取っていた物資がなぜとつぜん降ってこなくなったのか。数カ月後、人々は飛行機が着陸していた滑走路に集まるようになった。彼らは管制官の動きを真似し、木でヘッドフォンをつくり、間に合わせの管制塔を建てた。信号ののろしをあげ、着陸後に兵士が行なっていた行進を真似て行なった。また同じことが起きるのを期待して目撃した行動を真似たのである。

「彼らはすべて正しく行なっている」とノーベル賞物理学者 Richard Feynman は、1974年、カリフォルニア工科大学の卒業式のスピーチで言った。「まえに

見たものとまったく同じように見える。しかし、うまくいかない……見てわかる指令や型はすべてそのとおりにしたが、飛行機はやってこないのだから、本質的な何かが欠けているのだ」。科学や疑似科学、思い込みを避ける方法について語ったなかで、彼は南太平洋の島で起きたことを「積み荷崇拝《カーゴカルト》」と命名し、議論を呼んだ。

多くの理由により、この名前は誤解を生んでいる。たとえば、儀式の対象は明らかに積み荷ではない。太平洋の島では別の形で儀式が行われていたので、それは確かだ。1970年代末に、パプアニューギニアの沖にあるリヒール島で大規模な土木事業に携わっていたビジネスマンは、飛行場に売店をつくり、そのまわりでビジネスマン役を演じる地元民が立っていたのを思い出す。ビジネスマンの役をするのは彼らにとって重要なことだったが、誰も買ったり売ったりはしなかった。彼らが真似たのは積み荷を運んでくる飛行機ではなく、新規プロジェクトを調査しに来たビジネスマンだったのだ。

いちばんの目的は、物資を空から降らせることではない。物資はまったく関係ない。一定の地位と他者からの尊敬を求めて真似たのだ。すでにそれらを持っているように見える人々を真似ることで、そのような変容が起こることを期待しているのである。

もっとも大きな間違いは、こうした現象が「未開の」人々がするものだと考えることだ。儀式《カルト》は「真似る儀式」であり、それは普遍的なものだ。戦後、数十年にわたって話題になった積み荷崇拝は、アメリカや外国で毎日起きていることの極端な形でしかない。

大学を出た（あるいは中退した）若者はジーンズとTシャツに身をつつみ、マックブックプロにブランドのステッカーを貼って起業界隈で働き、企業文化を大学の社交クラブのようにして（卓球台、コンブチャ、地ビールをそろえて）、ソーシャルメディアでGary Vaynerchukをフォローし、夕方には別の組織《カルト》のメンバーと街中のおしゃれなカフェで会う――すべて会社の価値を高めようと思ってやっている。

今の時代に「起業家になりたい」と言うのは、1990年代初期に「コンサルタントかインベストメント・バンカーになりたい」というのと同じだ。しかし、「起業家でいる」ことには問題がつきまとう。起業家でいるためには、世界の特定の問題やニーズをもとに具体化する必要があるからだ。独特で特別な機会を理解するまえに起業家になりたいと言うのは、壊すものを探しながら、巨大な木槌を持って歩きまわるようなものだ。木槌を持ち歩く人にはすべてが釘に見える。起業家になりたいという人には、すべてが会社を始めるためのチャンスに見える。

6. 一例をあげれば、次のようなものだ。なぜ無ではなく、何かがあるのか。美とは何か。善と悪をどのように区別するか。良心とは何か。私は何者か。私はどこから来たのだろう。どこへ行こうとしているのか。

7. Parker Palmer, *Let Your Life Speak: Listening for the Voice of Vocation*, Jossey-Bass, 1999.〔パーカー・J・パルマー『いのちの声に聴く――ほんとうの自分になるために』重松早基子訳、いのちのことば社〕
8. Jonathan Sacks, "Introduction to Covenant and Conversation 5776 on Spirituality," October 7, 2015. https://rabbisacks.org.
9. 充足の物語による効果を得るために、形式に沿って評価を受ける必要はないが、自分では到達するのが難しい洞察や言葉を得られるので、このツールをお勧めしている。興味を持った人のために、補足資料Cに、ある人の核となる動機づけのトップ3とともに、私が自分のクラスや会社で使う資料を載せておいた。以下を参照してもらいたい。Todd Henry, Rod Penner, Todd W. Hall, and Joshua Miller, *The Motivation Code: Discover the Hidden Forces That Drive Your Best Work*, Penguin Random House, 2020.

第７章　超越したリーダーシップ

1. CNN Business による Whitney Wolfe Herd へのインタビュー（2019年12月13日）。Sara Ashley O'Brien, "She Sued Tinder, Founded Bumble, and Now, at 30, Is the CEO of a $3 Billion Dating Empire." https://www.cnn.com/2019/12/13/tech/whitney-wolfe-herd-bumble-risk-takers/index.html.
2. この言葉は現代の哲学者 Byung-Chul Han の著作 *The Burnout Society* から借用した。神経性の病気と、それは他者からもたらされるものではないので「抗体」がつくれないことについて書きながら、こう言っている。「むしろそれはシステム的な暴力、つまりシステムに内在する暴力である」Byung-Chul Han, *The Burnout Society*, Stanford University Press, 2015.〔ビョンチョル・ハン『疲労社会』横山陸訳、花伝社〕
3. S. Peter Warren, "On Self-Licking Ice Cream Cones," in *Cool Stars, Stellar Systems, and the Sun: Proceedings of the 7th Cambridge Workshop*, ASP Conference Series, vol. 26.
4. 1962年9月12日にジョン・F・ケネディ大統領がライス大学で行なった演説から。John F. Kennedy Presidential Library and Museum archives. https://www.jfklibrary.org/archives/other-resources/john-f-kennedy-speeches/rice-university-19620912.
5. Abraham M. Nussbaum, *The Finest Traditions of My Calling*, Yale University Press, 2017, 254.
6. Maria Montessori, *The Secret of Childhood*, Ballantine Books, 1982.〔マリア・モンテッソーリ『幼児の秘密』鼓常良訳、国土社〕
7. Maria Montessori et al., *The Secret of Childhood* (Vol. 22 of the Montessori Series), 119, Montessori-Pierson Publishing Company, 2007. モンテッソーリの話は翻訳によって異なる。〔マリア・モンテッソーリ『幼児の秘密』鼓常良訳、

国土社〕
8. Marc Andreessen, "It's Time to Build," Andreessen Horowitz.
9. 最初の言葉は以下から引用している。Maria Montessori, *The Montessori Method*, trans. Anne Everett George, Frederick A. Stokes Company, 1912. 2つ目の言葉は別の版から引用している。*The Montessori Method*, 41, trans. Anne E. George, CreateSpace Independent Publishing Platform, 2008. 今ならadultと言うだろうが、モンテッソーリがこれを書いたのは50年以上前のことで、当時はmanという言葉が包括的に理解されていたのだろう。〔マリア・モンテッソーリ『モンテッソーリ・メソッド』阿部真美子訳、白川蓉子訳、明治図書〕
10. *The Montessori Method*, 2008 edition, 92.〔マリア・モンテッソーリ『モンテッソーリ・メソッド』阿部真美子訳、白川蓉子訳、明治図書〕Raven Foundationの共同創設者であるSuzanne Rossによるモンテッソーリ教育における模倣理論の役割についての研究もお勧めする。すばらしい小論のなかで彼女はこう書いている。「やって見せているあいだ、お互いの交流は暗黙のうちに真似る形で行なわれる。教師は子供たちが真似るように、その物体に集中するところを手本としてはっきりと示す。それから教師は手を引き、子供たちが教師がやっていたことをできるようにする。それが可能なのは、教師のその物体に対する注目が、子供の心を奪い、すでに内在化しているからだ。教師が手本として示したその物体に対する賞賛は、このときには子供のものでもある。物体は子供の視界におさまるが、教師と子供はお互いに所有を争う相手ではなく、自由に共有できる相手となる。子供の率直な真似とそれを教師が尊重することが、手を引く形での媒介を可能にしている」Suzanne Ross, "The Montessori Method: The Development of a Healthy Pattern of Desire in Early Childhood," *Contagion: Journal of Violence, Mimesis and Culture* 19, 2012.
11. この知見は、2019年にヒューレット・パッカードのヴァイス・プレジデントLouis Kimと、大企業における模倣の影響について話をしたときに得た。私自身、大企業で長く働いたことがないため、この数年間は伝統的な企業の組織で模倣がどのようにあらわれるかについて、できるだけたくさんの人と話をしている。
12. 第2章で、模倣の力がスティーブ・ジョブズに「現実歪曲フィールド」を引きおこしたことや、模倣の欲望が日々の生活のなかでほとんどの人にとっての真実を曲げていることについて見た。模倣の欲望が真実を曖昧にしたり、歪曲したりする傾向は、個人にとってネガティブな効果を持ち、それは組織のなかで増殖していく（第3章で見たザッポスとダウンタウン・プロジェクトのように）。
13. CBS News, August 14, 2008. https://gigaom.com/2008/08/14/419-interview-blockbuster-ceo-dazed-and-confused-but-confident-of-physicals/.
14. Austin Carr, "Is a Brash Management Style Behind Blockbuster's $65.4M Quarterly Loss?," *Fast Company*, May 2010.
15. さらに探究したければ、ベネディクト修道会の*habitare secum*（自分自身とと

もに存在する）という考え方を参照してほしい。静寂のなかで完全に一人でいられる人はいない。私たちはそれでも他者と関係している――ただそこにいないだけだ。静寂を通して、障害となる人間関係をはがし、豊かな人間性を発揮しながら生きるのに助けとなる人々を再び知ることになるだろう。

16. Zachary Sexton, "Burn the Boats," *Medium*, August 12, 2014.
17. コンセプトの簡単な紹介については、以下を参照されたい。 Steve Blank, "Why the Lean Start-Up Changes Everything," *Harvard Business Review*, May 2013.
18. Eric Ries, "Minimum Viable Product: A Guide," *Startup Lessons Learned* (blog), August 3, 2009. http://www.startuplessonslearned.com/2009/08/minimum-viable-product-guide.html.
19. Interview of Toni Morrison by Kathy Neustadt, "Writing, Editing, and Teaching," *Alumnae Bulletin of Bryn Mawr College*, Spring 1980.
20. Sam Walker, "Elon Musk and the Dying Art of the Big Bet," *Wall Street Journal*, November 30, 2019.
21. Peter J. Boettke and Frédéric E. Sautet, "The Genius of Mises and the Brilliance of Kirzner," GMU Working Paper in Economics No. 11–05, February 1, 2011.
22. 人工知能は世界の多くの場所で農業を増やしているように、起業家を増やす可能性がある。AI を利用した農場で、温度や水の使用量、収穫の条件や精度がコントロールされるように、企業でもサーバーの使用量、在庫管理、雇用などがコントロールされるかもしれない。しかし、AI がサポートできるのは起業に内在する形式的な部分だけであって、起業家的な意識と創造という人間だけが担う仕事はサポートできない。

第 8 章　模倣的未来

1. Christianna Reedy, "Kurzweil Claims That the Singularity Will Happen by 2045," *Futurism*, October 5, 2017.
2. Ian Pearson, "The Future of Sex Report: The Rise of the Robosexuals," *Bondara*, September 2015.
3. 2007 年のアニメーション映画「ベオウルフ／呪われし勇者」は、あまりにも本物の人間らしく見えて「気味が悪い」といわれた。その結果、制作スタジオは人間らしさを減らした。
4. Heather Long, "Where Are All the Startups? U.S. Entrepreneurship Near 40-Year Low," *CNN Business*, September 2016.
5. Drew Desilver, "For Most U.S. Workers, Real Wages Have Barely Budged in Decades," Pew Research Center, August 2018.
6. 「魔法が解ける」という言葉はカナダ人哲学者 Charles Taylor や、さらに時代をさかのぼって Max Weber や Friedrich Schiller に倣った。
7. ローマ・カトリック教会では、この期間のはじまりを 1965 年に終了した第 2 バ

チカン公会議からと見ている。数十万人もの司祭、修道士、修道女が誓いを捨て、さらに数百万人の信徒が肩をすくめた。同じことが、ほぼすべての主流派プロテスタントや世界中の非キリスト教で起きた――ただしイスラム教は例外である。

8. Scott Galloway, *The Four: The Hidden DNA of Amazon, Apple, Facebook, and Google*, Portfolio/Penguin, 2017.〔スコット・ギャロウェイ『the four GAFA――四騎士が創り変えた世界』渡会圭子訳、東洋経済新報社〕これは彼の要点を私がまとめたものだ。
9. Eric Johnson, "Google Is God, Facebook Is Love and Uber Is 'Frat Rock,' Says Brand Strategy Expert Scott Galloway," *Vox*, June 2017.「グーグルは神だ。われわれにとって神に代わる存在だ。社会が豊かになって教育が広まり、生活における宗教組織の役割が小さくなっているのに、不安や疑問は増えている。神の介入を求める精神的な空白はきわめて大きい……グーグルで検索される疑問の5つのうち1つは、人類の歴史上これまで訊かれることがなかったものだ。信頼されている聖職者、ラビ、司祭、教師、コーチが、5つのうちの1つのようなこれまで訊かれたのことない疑問を投げかけられるところを考えてみてもらいたい」
10. Ross Douthat, *The Decadent Society: How We Became the Victims of Our Own Success*, 5, Avid Reader Press, 2020.
11. Douthat, *The Decadent Society*, 136.
12. 2020年半ばにこれを書いているので、新型コロナの感染を否定しながら、なぜ死者数が増えるのか疑問を呈する人も例として使えるだろう。
13. Alexis de Tocqueville, *Democracy in America*, 644, trans., ed., and with an introduction by Harvey C. Mansfield and Delba Winthrop, University of Chicago Press, 2000.〔トクヴィル『アメリカのデモクラシー』松本礼二訳、岩波書店〕引用した文章は第2巻第4部第3章（「感情は権力を集中させる観念と一致する」）からで、タイトルが示すとおり、権力の集中に関するものである。
14. こうした架空の違いは、模倣の欲望が起こす現実のゆがみによるわたしたちの誤認（*misrecognition*）の産物なのだろう。誤認は、集団がスケープゴートを見たときにグロテスクで危険なものだと思わせる。
15. 欽定訳聖書、箴言29章18節（「幻がなければ民はちりぢりになる……」）。
16. Shoshana Zuboff, *The Age of Surveillance Capitalism: The Fight for a Human Future at the New Frontier of Power*, PublicAffairs, 2020.〔ショシャナ・ズボフ『監視資本主義――人類の未来を賭けた闘い』野中香方子訳、東洋経済新報社〕
17. 『監視資本主義――人類の未来を賭けた闘い』の前付けで、ズボフは次のような完璧な定義をしている。「監視資本主義の定義／Sur-veil-lance Cap-i-tal-ism, n」1. 人間の経験を、密かな抽出・予測・販売からなる商業的慣行のための無料の原材料として要求する、新たな経済秩序。2. 商品とサービスの生産が、新た

な地球規模の行動修正構造に従属する、寄生的な経済ロジック。3. 歴史上前例のない富、知識、力の集中を特徴とする、資本主義の邪悪な変異。4. 監視経済の基本的な枠組み。5. 産業資本主義が19世紀と20世紀の自然界にとって脅威であったように、21世紀に人間の本質にとって深刻な脅威になるもの。6. 社会に対する支配を主張し、市場民主主義に驚くべき挑戦を仕掛ける、新たな道具主義者の力の源。7. 完全な確実性に基づく新たな集団秩序を課すことを目的とする運動。8. 上からのクーデターとして最もよく理解される、人間の重要な権利の没収——人間の主権の打倒。

18. Matt Rosoff, "Here's What Larry Page Said on Today's Earnings Call," *Business Insider*, October 13, 2011.
19. George Gilder, *Life After Google: The Fall of Big Data and the Rise of the Blockchain Economy*, 21, Regnery Gateway, 2018.〔ジョージ・ギルダー『グーグルが消える日』武田玲子訳、SBクリエイティブ〕
20. Catriona Kelly and Vadim Volkov, "Directed Desires: Kul'turnost' and Consumption," 掲載元 *Constructing Russian Culture in the Age of Revolution 1881–1940*, Oxford University Press, 1998.
21. Nanci Adler, *Keeping Faith with the Party: Communist Believers Return from the Gulag*, 20, Indiana University Press, 2012.
22. Nanci Adler, "Enduring Repression: Narratives of Loyalty to the Party Before, During and After the Gulag," *Europe-Asia Studies* 62, no. 2, 2010, 211–34.
23. Langdon Gilkey, *Shantung Compound: The Story of Men and Women Under Pressure*, 108, HarperOne, 1966.
24. Girard, *The One by Whom Scandal Comes*, 74.
25. ノーベル文学賞を受賞したCzesław Miłoszは1953年に発表した以下のノンフィクション作品のなかで、この小説を的確に解説している。*The Captive Mind*, Secker and Warburg, 1953.〔チェスワフ・ミウォシュ『囚われの魂』工藤幸雄訳、共同通信社〕
26. 薬による近道という趣向は文学や映画でよく使われる。『すばらしい新世界』のソーマや「マトリックス」の青い薬は代表的な例である。
27. Martin Heidegger, *Discourse on Thinking: A Translation of Gelassenheit*, Harper & Row, 1966.〔マルティン・ハイデッガー『放下』辻村公一訳、理想社〕
28. Iain McGilchrist, *The Master and His Emissary: The Divided Brain and the Making of the Western World*, Yale University Press, 2019.
29. 企業「文化」とは、人々が神聖だと見なす一揃いのもので、それは国でも会社でも同じだ。この言葉はラテン語の*cultus*に由来する。文化は、*cult*すなわち宗教的儀式を理解しなければ、完全には理解できない。文化をつくるということは、宗教をつくるということである。
30. René Girard and Chantre Benoît, *Battling to the End: Conversations with Benoît*

Chantre, Michigan State University Press, 2009.
31. Daniel Kahneman の *Thinking, Fast and Slow* (Farrar, Straus and Giroux, 2015) は、計算思考と瞑想思考のことではない。ファストな思考もスローな思考もどちらも計算思考であり、ただ形態とスピードが違うだけである。〔ダニエル・カーネマン『ファスト＆スロー――あなたの意思はどのように決まるか？』村井章子訳、早川書房〕
32. Virginia Hughes, "How the Blind Dream," *National Geographic*, February 2014.
33. Michael Polanyi and Mary Jo Nye, *Personal Knowledge: Towards a Post-Critical Philosophy*, University of Chicago Press, 2015.〔マイケル・ポラニー『個人的知識――脱批判哲学をめざして』長尾史郎訳、ハーベスト社〕
34. 実をいうと、妻のクレアは2018年にこの会社の最初の従業員になり、その後事業開発の責任者になっている。
35.「発明」と言っても、ある人やあるグループによって発明されたというつもりはない。現代の市場経済はスケープゴート・メカニズムと同じく、意図してつくられたものではない――人々がモノを交換するいい方法を探した結果、自然に生まれたものである。ジラールを研究するJean-Pierre DupuyとPaul Dumouchelは、近代経済学と模倣理論の議論に大きく貢献してきた。ここで市場経済の役割を「二つ目の発明」としたのは私の考えであり、主にこうした研究者たちから学んだたくさんのことをまとめた結果である。
36. "Naval Ravikant—The Person I Call Most for Startup Advice," episode 97, *The Tim Ferriss Show* podcast, August 18, 2015.
37. Episode 1309 of *The Joe Rogan Experience* podcast, June 5, 2019.
38. Annie Dillard, *The Abundance: Narrative Essays Old and New*, 36, Ecco, 2016.
39. Dillard, *The Abundance*, 36.
40. Ibid.

あとがき

1. Interview with James G. Williams, "Anthropology of the Cross," 283–86, *The Girard Reader*, ed. James G. Williams, Crossroad, 1996.
2. Stephen King, *On Writing: A Memoir of the Craft*, 77, Scribner, 2000.〔スティーヴン・キング『書くことについて』田村義進訳、小学館〕
3. Cynthia Haven, "René Girard: Stanford's Provocative Immortel Is a One-Man Institution," *Stanford News*, June 11, 2008.

補足資料A 用語解説

1. Olivia Solon, "Richard Dawkins on the Internet's Hijacking of the Word 'Meme,' " *Wired*, June 2013.

参考文献

Ackerman, Andy, dir. "The Parking Space." *Seinfeld*. DVD. New York: Castle Rock Entertainment, 1992.〔「となりのサインフェルド」〕

———, dir. "The Soul Mate." *Seinfeld*. DVD. New York: Castle Rock Entertainment, 1996.〔「となりのサインフェルド」〕

Adler, Nanci. "Enduring Repression: Narratives of Loyalty to the Party Before, During, and After the Gulag." *Europe-Asia Studies* 62, no. 2 (2010): 211–34. https://doi.org/10.1080/09668130903506797.

Agonie des Eros. Berlin: Matthes und Seitz, 2012.

Alberg, Jeremiah. *Beneath the Veil of the Strange Verses: Reading Scandalous Texts*. East Lansing: Michigan State University Press, 2013.

Alison, James. *The Joy of Being Wrong: Original Sin Through Easter Eyes*. New York: Crossroad, 2014.

———. *The Palgrave Handbook of Mimetic Theory and Religion*. Edited by Wolfgang Palaver. New York: Palgrave Macmillan, 2017.

Anspach, Mark Rogin, ed. *The Oedipus Casebook: Reading Sophocles' Oedipus the King*. Translated by William Blake Tyrrell. East Lansing: Michigan State University Press, 2019.

———. *Vengeance in Reverse: The Tangled Loops of Violence, Myth, and Madness*. East Lansing: Michigan State University Press, 2017.

Antonello, Pierpaolo, and Paul Gifford, eds. *Can We Survive Our Origins? Readings in René Girard's Theory of Violence and the Sacred*. East Lansing: Michigan State University Press, 2015.

———, eds. *How We Became Human: Mimetic Theory and the Science of Evolutionary Origins*. East Lansing: Michigan State University Press, 2015.

Antonello, Pierpaolo, and Heather Webb. *Mimesis, Desire, and the Novel: René Girard and Literary Criticism*. East Lansing: Michigan State University Press, 2015.

Ariely, Dan. *The (Honest) Truth About Dishonesty: How We Lie to Everyone—Especially Ourselves*. New York: Harper Perennial, 2013.〔ダン・アリエリー『ずる——嘘とごまかしの行動経済学』櫻井祐子訳、早川書房〕

Astell, Ann W. "Saintly Mimesis, Contagion, and Empathy in the Thought of René Girard, Edith Stein, and Simone Weil." *Shofar* 22, no. 2 (2004): 116–31. Accessed May 10, 2020. https://www.jstor.org/stable/42943639.

Auerbach, Erich. *Mimesis: The Representation of Reality in Western Literature*.

Translated by Willard R. Trask. Ewing, NJ: Princeton University Press, 2013.〔E・アウエルバッハ『ミメーシス——ヨーロッパ文学における現実描写（上・下）』篠田一士訳、川村二郎訳、筑摩叢書〕
Bahcall, Safi. *Loonshots: How to Nurture the Crazy Ideas That Win Wars, Cure Diseases, and Transform Industries*. New York: St. Martin's, 2019.〔サフィ・バーコール『LOONSHOTS——クレイジーを最高のイノベーションにする』三木俊哉訳、日経 BP〕
Bailie, Gil. *Violence Unveiled: Humanity at the Crossroads*. New York: Crossroad, 2004.
Balter, Michael. "Strongest Evidence of Animal Culture Seen in Monkeys and Whales." *Science Magazine*, April 25, 2013.
Bandera, Cesáreo. *The Humble Story of Don Quixote: Reflections on the Birth of the Modern Novel*. Washington, DC: Catholic University of America Press, 2006.
———. *A Refuge of Lies: Reflections on Faith and Fiction*. East Lansing: Michigan State University Press, 2013.
Barragan, Rodolfo Cortes, Rechele Brooks, and Andrew N. Meltzoff. "Altruistic Food Sharing Behavior by Human Infants After a Hunger Manipulation." *Scientific Reports* 10, no. 1 (2020). https://doi.org/10.1038/s41598-020-58645–9.
Bateson, Gregory. *Steps to an Ecology of Mind*. Chicago: University of Chicago Press, 2000.〔G・ベイトソン『精神の生態学』佐藤良明訳、新思索社〕
Bergreen, Laurence. *Over the Edge of the World: Magellan's Terrifying Circumnavigation of the Globe*. New York: Perennial, 2004.
Berry, Steven E., and Michael Hardin. *Reading the Bible with René Girard: Conversations with Steven E. Berry*. Lancaster, PA: JDL, 2015.
Borch, Christian. *Social Avalanche: Crowds, Cities and Financial Markets*. Cambridge, UK: Cambridge University Press, 2020.
Bubbio, Paolo Diego. *Intellectual Sacrifice and Other Mimetic Paradoxes*. East Lansing: Michigan State University Press, 2018.
Buckenmeyer, Robert G. *The Philosophy of Maria Montessori: What It Means to Be Human*. Bloomington, IN: Xlibris, 2009.
Burgis, Luke, and Joshua Miller. *Unrepeatable: Cultivating the Unique Calling of Every Person*. Steubenville, OH: Emmaus Road, 2018.
Burkert, Walter, René Girard, and Jonathan Z. Smith. *Violent Origins: Walter Burkert, René Girard, and Jonathan Z. Smith on Ritual Killing and Cultural Formation*. Edited by Robert G. Hamerton-Kelly. Stanford, CA: Stanford University Press, 1988.
Buss, David M. *The Evolution of Desire: Strategies of Human Mating*. New York: Basic Books, 2016.〔デヴィッド・M・バス『女と男のだましあい——ヒトの性

行動の進化』狩野秀之訳、草思社〕
Canetti, Elias. *Crowds and Power*. Translated by Carol Stewart. New York: Farrar, Straus and Giroux, 1984.〔エリアス・カネッティ『群衆と権力（上・下）』岩田行一訳、法政大学出版局〕
Card, Orson Scott. *Unaccompanied Sonata and Other Stories*. New York: Dial, 1981.〔オースン・スコット・カード『無伴奏ソナタ』金子浩訳、金子司訳、山田和子訳、早川書房〕
Carse, James P. *Finite and Infinite Games*. New York: Free Press, 2013.
Cayley, David, ed. *The Ideas of René Girard: An Anthropology of Religion and Violence*. Independently published, 2019.
"The Century of the Self." *The Century of the Self*. London: BBC Two, March 2002.
Chelminski, Rudolph. *The Perfectionist: Life and Death in Haute Cuisine*. New York: Gotham Books, 2006.
Cialdini, Robert B. *Pre-suasion: A Revolutionary Way to Influence and Persuade*. New York: Simon and Schuster Paperbacks, 2018.
Collins, Brian. *Hindu Mythology and the Critique of Sacrifice: The Head Beneath the Altar*. Delhi: Motilal Banarasidas, 2018.
Collins, James C. *Good to Great*. New York: Harper Business, 2001.〔ジム・コリンズ『ビジョナリー・カンパニー２——飛躍の法則』山岡洋一訳、日経 BP 社〕
Cowdell, Scott. *René Girard and the Nonviolent God*. Notre Dame, IN: University of Notre Dame Press, 2018.
———. *René Girard and Secular Modernity: Christ, Culture, and Crisis*. Notre Dame, IN: University of Notre Dame Press, 2015.
Cowen, Tyler. *What Price Fame?* Cambridge, MA: Harvard University Press, 2000.
Coyle, Daniel. *The Culture Code: The Secrets of Highly Successful Groups*. Read by Will Damron. Newark, NJ: Audible, 2018. Audiobook.〔ダニエル・コイル『THE CULTURE CODE——最強チームをつくる方法』楠木建監訳、桜田直美訳、かんき出版〕
Crawford, Matthew B. *Shop Class as Soulcraft: An Inquiry into the Value of Work*. New York: Penguin Books, 2010.
Csikszentmihalyi, Mihaly. *Flow: The Psychology of Optimal Experience*. New York: Harper Perennial Modern Classics, 2009.〔ミハイ・チクセントミハイ『フロー体験——喜びの現象学』今村浩明訳、世界思想社〕
Danco, Alex. "Secrets About People: A Short and Dangerous Introduction to René Girard." April 28, 2019. https://alexdanco.com/2019/04/28/secrets-about-people-a-short-and-dangerous-introduction-to-rené-girard/.
Davies, Simone, and Hiyoko Imai. *The Montessori Toddler: A Parent's Guide to Raising a Curious and Responsible Human Being*. New York: Workman, 2019.〔シ

モーン・デイヴィス『おうちモンテッソーリはじめます――「生き抜く力」の伸ばし方』宮垣明子訳、永岡書店〕

Dawson, David. *Flesh Becomes Word: A Lexicography of the Scapegoat or, the History of an Idea*. East Lansing: Michigan State University Press, 2013.

Deleuze, Gilles, and Félix Guattari. *Anti-Oedipus: Capitalism and Schizophrenia*. New York: Penguin Books, 2009.〔ジル・ドゥルーズ、フェリックス・ガタリ『アンチ・オイディプス――資本主義と分裂症（上・下）』宇野邦一訳、河出書房新社〕

DiMaggio, Paul J., and Walter W. Powell. "The Iron Cage Revisited: Institutional Isomorphism and Collective Rationality in Organizational Fields." *American Sociological Review* 48, no. 2 (1983): 147–60. Accessed February 21, 2020. https://www.jstor.org/stable/2095101.

Doerr, John E. *Measure What Matters: How Google, Bono, and the Gates Foundation Rock the World with OKRs*. New York: Portfolio/Penguin, 2018.〔ジョン・ドーア『メジャー・ホワット・マターズ――伝説のベンチャー投資家がGoogleに教えた成功手法OKR』土方奈美訳、日本経済新聞出版社〕

Douglas, Mary. *Purity and Danger: An Analysis of Concepts of Pollution and Taboo, with a New Preface by the Author*. Vol. 93. London: Routledge, 2002.〔メアリ・ダグラス『汚穢と禁忌』塚本利明訳、筑摩書房〕

Dumouchel, Paul. *The Ambivalence of Scarcity and Other Essays*. East Lansing: Michigan State University Press, 2014.

———. *Barren Sacrifice: An Essay on Political Violence*. Translated by Mary Baker. East Lansing: Michigan State University Press, 2015.

Dumouchel, Paul, Luisa Damiano, and Malcolm DeBevoise. *Living with Robots*. Cambridge, MA: Harvard University Press, 2017.

Dupuy, Jean-Pierre. *Economy and the Future: A Crisis of Faith*. Translated by Malcolm B. DeBevoise. East Lansing: Michigan State University Press, 2014.〔ジャン＝ピエール・デュピュイ『経済の未来――世界をその幻惑から解くために』森元庸介訳、以文社〕

———, ed. *Self-Deception and Paradoxes of Rationality*. Stanford, CA: CSLI, 1997.

———. *A Short Treatise on the Metaphysics of Tsunamis*. Translated by Malcolm DeBevoise. East Lansing: Michigan State University Press, 2015.〔ジャン＝ピエール・デュピュイ『ツナミの小形而上学』嶋崎正樹訳、岩波書店〕

Durkheim, Émile. *The Elementary Forms of Religious Life*. Edited by Mark Sydney Cladis. Translated by Carol Cosman. Oxford: Oxford University Press, 2008.〔エミル・デュルケム『宗教生活の原初形態』古野清人訳、岩波書店〕

Epstein, Mark. *Open to Desire: The Truth About What the Buddha Taught*. New York: Gotham Books, 2006.

Erwin, Michael S. *Lead Yourself First— Inspiring Leadership Through Solitude*. New York: Bloomsbury, 2017.
Fan, Rui, Jichang Zhao, Yan Chen, and Ke Xu. "Anger Is More Influential Than Joy: Sentiment Correlation in Weibo." *PLoS ONE* 9, no. 10 (2014): e110184. https://doi.org/10.1371/journal.pone.0110184.
Farmer, Harry, Anna Ciaunica, and Antonia F. De C. Hamilton. "The Functions of Imitative Behaviour in Humans." *Mind and Language* 33, no. 4 (2018): 378–96. https://doi.org/10.1111/mila.12189.
Farneti, Roberto. *Mimetic Politics: Dyadic Patterns in Global Politics*. East Lansing: Michigan State University Press, 2015.
Fornari, Giuseppe. *A God Torn to Pieces: The Nietzsche Case*. Translated by Keith Buck. East Lansing: Michigan State University Press, 2013.
Fukuyama, Francis. *The End of History and the Last Man*. New York: Free Press, 2006.〔フランシス・フクヤマ『歴史の終わり（上・下)』渡部昇一訳、三笠書房〕
Fullbrook, Edward, ed. *Intersubjectivity in Economics: Agents and Structures*. New York: Routledge, 2002.
Gardner, Stephen L. *Myths of Freedom: Equality, Modern Thought, and Philosophical Radicalism*. Westport, CT: Praeger, 1998.
Garrels, Scott R. *Mimesis and Science: Empirical Research on Imitation and the Mimetic Theory of Culture and Religion*. East Lansing: Michigan State University Press, 2011.
Germany, Robert. *Mimetic Contagion: Art and Artifice in Terence's "Eunuch."* New York: Oxford University Press, 2016.
Gifford, Paul. *Towards Reconciliation: Understanding Violence and the Sacred after René Girard*. Cambridge, UK: James Clarke, 2020.
Gilkey, Langdon. *Shantung Compound: The Story of Men and Women Under Pressure*. New York: HarperOne, 1975.
Girard, René. *Anorexia and Mimetic Desire*. Lansing: Michigan State University Press, 2013.
———. *Conversations with René Girard: Prophet of Envy*. Edited by Cynthia L. Haven. London: Bloomsbury Academic, 2020.
———. *Deceit, Desire, and the Novel*. Translated by Yvonne Freccero. Baltimore: Johns Hopkins University Press, 1976.〔ルネ・ジラール『欲望の現象学——ロマンティークの虚偽とロマネスクの真実』古田幸男訳、法政大学出版局〕
———. *Evolution and Conversion: Dialogues on the Origins of Culture*. London: Bloomsbury, 2017.〔ルネ・ジラール『文化の起源——人類と十字架』田母神顯二郎訳、新教出版社〕
———. *The Girard Reader*. Edited by James G. Williams. New York: Crossroad

Herder, 1996.
———. *I See Satan Fall Like Lightning*. New York: Orbis Books, 2001.〔ルネ・ジラール『サタンが稲妻のように落ちるのが見える』岩切正一郎訳、新教出版社〕
———. *Job: The Victim of His People*. Translated by Yvonne Freccero. Stanford, CA: Stanford University Press, 1987.〔ルネ・ジラール『邪な人々の昔の道』小池健男訳、法政大学出版局〕
———. *Mimesis and Theory: Essays on Literature and Criticism, 1953–2005*. Edited by Robert Doran. Stanford, CA: Stanford University Press, 2011.
———. *Oedipus Unbound: Selected Writings on Rivalry and Desire*. Edited by Mark R. Anspach. Stanford, CA: Stanford University Press, 2004.
———. *The One by Whom Scandal Comes*. Translated by M. B. DeBevoise. East Lansing: Michigan State University Press, 2014.
———. *Resurrection from the Underground: Feodor Dostoevsky*. Edited and Translated by James G. Williams. East Lansing: Michigan State University Press, 2012.〔ルネ・ジラール『ドストエフスキー——二重性から単一性へ』鈴木晶訳、法政大学出版局〕
———. *Sacrifice: Breakthroughs in Mimetic Theory*. Translated by Matthew Pattillo and David Dawson. East Lansing: Michigan State University Press, 2011.
———. *The Scapegoat*. Translated by Yvonne Freccero. Baltimore: Johns Hopkins University Press, 1989.〔ルネ・ジラール『身代りの山羊』織田年和訳、富永茂樹訳、法政大学出版局〕
———. *A Theater of Envy: William Shakespeare*. South Bend, IN: St. Augustine's Press, 2004.〔ルネ・ジラール『羨望の炎——シェイクスピアと欲望の劇場』小林昌夫訳、田口孝夫訳、法政大学出版局〕
———. *To Double Business Bound: Essays on Literature, Mimesis, and Anthropology*. Baltimore: Johns Hopkins University Press, 1988.〔ルネ・ジラール『ミメーシスの文学と人類学——ふたつの立場に縛られて』浅野敏夫訳、法政大学出版局〕
———. *Violence and the Sacred*. Translated by Patrick Gregory. Baltimore: Johns Hopkins University Press, 1979.〔ルネ・ジラール『暴力と聖なるもの』古田幸男訳、法政大学出版局〕
———. *When These Things Begin: Conversations with Michel Treguer*. Translated by Trevor Cribben Merrill. East Lansing: Michigan State University Press, 2014.〔ルネ・ジラール『このようなことが起こり始めたら…——ミシェル・トゥルゲとの対話』小池健男訳、住谷在昶訳、法政大学出版局〕
Girard, René, and Benoît Chantre. *Battling to the End: Conversations with Benoît Chantre*. East Lansing: Michigan State University Press, 2009.
Girard, René, Robert Pogue Harrison, and Cynthia Haven. "Shakespeare: Mimesis and Desire." *Standpoint*, March 12, 2018.

Girard, René, Jean-Michel Oughourlian, and Guy Lefort. *Things Hidden Since the Foundation of the World*. Stanford, CA: Stanford University Press, 1987.〔ルネ・ジラール『世の初めから隠されていること』小池健男訳、法政大学出版局〕

Girard, René, and Raymund Schwager. *René Girard and Raymund Schwager: Correspondence 1974–1991*. Edited by Joel Hodge, Chris Fleming, Scott Cowdell, and Mathias Moosbrugger. Translated by Chris Fleming and Sheelah Treflé Hidden. New York: Bloomsbury Academic, 2016.

Glaeser, Edward L. *Triumph of the City: How Our Greatest Invention Makes Us Richer, Smarter, Greener, Healthier, and Happier*. New York: Penguin Books, 2012.〔エドワード・グレイザー『都市は人類最高の発明である』山形浩生訳、NTT 出版〕

Goffman, Erving. *The Presentation of Self in Everyday Life*. New York: Anchor Books, 1959.〔E・ゴッフマン『行為と演技——日常生活における自己呈示』石黒毅訳、誠信書房〕

Goodhart, Sandor. "In Tribute: René Girard, 1923–2015." *Religious Studies News*, December 21, 2015.

———. *The Prophetic Law: Essays in Judaism, Girardianism, Literary Studies, and the Ethical*. East Lansing: Michigan State University Press, 2014.

Goodhart, Sandor, Jørgen Jørgensen, Tom Ryba, and James Williams, eds. *For René Girard: Essays in Friendship and in Truth*. East Lansing: Michigan State University Press, 2010.

Grande, Per Bjørnar. *Desire: Flaubert, Proust, Fitzgerald, Miller, Lana Del Rey*. East Lansing: Michigan State University Press, 2020.

Granovetter, Mark S. *Society and Economy: Framework and Principles*. Cambridge, MA: Belknap Press of Harvard University Press, 2017.〔マーク・グラノヴェター『社会と経済——枠組みと原則』渡辺深訳、ミネルヴァ書房〕

Grant, Adam. *Give and Take: Why Helping Others Drives Our Success*. New York: Penguin Books, 2013.〔アダム・グラント『ＧＩＶＥ＆ＴＡＫＥ「与える人」こそ成功する時代』楠木建監訳、三笠書房〕

———. *Originals: How Non-conformists Move the World*. New York: Penguin Books, 2017.〔アダム・グラント『ORIGINALS——誰もが「人と違うこと」ができる時代』楠木建監訳、三笠書房〕

Greene, Robert. *The 48 Laws of Power*. New York: Penguin Books, 2000.〔ロバート・グリーン『権力に翻弄されないための 48 の法則』鈴木主税訳、角川書店〕

Greenfieldboyce, Nell. "Babies May Pick Up Language Cues in Womb." *NPR Morning Edition*, November 6, 2009.

Grote, Jim, and John McGeeney. *Clever as Serpents: Business Ethics and Office Politics*. Collegeville, MN: Liturgical, 1997.

Hamerton-Kelly, Robert. *Politics and Apocalypse*. East Lansing: Michigan University Press, 2008.

Han, Byung-Chul. *Abwesen: Zur Kultur und Philosophie des Fernen Ostens*. Berlin: Merve, 2007.

———. *Bitte Augen schließen: Auf der Suche nach einer anderen Zeit*. Berlin: Matthes und Seitz, 2013. E- book.

———. *Martin Heidegger*. Stuttgart: UTB, 1999.

———. *The Burnout Society*. Stanford, CA: Stanford Briefs, an imprint of Stanford University Press, 2015.〔ビョンチョル・ハン『疲労社会』横山陸訳、花伝社〕

Hanna, Elizabeth, and Andrew N. Meltzoff. "Peer Imitation by Toddlers in Laboratory, Home, and Day-Care Contexts: Implications for Social Learning and Memory." *Developmental Psychology* 29, no. 4 (1993): 701–10. https://doi.org/10.1037/0012-1649.29.4.701.

Harari, Yuval Noah. *Homo Deus: A Brief History of Tomorrow*. London: Vintage, 2017.〔ユヴァル・ノア・ハラリ『ホモ・デウス――テクノロジーとサピエンスの未来』柴田裕之訳、河出書房新社〕

Hardach, Sophie. "Do Babies Cry in Different Languages?," *New York Times*, November 14, 2019.

Haven, Cynthia. "René Girard: Stanford's Provocative Immortel Is a One-Man Institution." *Stanford News*, June 11, 2008.

Haven, Cynthia L. *Evolution of Desire: A Life of René Girard*. East Lansing: Michigan State University Press, 2018.

Heidegger, Martin. *Discourse on Thinking: A Translation of Gelassenheit*. New York: Harper & Row, 1966.〔マルティン・ハイデッガー『放下』辻村公一訳、理想社〕

Henry, Todd, Rod Penner, Todd W. Hall, and Joshua Miller. *The Motivation Code: Discover the Hidden Forces That Drive Your Best Work*. New York: Penguin Random House, 2020.

Herman, Edward S., and Noam Chomsky. *Manufacturing Consent: The Political Economy of the Mass Media*. New York: Pantheon Books, 2002.〔ノーム・チョムスキー、エドワード・S・ハーマン『マニュファクチャリング・コンセント――マスメディアの政治経済学』中野真紀子訳、トランスビュー〕

Hickok, Gregory. *The Myth of Mirror Neurons: The Real Neuroscience of Communication and Cognition*. New York: W. W. Norton, 2014.

Higgins, Tim. "Elon Musk's Defiance in the Time of Coronavirus." *Wall Street Journal*, March 20, 2020.

Hobart, Byrne, and Tobias Huber. "Manias and Mimesis: Applying René Girard's Mimetic Theory to Financial Bubbles." *SSRN Electronic Journal*, October 11, 2019. https://doi.org/10.2139/ssrn.3469465.

Holland, Tom. *Dominion: The Making of the Western Mind*. London: Little, Brown, 2019.
Hsieh, Tony. *Delivering Happiness: A Path to Profits, Passion, and Purpose*. New York: Grand Central, 2013.〔トニー・シェイ『顧客が熱狂するネット靴店 ザッポス伝説——アマゾンを震撼させたサービスはいかに生まれたか』本荘修二監訳、豊田早苗訳、本荘修二訳、ダイヤモンド社〕
Hughes, Virginia. "How the Blind Dream." *National Geographic*, February 2014.
Iacoboni, Marco. *Mirroring People: The Science of Empathy and How We Connect with Others*. New York: Picador, 2009.〔マルコ・イアコボーニ『ミラーニューロンの発見——「物まね細胞」が明かす驚きの脳科学』塩原通緒訳、早川書房〕
Irvine, William Braxton. *On Desire: Why We Want What We Want*. New York: Oxford University Press, 2005.〔ウィリアム・B・アーヴァイン『欲望について』竹内和世訳、白揚社〕
Isaacson, Walter. *Steve Jobs*. New York: Simon & Schuster, 2011.〔ウォルター・アイザックソン『スティーブ・ジョブズ』井口耕二訳、講談社〕
Jaffe, Eric. "Mirror Neurons: How We Reflect on Behavior." *Association for Psychological Science*, May 1, 2007.
Kahneman, Daniel, and Amos Tversky. "Prospect Theory: An Analysis of Decision Under Risk." *Econometrica* 47, no. 2 (1979): 263–91. Accessed September 16, 2020. https://doi.org/10.2307/1914185.
Kantor, Jodi, and Megan Twohey. *She Said: Breaking the Sexual Harassment Story That Helped Ignite a Movement*. New York: Penguin Books, 2019.〔ジョディ・カンター、ミーガン・トゥーイー『その名を暴け——# Me Too に火をつけたジャーナリストたちの闘い』古屋美登里訳、新潮社〕
Kaplan, Grant. *René Girard, Unlikely Apologist: Mimetic Theory and Fundamental Theology*. Notre Dame, IN: University of Notre Dame Press, 2016.
Karniouchina, Ekaterina V., William L. Moore, and Kevin J. Cooney. "Impact of 'Mad Money' Stock Recommendations: Merging Financial and Marketing Perspectives." *Journal of Marketing* 73, no. 6 (2009): 244–66. Accessed February 12, 2020. https://www.jstor.org/stable/20619072.
Kethledge, Raymond Michael, and Michael S. Erwin. *Lead Yourself First: Inspiring Leadership Through Solitude*. London: Bloomsbury, 2019.
King, Stephen. *On Writing: A Memoir of the Craft*. New York: Scribner, 2010.〔スティーヴン・キング『書くことについて』田村義進訳、小学館〕
———. "Stephen King: How I Wrote Carrie." *Guardian*, April 4, 2014.
Kirwan, Michael. *Discovering Girard*. Cambridge, MA: Cowley, 2005.
Kirzner, Israel M. *Competition and Entrepreneurship*. Edited by Peter J. Boettke and Frédéric Sautet. Indianapolis: Liberty Fund, 2013.〔イスラエル・M・カーズナー

『競争と企業家精神——ベンチャーの経済理論』田島義博監訳、千倉書房〕
Kofman, Fred, and Reid Hoffman. *The Meaning Revolution: The Power of Transcendent Leadership*. New York: Currency, 2018.
Kozinski, Thaddeus J. *Modernity as Apocalypse: Sacred Nihilism and the Counterfeits of Logos*. Brooklyn: Angelico, 2019.
Kramer, Rita. *Maria Montessori: A Biography*. New York: Diversion, 1988.〔リタ・クレーマー『マリア・モンテッソーリ——子どもへの愛と生涯』平井久監訳、新曜社〕
Kurczewski, Nick. "Lamborghini Supercars Exist Because of a 10-Lira Tractor Clutch." *Car and Driver*, 2018.
Laloux, Frederic. *Reinventing Organizations: An Illustrated Invitation to Join the Conversation on Next-Stage Organizations*. Brussels: Nelson Parker, 2016.〔フレデリック・ラルー『ティール組織——マネジメントの常識を覆す次世代型組織の出現』鈴木立哉訳、英治出版〕
Lamborghini, Tonino. *Ferruccio Lamborghini: La Storia Ufficiale*. Argelato, Italy: Minerva, 2016.
Lawtoo, Nidesh. *Conrad's Shadow: Catastrophe, Mimesis, Theory*. East Lansing: Michigan State University Press, 2016.
———. *(New) Fascism: Contagion, Community, Myth*. East Lansing: Michigan State University Press, 2019.
Lebreton, Maël, Shadia Kawa, Baudouin Forgeot D'Arc, Jean Daunizeau, and Mathias Pessiglione. "Your Goal Is Mine: Unraveling Mimetic Desires in the Human Brain." *Journal of Neuroscience* 32, no. 21 (2012): 7146–57. https://www.jneurosci.org/content/32/21/7146.
Levy, David. *Love and Sex with Robots: The Evolution of Human-Robot Relationships*. London: Duckworth Overlook, 2009.
Lewis, C. S. "The Inner Ring." Memorial Lecture at King's College, University of London, 1944. https://www.lewissociety.org/innerring/.
Lewis, Mark. "Marco Pierre White on Why He's Back Behind the Stove for TV's Hell's Kitchen." *Caterer and Hotelkeeper*, April 25, 2007. https://www.thecaterer.com/news/restaurant/exclusive-marco-pierre-white-on-why-hes-back-behind-the-stove-for-tvs-hells-kitchen.
Lieberman, Daniel Z., and Michael E. Long. *The Molecule of More: How a Single Molecule in Your Brain Drives Love, Sex, and Creativity—and Will Determine the Fate of the Human Race*. Dallas: BenBella Books, 2018.〔ダニエル・Z・リーバーマン，マイケル・E・ロング『もっと！——愛と創造、支配と進歩をもたらすドーパミンの最新脳科学』梅田智世訳、インターシフト〕
Lillard, Angeline Stoll. *Montessori: The Science Behind the Genius*. Oxford: Oxford

University Press, 2008.
Lindsley, Art. "C. S. Lewis: Beware the Temptation of the 'Inner Ring.' " Institute for Faith, Work and Economics, May 2019.
Lippmann, Walter. *Public Opinion: A Classic in Political and Social Thought*. Charleston, SC: Feather Trail, 2010.〔ウォルター・リップマン『世論』掛川トミ子訳、岩波書店〕
Lombardo, Nicholas E. *The Logic of Desire: Aquinas on Emotion*. Washington, DC: Catholic University of America Press, 2011.
Long, Heather. "Where Are All the Startups? U.S. Entrepreneurship Near 40-Year Low." *CNN Business*, September 8, 2016.
Lorenz, Konrad. *On Aggression*. New York: Houghton Mifflin Harcourt, 1974.〔コンラート・ローレンツ『攻撃――悪の自然誌』日高敏隆訳、久保和彦訳、みすず書房〕
Lucas, Henry C. *The Search for Survival: Lessons from Disruptive Technologies*. Santa Barbara, CA: Praeger, 2012.
MacIntyre, Alasdair C. *After Virtue: A Study in Moral Theory*. Notre Dame, IN: University of Notre Dame Press, 2012.〔アラスデア・マッキンタイア『美徳なき時代』篠﨑榮訳、みすず書房〕
Mampe, Birgit, Angela D. Friederici, Anne Christophe, and Kathleen Wermke. "Newborns' Cry Melody Is Shaped by Their Native Language." *Current Biology* 19, no. 23 (2009). https://doi.org/10.1016/j.cub.2009.09.064.
Mandelbrot, Benoit B., and Richard L. Hudson. *The Misbehavior of Markets: A Fractal View of Financial Turbulence*. New York: Basic Books, 2006.〔ベノワ・B.マンデルブロ , リチャード・L.ハドソン『禁断の市場――フラクタルでみるリスクとリターン』訳：高安秀樹、雨宮絵理、高安美佐子、冨永義治、山崎和子、東洋経済新報社〕
Martino, Ernesto de. *The Land of Remorse: A Study of Southern Italian Tarantism*. Translated by Dorothy Louise Zinn. London: Free Association Books, 2005.
McCormack, W. J. *Enigmas of Sacrifice: A Critique of Joseph M. Plunkett and the Dublin Insurrection of 1916*. East Lansing: Michigan State University Press, 2016.
McGilchrist, Iain. *The Master and His Emissary: The Divided Brain and the Making of the Western World*. New Haven, CT: Yale University Press, 2019.
McKenna, Andrew. *Semeia 33: René Girard and Biblical Studies*. Atlanta: Society of Biblical Literature, 1985.
Medvedev, Roy Aleksandrovich, and George Shriver. *Let History Judge: The Origins and Consequences of Stalinism*. New York: Columbia University Press, 1989.〔ロイ・メドヴェーデフ『共産主義とは何か』石堂清倫訳、三一書房〕
Meltzoff, Andrew N., and M. Keith Moore. "Newborn Infants Imitate Adult Facial

Gestures." *Child Development* 54 (1983): 702–09. 写真提供 : A. N. Meltzoff and M. K. Moore. *Science* 198 (1977): 75–78.

Meltzoff, Andrew. "Born to Learn: What Infants Learn from Watching Us." 掲載元 *The Role of Early Experience in Infant Development*. 編集：Nathan A. Fox, Lewis A. Leavitt, John G. Warhol, 1–10. New Brunswick, NJ: Johnson & Johnson, 1999.

———. "The Human Infant as Homo Imitans." 掲載元 *Social Learning: Psychological and Biological Perspectives*. 編集：Thomas R. Zentall and B. G. Galef Jr., 319–41. East Sussex, UK: Psychology Press, 1988.

———. "Imitation, Objects, Tools, and the Rudiments of Language in Human Ontogeny." *Human Evolution* 3, no. 1–2 (1988): 45–64. https://doi.org/10.1007/bf02436590.

———. "Like Me: A Foundation for Social Cognition." 掲載元 *Developmental Science*, 126–34. Hoboken, NJ: Wiley- Blackwell, 2007. https://doi.org/10.1111/j.1467–7687.2007.00574.x.

———. "Origins of Social Cognition: Bidirectional Self- Other Mapping and the 'Like-Me' Hypothesis." 掲載元 *Navigating the Social World: What Infants, Children, and Other Species Can Teach Us*. Edited by Mahzarin R. Banaji and Susan A. Gelman, 139–44. Oxford: Oxford University Press, 2013.

———. "Understanding the Intentions of Others: Re-enactment of Intended Acts by 18-Month-Old Children." *Developmental Psychology* 31, no. 5 (1995): 838–50. https://doi.org/10.1037/0012–1649.31.5.838.

Meltzoff, Andrew N., and Rechele Brooks. "Self-Experience as a Mechanism for Learning About Others: A Training Study in Social Cognition." *Developmental Psychology* 44, no. 5 (2008): 1257–65. https://doi.org/10.1037/a0012888.

Meltzoff, Andrew N., Patricia K. Kuhl, Javier Movellan, and Terrence J. Sejnowski. "Foundations for a New Science of Learning." *Science Magazine* 325, no. 5938 (July 17, 2009): 284–88. https://doi.org/10.1126/science.1175626.

Meltzoff, Andrew N., and Peter J. Marshall. "Human Infant Imitation as a Social Survival Circuit." *Current Opinion in Behavioral Sciences* 24 (2018): 130–36. https://doi.org/10.1016/j.cobeha.2018.09.006.

Meltzoff, Andrew N., Rey R. Ramírez, Joni N. Saby, Eric Larson, Samu Taulu, and Peter J. Marshall. "Infant Brain Responses to Felt and Observed Touch of Hands and Feet: An MEG Study." *Developmental Science* 21, no. 5 (2017). https://doi.org/10.1111/desc.12651.

Merrill, Trevor Cribben. *The Book of Imitation and Desire: Reading Milan Kundera with René Girard*. London: Bloomsbury, 2014.

Merton, Thomas. *New Seeds of Contemplation*. New York: New Directions Books, 2007.

———. *No Man Is an Island*. San Diego, CA: Harcourt, 1955.
———. *Thoughts in Solitude*. New York: Farrar, Straus and Giroux, 2011.〔トマス・マートン『孤独の中の思索』木鎌安雄訳、ヴェリタス書院〕
Montessori, Maria. *The Absorbent Mind: A Classic in Education and Child Development for Educators and Parents*. New York: Henry Holt, 1995.〔マリア・モンテッソーリ『子どもの精神——吸収する精神』中村勇訳、日本モンテッソーリ教育綜合研究所〕
———. *The Montessori Method*. Translated by Anne E. George. Scotts Valley, CA: CreateSpace Independent Publishing Platform, 2008.〔マリア・モンテッソーリ『モンテッソーリ・メソッド』阿部真美子訳、白川蓉子訳、明治図書〕
———. *The Secret of Childhood*. New York: Ballantine Books, 1982.〔マリア・モンテッソーリ『幼児の秘密』鼓常良訳、国土社〕
Murphy, James Bernard. *A Genealogy of Violence and Religion: René Girard in Dialogue*. Chicago: Sussex Academic, 2018.
Nisbet, Robert A. *History of the Idea of Progress*. London: Routledge, 2017.
Noelle- Neumann, Elisabeth. *The Spiral of Silence: Public Opinion—Our Social Skin*. Chicago: University of Chicago Press, 1994.〔E・ノエル=ノイマン『沈黙の螺旋理論——世論形成過程の社会心理学』池田謙一訳、ブレーン出版〕
Novak, Michael, et al. *Social Justice Isn't What You Think It Is*. New York: Encounter Books, 2015.
Nowrasteh, Cyrus, dir. *The Stoning of Soraya M*. Amazon. Paramount Home Entertainment, June 26, 2009. https://www. amazon.com/Stoning-Soraya-M-Shohreh-Aghdashloo/dp/B008Y79Z66/ref=sr_1_1?dchild=1&keywords=stoning+of+soraya+m.&qid=1585427690&sr=8–1.
Nuechterlein, Paul J. “René Girard: The Anthropology of the Cross as Alternative to Post-Modern Literary Criticism.” *Girardian Lectionary*, October 2002.
Onaran, Yalman, and John Helyar. “Fuld Solicited Buffett Offer CEO Could Refuse as Lehman Fizzled.” *Bloomberg*, 2008.
Ordóñez, Lisa, Maurice Schweitzer, Adam Galinsky, and Max Bazerman. “Goals Gone Wild: The Systematic Side Effects of Over-Prescribing Goal Setting.” Harvard Business School, 2009.
Orléan, André. *The Empire of Value: A New Foundation for Economics*. Translated by M. B. DeBevoise. Cambridge, MA: MIT Press, 2014.〔アンドレ・オルレアン『価値の帝国——経済学を再生する』坂口明義訳、藤原書店〕
O'Shea, Andrew. *Selfhood and Sacrifice: René Girard and Charles Taylor on the Crisis of Modernity*. New York: Continuum International, 2010.
Oughourlian, Jean-Michel. *The Genesis of Desire*. East Lansing: Michigan State University Press, 2010.

———. *The Mimetic Brain*. Translated by Trevor Cribben Merrill. East Lansing: Michigan State University Press, 2016.

———. *Psychopolitics: Conversations with Trevor Cribben Merrill*. Translated by Trevor Cribben Merrill. East Lansing: Michigan State University Press, 2012.

Palaver, Wolfgang. *René Girard's Mimetic Theory*. East Lansing: Michigan State University Press, 2013.

Palaver, Wolfgang, and Richard Schenk, eds. *Mimetic Theory and World Religions*. East Lansing: Michigan State University Press, 2017.

Palmer, Parker J. *Let Your Life Speak: Listening for the Voice of Vocation*. San Francisco: Jossey-Bass, 2000.〔パーカー・J・パルマー『いのちの声に聴く——ほんとうの自分になるために』重松早基子訳、いのちのことば社〕

Pearson, Ian. "The Future of Sex Report." *Bondara*, September 2015.

Pérez, Julián Carrón. *Disarming Beauty: Essays on Faith, Truth, and Freedom*. Notre Dame, IN: University of Notre Dame Press, 2017.

"Peter Thiel on René Girard." ImitatioVideo. YouTube. 2011. https://www.youtube.com/watch?v=esk7W9Jowtc.

Pinker, Steven. *The Better Angels of Our Nature: Why Violence Has Declined*. New York: Penguin, 2012.〔スティーブン・ピンカー『暴力の人類史』幾島幸子訳、塩原通緒訳、青土社〕

Polanyi, Michael, and Mary Jo Nye. *Personal Knowledge: Towards a Post-critical Philosophy*. Chicago: University of Chicago Press, 2015.〔マイケル・ポラニー『個人的知識——脱批判哲学をめざして』長尾史郎訳、ハーベスト社〕

Proust, Marcel. *In Search of Lost Time: The Captive, The Fugitive*. Modern Library Edition. Vol. 5. New York: Random House, 1993.〔マルセル・プルースト『失われた時を求めて 10——囚われの女 I』吉川一義訳、岩波文庫〕

Qualls, Karl. Review of *Constructing Russian Culture in the Age of Revolution: 1881–1940*, edited by Catriona Kelly and David Shepherd. H-Russia, H-Net Reviews, February 2000. http://www.h-net.org/reviews/showrev.php?id=3813.

Reedy, Christianna. "Kurzweil Claims That the Singularity Will Happen by 2045." *Futurism*, October 5, 2015.

Reineke, Martha J. *Intimate Domain: Desire, Trauma, and Mimetic Theory*. East Lansing: Michigan State University Press, 2014.

———. *Sacrificed Lives: Kristeva on Women and Violence*. Bloomington: Indiana University Press, 1997.

Repacholi, Betty M., Andrew N. Meltzoff, Theresa M. Hennings, and Ashley L. Ruba. "Transfer of Social Learning Across Contexts: Exploring Infants' Attribution of Trait-Like Emotions to Adults." *Infancy* 21, no. 6 (2016): 785–806. https://doi.org/10.1111/infa.12136.

Repacholi, Betty M., Andrew N. Meltzoff, Tamara Spiewak Toub, and Ashley L. Ruba. "Infants' Generalizations About Other People's Emotions: Foundations for Trait-Like Attributions." *Developmental Psychology* 52, no. 3 (2016): 364–78. https://doi.org/10.1037/dev0000097.

Rocha, João Cezar de Castro. *Machado de Assis: Toward a Poetics of Emulation*. Translated by Flora Thomson-DeVeaux. East Lansing: Michigan State University Press, 2015.

———. *Shakespearean Cultures: Latin America and the Challenges of Mimesis in Non-hegemonic Circumstances*. Translated by Flora Thomson-DeVeaux. East Lansing: Michigan State University Press, 2019.

Rosenberg, Randall S. *The Givenness of Desire: Concrete Subjectivity and the Natural Desire to See God*. Toronto: University of Toronto Press, 2018.

Rosoff, Matt. "Here's What Larry Page Said on Today's Earnings Call." *Business Insider*, October 13, 2011.

Ross, Suzanne. "The Montessori Method: The Development of a Healthy Pattern of Desire in Early Childhood." *Contagion: Journal of Violence, Mimesis, and Culture* 19 (2012): 87–122. Accessed January 19, 2020. https://www.jstor.org/stable/41925335.

Ross, W. D. *Aristotle's Metaphysics. A Revised Text with Introduction and Commentary*. Oxford: Clarendon Press, 1924.

Sacks, David O., and Peter A. Thiel. *The Diversity Myth: Multiculturalism and Political Intolerance on Campus*. Oakland, CA: Independent Institute, 1998.

Sacks, Rabbi. "Introduction to Covenant and Conversation 5776 on Spirituality." https://rabbisacks.org, October 7, 2015.

Schoeck, Helmut. *Envy: A Theory of Social Behaviour*. Indianapolis: Liberty, 1987.

Schulz, Bailey, and Richard Velotta. "Zappos CEO Tony Hsieh, Champion of Downtown Las Vegas, Retires." *Las Vegas Review-Journal*, August 24, 2020.

Scubla, Lucien. *Giving Life, Giving Death: Psychoanalysis, Anthropology, Philosophy*. Translated by Malcolm DeBevoise. East Lansing: Michigan State University Press, 2016.

Sexton, Zachary. "Burn the Boats." *Medium*, August 12, 2014.

Sheehan, George. *Running and Being: The Total Experience*. New York: Rodale, 2014.〔ジョージ・シーハン『シーハン博士のランニング人間学』新島義昭訳、森林書房〕

Simonse, Simon. *Kings of Disaster: Dualism, Centralism and the Scapegoat King in Southeastern Sudan*. Kampala, Uganda: Fountain, 2017.

Sinek, Simon. *The Infinite Game*. New York: Penguin, 2019.

Singer, Isidore, and Cyrus Adler. *The Jewish Encyclopedia: A Descriptive Record of*

the History, Religion, Literature, and Customs of the Jewish People from the Earliest Times to the Present Day. Vol. 10. Charleston, SC: Nabu, 2012.

Smee, Sebastian. *The Art of Rivalry: Four Friendships, Betrayals, and Breakthroughs in Modern Art*. New York: Random House, 2017.

Solon, Olivia. "Richard Dawkins on the Internet's Hijacking of the Word 'Meme.'" *Wired*, June 20, 2013.

Sorkin, Andrew Ross. *Too Big to Fail: The Inside Story of How Wall Street and Washington Fought to Save the Financial System—and Themselves*. New York: Penguin Books, 2018.〔アンドリュー・ロス・ソーキン『リーマン・ショック・コンフィデンシャル』加賀山卓朗訳、早川書房〕

Soros, George. *The Alchemy of Finance*. Hoboken, NJ: Wiley, 2003.〔ジョージ・ソロス『ソロスの錬金術』青柳孝直訳、総合法令出版〕

———. "Fallibility, Reflexivity, and the Human Uncertainty Principle." *Journal of Economic Methodology* 20, no. 4 (January 13, 2014). https:// doi.org/10.1080/1350178x.2013.859415.

Standing, E. M, and Lee Havis. *Maria Montessori: Her Life and Work*. New York: Plume, 1998.〔E・M・スタンディング『モンテソーリの発見——人間らしく育つ権利』佐藤幸江訳、エンデルレ書店〕

Strenger, Carlo. *Critique of Global Unreason: Individuality and Meaning in the Twenty-First Century*. New York: Palgrave Macmillan, 2011.

———. *The Fear of Insignificance: Searching for Meaning in the Twenty-First Century*. New York: Palgrave Macmillan, 2016.

Subiaul, Francys. "What's Special About Human Imitation? A Comparison with Enculturated Apes." *Behavioral Sciences* 6, no. 3 (July 2016): 13. https://doi.org/10.3390/bs6030013.

Taleb, Nassim Nicholas. *Antifragile: Things That Gain from Disorder*. New York: Random House, 2014.〔ナシーム・ニコラス・タレブ『反脆弱性——不確実な世界を生き延びる唯一の考え方』望月衛監訳、千葉敏生訳、ダイヤモンド社〕

———. *Skin in the Game: Hidden Asymmetries in Daily Life*. New York: Random House, 2018.〔ナシーム・ニコラス・タレブ『身銭を切れ——「リスクを生きる」人だけが知っている人生の本質』望月衛監訳、千葉敏生訳、ダイヤモンド社〕

Taylor, Charles. *A Secular Age*. Cambridge, MA: Belknap Press of Harvard University Press, 2018.〔チャールズ・テイラー『世俗の時代』千葉眞監訳、木部尚志訳、山岡龍一訳、遠藤知子訳、名古屋大学出版会〕

Thaler, Richard H. *Misbehaving: The Making of Behavioral Economics*. New York: W. W. Norton, 2016.〔リチャード・セイラー『行動経済学の逆襲』遠藤真美訳、早川書房〕

Thiel, Peter, and Blake Masters. *Zero to One: Notes on Startups, or How to Build the Future*. New York: Crown Business, 2014.〔ピーター・ティール、ブレイク・マスターズ『ゼロ・トゥ・ワン――君はゼロから何を生み出せるか』関美和訳、NHK 出版〕

Thomson, Cameron, Sandor Goodhart, Nadia Delicata, Jon Pahl, Sue-Anne Hess, Glenn D. Smith, Eugene Webb, et al. *René Girard and Creative Reconciliation*. Edited by Thomas Ryba. Lanham, MD: Lexington Books, 2014.

THR Staff. “Fortnite, Twitch. . . Will Smith? 10 Digital Players Disrupting Traditional Hollywood.” *HollyWood Reporter*, November 1, 2018.

Turkle, Sherry. *Alone Together: Why We Expect More from Technology and Less from Each Other*. New York: Basic Books, 2017.〔シェリー・タークル『つながっているのに孤独――人生を豊かにするはずのインターネットの正体』渡会圭子訳、ダイヤモンド社〕

Tversky, Amos, and Daniel Kahneman. “Rational Choice and the Framing of Decisions.” *Journal of Business* 59, no. 4 (1986): S251–78. Accessed September 16, 2020. http://www.jstor.org/stable/2352759.

Tye, Larry. *The Father of Spin: Edward L. Bernays and the Birth of Public Relations*. New York: Henry Holt, 2002.

Tyrrell, William Blake. *The Sacrifice of Socrates: Athens, Plato, Girard*. East Lansing: Michigan State University Press, 2012.

Vattimo, Gianni, and René Girard. *Christianity, Truth, and Weakening Faith: A Dialogue*. Edited by Pierpaolo Antonello. Translated by William McCuaig. New York: Columbia University Press, 2010.

Von Hildebrand, Dietrich, and John F. Crosby. *Ethics*. Steubenville, OH: Hildebrand Project, 2020.

Wallace, David Foster. *Infinite Jest*. New York: Back Bay Books, 2016.

Waller, John. *The Dancing Plague: The Strange, True Story of an Extraordinary Illness*. Naperville, IL: Sourcebooks, 2009.

———. *A Time to Dance, a Time to Die: The Extraordinary Story of the Dancing Plague of 1518*. Duxford, UK: Icon Books, 2009.

Warren, James. *Compassion or Apocalypse: A Comprehensible Guide to the Thought of René Girard*. Washington, DC: Christian Alternative, 2013.

Warren, S. Peter. “On Self-Licking Ice Cream Cones.” Paper presented at Cool Stars, Stellar Systems, and the Sun Seventh Cambridge Workshop, ASP Conference Series, vol. 26. 1992.

Weil, Simone, and Gustave Thibon. *Gravity and Grace*. Translated by Emma Crawford and Mario von der Ruhr. London/New York: Routledge, 2008.〔シモーヌ・ヴェーユ『重力と恩寵』渡辺義愛訳、春秋社〕

Weinstein, Eric. “Interview with Peter Thiel.” *The Portal*. Podcast audio. July 17, 2019.

Zuboff, Shoshana. *The Age of Surveillance Capitalism: The Fight for a Human Future at the New Frontier of Power*. New York: PublicAffairs, 2020.〔ショシャナ・ズボフ『監視資本主義――人類の未来を賭けた闘い』野中香方子訳、東洋経済新報社〕

欲望《よくぼう》の見《み》つけ方《かた》
お金・恋愛・キャリア
2023年2月25日　初版発行
2024年7月25日　7版発行
＊
著　者　ルーク・バージス
訳　者　川《かわ》添《ぞえ》節《せつ》子《こ》
発行者　早川　浩
＊
印刷所　株式会社精興社
製本所　大口製本印刷株式会社
＊
発行所　株式会社　早川書房
東京都千代田区神田多町2－2
電話　03-3252-3111
振替　00160-3-47799
https://www.hayakawa-online.co.jp
定価はカバーに表示してあります
ISBN978-4-15-210215-7　C0034
Printed and bound in Japan
乱丁・落丁本は小社制作部宛お送り下さい。
送料小社負担にてお取りかえいたします。
本書のコピー、スキャン、デジタル化等の無断複製は
著作権法上の例外を除き禁じられています。